U0846324

Tolerance

Tolerance

·世·界·文·学·名·著·典·藏·

Tolerance

宽容

[美]房　龙 著
李宏顺 等译

湖北长江出版集团
长江文艺出版社

图书在版编目（CIP）数据

宽容 / （美）房龙著；李宏顺等译. -- 武汉 ：长江文艺出版社， 2011.6（2022.1 重印）
ISBN 978-7-5354-5022-7

Ⅰ. ①宽… Ⅱ. ①房… ②李… Ⅲ. ①思想史－世界 Ⅳ. B1

中国版本图书馆 CIP 数据核字(2011)第 038723 号

责任编辑：程华清　陈俊帆　　责任校对：毛　娟
美术编辑：徐慧芳　　责任印制：邱　莉　胡丽平
封面设计：异一设计

出版：长江出版传媒 | 长江文艺出版社
地址：武汉市雄楚大街 268 号　　邮编：430070
发行：长江文艺出版社
电话：027—87679360
http://www.cjlap.com
印刷：三河市百盛印装有限公司

开本：880 毫米×1230 毫米　1/32　　印张：10.75　　插页：4 页
版次：2011 年 6 月第 1 版　　2022 年 1 月第 3 次印刷
字数：249 千字

定价：65.00 元

版权所有，盗版必究（举报电话：027—87679308　87679310）
（图书出现印装问题，本社负责调换）

译者自序

本书的作者威廉·亨德里克·房龙（1882—1944），单枪匹马几乎将整个人类的历史叙述了一个遍。他普及历史知识，开启民智，倡导宽容，向愚昧和无知宣战。他的巨大影响很大程度上是由于他优美的文笔。在其他作者笔下令人生厌的历史事实在房龙手中就成了极富吸引力的故事。1921年，《人类的故事》的出版使他一举成名，其著作主要是历史和传记，选题基本上围绕人类生存发展的最本质的问题，其他重要著作包括《宽容》、《文明的开端》、《奇迹与人》、《圣经的故事》、《发明的故事》、《人类的家园》及《伦勃朗的人生苦旅》等。虽然在西方《人类的故事》最受欢迎，可是在中国最受读者喜爱的无疑是这本《宽容》。

我喜欢房龙的书，还记得十年前在大学图书馆里第一次发现房龙著作时的那份惊喜与激动。时至今日，房龙的著作我几乎读了个遍，不过内心一直隐藏着一个愿望，那就是亲手翻译房龙著作，在翻译中解读和体会房龙的博大精深和优美流畅。在2008年新年伊始，我终于美梦成真了，当编辑告诉我要翻译的正是房龙的代表作时，我简直就像六月天里吃冰激凌，太高兴了。不过我必须承认，翻译是一项苦差使，在原文和译文之间的转换常常使译者绞尽脑汁。一百五十多天枯坐在电脑前实在不是太愉快的体验，好在有房龙陪我一起度过。

郁达夫曾说："房龙的这一种写法，实在巧妙不过，干燥无味的科学常识，经他这么一写，无论大人小孩，读他的书，都觉得娓娓忘倦了。"房龙的笔仿佛有灵气，他明白晓畅、清新自然的文风给译者留下了深刻的印象。翻译中最难传递的可能就是风格了。不过翻译中，译者还是秉承着"忠实和通顺"的准则，试图将房龙原汁原味地呈现在众多读者面前。我希望带给读者的是一个优美流畅的房龙，不走样的房龙。当然由于译者水平的局限，不完美的地方在所难免。希望读者和专家不吝指正。

译者：李宏顺

2008年7月1日

序　言

人类幸福地生活在一条名叫无知的宁静峡谷。

永恒之山脉向东西南北、四面八方不断延伸。

一条知识的小溪缓缓地流过深深的山沟。

它从过去的山脉而来。

消失在未来的沼泽中。

溪水潺潺，当然不如河流水量充沛。可是对于所求不多的村民来说已经足够。

晚上，牲畜饮完水后，村民们将自己的水缸注满，随后就可以心满意足地坐下来享受生活。

全知的长老从阴凉之处踱了出来。他们已经在那儿呆了一整天，对着一本古书中的神秘之处冥思苦想。

他们对自己的孙辈嘟哝着奇怪的言词，而孩子们更愿意玩鹅卵石，这些石头来自遥远的他乡。

长老喃喃的低语常常是含混不清的。

可是这是一千多年前某个古老的部族传下的，因而是神圣的。

在无知的峡谷，只要是古老的东西都会受人尊重。那些胆敢否认父辈智慧的人必将被所有体面的人疏远。

于是山谷中保持着其惯有的和平。

恐惧一直陪伴着他们——要是长老不让他们分享园子里收获的果实，该怎么办呢？

夜幕降临，小镇狭窄的街头上人们窃窃私语，流传着一个隐约的故事，故事里讲述的是那些敢于提问质疑的男男女女。

他们曾向峡谷之外走去，可是再也没有回来。

有人试图攀越那怪石嶙峋、遮天蔽日的山脉。

可是他们的累累白骨就躺在山崖下。

日复一日，年复一年。

人类幸福地生活在宁静的无知峡谷。

黑暗中爬过来一个男人。

他的手指全都被磨破了。

他的裤子早已破损不堪，漫长的跋涉使得裤子上血迹斑斑。

他踉跄着来到最近的茅屋前敲了敲门。

然后他就晕倒了。借着摇曳的烛光，人们把他搬到了一张窄床上。

于是天一亮，全村的人都知道：“他回来了。”

邻居站在两旁，摇着头。他们早就知道，结局肯定会是这样。

对于那些胆敢从山脚爬上山的人，等待他们的只有失败和屈服。

在村子的一个角落，长老们摇着头，嘟哝着愤怒的言语。

他们并不想残忍，可律法就是律法。这个人罪大恶极，极大地违背了长老们的意志。

他的伤口只要一痊愈，马上就要接受审判。

长老们也想对他更宽厚更仁慈。

他们记起了他母亲奇怪的、燃烧着怒火的眼睛。他们回忆起他父亲的悲剧，他父亲三十年前迷失在荒漠中。

可是律法就是律法。律法必须遵守。

长老们将保证律法的执行。

他们将流浪者带到菜市场。人们在一旁默默地围观，满怀敬畏之心。

由于又饥又渴，他的身体还很虚弱。长老们吩咐他坐下。

他拒绝了。

他们不准他讲话。

可是他开始讲了。

他转过身，背对着长老。他的眼睛在围观的众人中寻找着。不久前，他们还都是他的同胞。

“听我说，”他请求道，“听我说吧，欢呼吧！我刚刚从山的那一边回来。我的双脚已经踏上了陌生的土地，我的双手感受到异族的触摸，我的双眼见识过绝妙的美景。

“还是孩子的时候，父亲的后花园就是我整个的世界。

“鸿蒙初辟，东西南北、四面八方都是逶迤的山脉。

“当我问山那边究竟藏着什么，人们都沉默不语，同时拼命摇头。我坚持要问个水落石出，他们就将我带到岩石下，那里躺着那些胆敢违抗神灵的人留下的累累白骨。

“当我大喊：‘一派谎言！神爱勇敢的人！’于是长老来了，向我读起了他们手中的神圣典籍。他们解释说：律法统管上天和人间的一切；山谷是我们的，我们也得固守它；飞禽走兽、奇花异果，包括水中的鱼都归我们所有，任我们支配，可是大山是神的，山上的东西是神秘的，这种神秘将一直保持到世界的末日，永远永远。

“他们是这样跟我说的，可是他们说谎了。他们向我撒谎了，就像他们也跟你们说假话一样。”

“山那边有一望无际的牧场，还有大片青青的草地。还有跟我们一样有血有肉的男人女人。人们通过千百年的辛勤劳作建起了辉煌的城市文明。”

“我已经找到了通向更好的家园的道路。我已经看到了更幸福的生活就在我们的前头！跟着我吧，我会带你们去。那儿也有神的微笑保佑，跟这儿没有两样！”

他停了下来，然后围观的人们开始恐怖地大喊大叫。

“亵渎神灵！”长老大叫道，“亵渎神灵！罪不可恕！严惩他的犯罪行径！他已经失去理智。他居然敢嘲笑千百年前流传下来的律法。他该死！”

于是人们举起沉重的石头。

于是人们砸死了他。

他的尸体被扔到了山崖下，杀一儆百，以此来警告那些胆敢质疑祖先智慧的大胆之徒。

不久，一场巨大的干旱降临在这个山谷。知识的小溪干涸了。牲畜也都渴死了。田间丰收的指望化为泡影。于是，无知的山谷开始闹饥荒了。

可是，全知的长老们却不为所动。他们预言道，最后一切问题都会迎刃而解，因为圣典中就是这么说的。

冬天来临了。

村子变得荒凉破败。

半数的人被活活地饿死了。

对活着的人而言，仅存的一丝希望就在大山的那边。

可这显然是律法所不容许的。

律法必须得遵守。

一天晚上，村子里爆发了一场叛乱。

绝望使得那些因为恐惧而沉默不语的人变得勇敢起来。

全知的长老们发出微弱的抗议。

他们被推到一边，没人理他们。他们满腹牢骚，抱怨不停。他们对小辈们不尊敬老人感到惊讶万分。可是当最后一辆车驶出村子时，他们拦住了驾车的人，死活要他把他们带上。

于是，迈向未知世界的行程开始了。

流浪者回村的事已经过去了好多年了。要发现他走过的路线并不容易。

当人们找到第一个用石头做的路标时，好几千人已经因为饥渴而死。

从此以后，路途不再艰难。

细心的先驱已经在茂密的森林和一眼望不到头的石头荒原中留下了清晰的记号。沿着这条小径，人们找到了一望无际、绿草如茵的牧场。

人们默默地彼此凝视。

“原来他说的是对的，”他们说道，“他是对的，长老们错了。”

“他讲的是真话，撒谎的是长老们……”

“他救了我们的命，可我们却杀死了他……”

“我们真的感到遗憾愧疚，要是时光倒流，我们那时知道真相是这样的话……”

他们卸下套车的牛马，将奶牛和山羊赶进草原放牧。他们为自己建起了房屋，开垦了耕地，从此快乐地生活下去。

几年后，人们为智慧老人树起一幢崭新的纪念馆，决定将那位英勇无畏的先驱的骸骨移葬在那里。

大队人马满怀庄严神圣的情感，浩浩荡荡地再次回到了如今已经荒芜的山谷。可是当他们来到先驱原先留下骸骨之处时，骸骨已经踪迹全无了。

豺狼已经将他的骸骨拖到自己的巢穴里吃掉。

于是，人们将一块石头安放在那条小径的起点——现在已经成了一条宽广的大道。这条路以那位先驱的名字来命名，正是他首先起来反抗无知世界的黑暗和恐怖，并将自己的同胞带入崭新的自由。

石头上面刻着：感谢先辈！子孙后代敬立！

这样的事情以前发生过，现在还有。希望将来的某一天不再发生。

目　录

1

无知的暴政

公元 527 年，查士丁尼一世[①]成为东罗马帝国的皇帝。

这位塞尔维亚的农民（他来自乌斯库布——一战中争议甚多的一个铁路交叉处），认为读书无用。正是在他的命令之下，古雅典哲学学院最后惨遭镇压。也正是他关闭了硕果仅存的埃及神庙的大门，这座神庙即便在基督教徒侵入尼罗河谷几个世纪后仍然屹立不倒。

这座神庙坐落在一个叫做莱菲的小岛上，与尼罗河上第一个大瀑布相距不远。从人类开始记事起，埃及人就开始在这里祭祀爱西斯女神[②]。不知什么原因，当所有供奉来自非洲、希腊乃至罗马的神灵的神庙消失得无影无踪时，唯有爱西斯女神庙得以存留下来。最后到了公元 6 世纪，这个小岛成了古老的最神圣的象形文字艺术仍然通行的惟一圣地。屈指可数的几位牧师继续在这里用象形文字讲经布道，而埃及其他地区的人们早已将它忘得一干二净。

可是现在，农民出身大字不识的帝国陛下，下令将埃及神庙和附近的学校收归国有。神庙里的神像和绘画被运往君士坦丁堡

① 查士丁尼一世（483—565），东罗马帝国皇帝（527—565 年在位），完成了著名的《查士丁尼法典》，并发动战争向西扩张。——本书所有注释皆为译者注。

② 爱西斯女神，埃及神话中掌管生育和母性的女神。

博物馆，而牧师和文字专家则被投入监狱。当他们中最后一位也在饥寒交迫中无声无息地死去，有着悠久历史的象形文字成了一门失传的艺术。

这一切的确非常可惜。

要是查士丁尼一世（如同脑子中了魔一样）做得不是那么彻底，要是那些古象形文字专家中有几位能够在某个文学的诺亚方舟中获救，历史学家们面临的任务就要轻松得多。可是即便我们煞费苦心，再次（这要归功于商伯良①的天才）拼出这些奇形怪状的埃及文字，理解这些符号留给后人的内在意蕴仍然是极其困难的。

这同样也适用于古代世界的其他国家。

那些留着稀奇古怪胡须的古巴比伦人留下了大量刻有宗教经文的印刷用泥版。他们虔诚地大喊：“谁能懂得天上神仙开会时说些什么呢?”此时此刻，他们头脑中究竟在想些什么呢？他们不断地向神灵祷告，他们竭尽全力阐释神灵的法则，他们将神的指令雕刻在花岗岩上，供奉在他们最神圣的城市里，可是他们对神灵究竟怀有怎样的情感呢？一方面他们是最富有宽容精神的人，鼓励牧师研究天堂，探求海洋和陆地；另一方面又是最残酷的刽子手，对他们的邻人施加凶狠的惩罚，只因为他们稍微违背了宗教礼节，而对这些小错误，今天的人们都会一笑置之，不加责怪，为什么会这样呢？

直到不久前我们才开始弄明白。

我们派出远征队到尼尼微②，我们在西奈的沙漠里挖掘，并解码了绵延几英里地的楔形文字。在美索不达米亚和埃及，我们竭尽所能到处寻找能够开启神秘的智慧仓库的钥匙。

突然，纯粹是由于一个偶然的机会，我们发现仓库的后门一

① 商伯良（1790—1832），法国的埃及古物学者，是第一位解开埃及古象形文字之谜的学者。于1821年破译了古埃及文字。

② 尼尼微，亚述古城，在底格里斯河畔。

直是敞开的，我们可以随意登堂入室。

可是这个小小的方便之门既不位于阿卡德①附近，也不位于孟菲斯②附近。

它坐落在丛林的深处。

它被一座异教神庙的木柱子几乎完全遮掩起来了。

我们的祖先在寻找易于劫掠的对象时，和那些他们喜欢称为“野蛮人”或者“野人”的人们打上交道。

当然，这种接触不可能令人愉快。

这些可怜的不信教的人，误解了白人的真实意图，挥舞着长矛和弓箭欢迎他们。

可是这些白人来访者却对他们的热情报之以大口径的短枪。

自此以后，平心静气的、不带任何偏见的思想交流变得基本上不可能了。

野蛮人总是被描写成浑身脏兮兮的懒汉，或者是一无是处、游手好闲。他们崇拜鳄鱼和枯死的树枝，理所当然应该得到厄运的报复。

随后就迎来了18世纪的转机。卢梭开始透过朦胧的感伤的泪水来思考这个世界。与他同时代的人被他的思想深深地打动了，都情不自禁地掏出手绢，开始抽泣起来。

愚昧的异教徒成为他们最爱的话题。

在他们的笔下，（尽管他们都未曾亲见过一个野蛮人）野蛮人不幸地成为环境的牺牲品，并被视作是能真正代表众多德行的人，而三千年的腐朽文明体制早已将这些高尚的德行从人类身上剥夺殆尽。

今天，至少在这个特殊的研究领域，我们知道得更多了。

要研究原始人，我们可以研究被高度驯化的动物，从中得出

---

① 阿卡德，古代美索不达米亚的一座城市。

② 孟菲斯，古代埃及城市。

的规律距离有关原始人的真相应该相去不远。

很多时候，我们付出的辛劳总会带给我们丰厚的回报。野蛮人就是处于恶劣环境之下的我们，区别就在于他们还没有得到上帝的恩典。对野蛮人进行仔细的研究，我们就能开始理解尼罗河谷和美索不达米亚半岛上的原始社会。对野蛮人了解得愈透彻，我们就愈能瞥见众多奇怪的本能，他们深深地隐藏在人类五千多年来所形成的礼仪和习俗所构成的外壳之下。

这种遭遇并不总能让我们骄傲自满。另一方面，了解一下我们好不容易才得以摆脱的恶劣环境，同时欣赏一下我们已经取得的成就，只会使得我们拥有更多的勇气来处理手头的工作，对那些没有跟上我们步伐的兄弟，我们也能更宽容些。

这本书不是一本人类学的手册。

本书致力于探讨宽容的主题。

不过，宽容是一个很宽泛的主题。

很难抵抗异想天开、行文信马由缰的诱惑。一旦我离题了，天知道我会在哪里停下来。

因此，我建议能否专门用半页纸的篇幅，探讨一下宽容究竟有什么含义。

语言是人类最富有欺骗性的发明之一，一切的定义都难免武断。既然如此，像我这样的后学最好莫过于求助于权威，也就是大多数英国读者公认的权威。

我指的是《大不列颠百科全书》。

在该书第二十六卷 1052 页这么写道："宽容：（源自拉丁文，忍受的意思）容许别人有行动和作出判断的自由。能容忍和接受不同于自己或众人公认的观点。"

对宽容一词可能还存在其他的阐释。不过在本书中将以《大不列颠百科全书》中的解释为准。

给自己定下了一个确定的准则之后，（无论是有利还是有弊）我将重新回到野蛮人的话题，向你们讲述人类有史以来最初的社会形态中有关宽容的故事。

人们一般认为，原始社会非常简单，原始语言由一些非常简单的咕哝声组成。原始人拥有一定程度的自由。只是当社会变得“复杂”之后，他们的这种自由才丧失了。

探险者、传教士和医生在过去50年间对土著展开了广泛的调查。他们的足迹遍布中部非洲、南北极地、以及波利尼西亚。调查结果表明，实际情况恰恰相反。原始社会复杂异常。跟俄语和阿拉伯语相比，原始人的语言拥有更多的词型、时态和曲折的变化。原始人不仅是现在的奴隶，也是过去和未来的奴隶。简言之，原始人是可怜至极的生物，生活在恐惧中，直到死去也摆脱不了恐惧的阴影。

可是，这可能与多数人心目中的原始人形象相去甚远。他们常常把原始人想象成一位有着红皮肤的勇士，无忧无虑地漫游在大草原之上，尽情地追逐大水牛和战利品。但是，现在的结论显然更为接近事实真相。

那么，怎么会是这样呢?

我读过很多有关奇迹的故事。

可是唯独缺少有关人类生存奇迹的故事。

为什么所有哺乳动物中防御能力最弱的人类能够在细至微生物，大至乳齿象的众多生物的夹击中存活下来?为什么人类能够熬过严寒酷暑的考验直至成为所有生命物种的主宰呢?这一切又是怎样进行的呢?在本章中我并不打算解决这些问题。

但是，有一点是确凿无疑的。人不可能单枪匹马完成这些壮举。

为了成功，他必须将自己的个性融入到部落的混合特性中去。

主宰并贯穿整个原始社会的是这么一个理念：生存的欲望压倒一切。

生存当然殊为不易。

结果是，所有其他的考虑都必须为生存下去这一最高需求作出牺牲。

一个人的力量无足轻重，群体的力量无坚不摧。部落成为一个移动的堡垒，生存是为了自己，生存也只能靠自己。并只有在排除其他一切威胁后才能获得安全。

可是，问题比最初看起来还要复杂得多。

我所说的只适用于看得见的世界，可是在人类最初的时候，看得见的世界和看不见的世界相比，重要性可以忽略不计。

为了充分理解这一点，我们必须首先牢记，原始人与我们现代人是大不相同的。他们对于因果法则并不熟悉。

要是我坐在了有毒的常春藤上，我会为自己的粗心大意懊恼不已。我会派人赶快去请医生，并让我的小儿子尽快拔掉这些毒藤。我对因果规律的了解让我明白：有毒的常春藤会导致皮疹，而医生则可以给我开些止痛的药，除掉这些毒藤则可以避免再次遭受同样痛苦的经历。

真正的野蛮人跟我们行事风格迥然不同。他根本不会将皮疹和常春藤联系起来。他生活的世界中，过去、现在和未来盘根错节地纠缠在一起。所有死去的部落领袖都变成了神灵，死去的邻居成了幽灵，他们仍然是部落中看不见的成员。无论走到哪里，他们都会与每一个部落成员相伴而行。他们与他吃在一起，睡在一起，为他看守大门。他必须保证与他们须臾不离，也必须获得他们的友谊。要是他无法做到这些，马上就会遭到惩罚。他无法知道究竟怎样才能同时讨好所有的神灵，因此总是处在不断的恐惧中，担心神灵会对他展开报复，害怕厄运突然降临在自己头上。

于是，原始人将一切异常之处都看作是看不见的神灵在干预，而不是将他们归为因果法则在起作用。要是他发现手臂上起了皮疹，他不会说："该死的毒藤！"而是喃喃自语："我冒犯了神灵。神在惩罚我。"他匆匆地跑去找药剂师，可是不是为了要种药水来中和常春藤的毒性，而是为了讨得一个符咒，这个符咒必须要比神施在他身上的符咒更强大。

至于作为罪魁祸首的有毒的常春藤，他听任它在原地自由生长。要是白人碰巧拿了一桶煤油，把这些藤烧个精光，他还会骂他多管闲事。

整个社会中，无论发生什么事，都是由于某个看不见的神灵直接施加干预所致。这样的社会要想继续存在下去，就必须遵守那些似乎能平息神灵怒火的律法。

根据原始人的观点，这么一个法则的确存在着。先祖制定了它，把它馈赠给自己的后人，因此保护法则完好无损，并完美地丝毫不走样地将它传给自己的孩子就成了他们最神圣的职责。

在我们看来，这当然是无比荒谬的。我们坚信发展与成长，坚信持续不断的进步。

可是，这种“发展”只是近年来才形成的观念。这在所有低级社会形态中都很具有典型性。低级社会中的人们找不出任何理由来“改进”他们的社会，因为在他们眼中，这已经是最好的世界了。当然这只是因为他们也根本不知道还存在其他的世界。

如果上述的这一切都是真的，那么人们又如何才能防止律法和既定社会形态发生改变呢？

答案很简单。

一旦有人拒绝遵守代表神的意志的公共规则，那么就应该立刻对他施加惩罚。用通俗的话讲，就是采用严酷的不宽容的体制。

如果我声称野蛮人是所有人类中最不宽容的一类，那么我绝非有意侮辱他们。我马上会补充说，考虑到他所生存的环境，不宽容恰恰是他的使命。要是容许任何人干扰上千条部落的长治久安和人心安定所赖以维系的律法，所有部落成员的生命立刻就会处于危险之中，而这无异于是最大的犯罪。

可是，一群数量相对有限的人又怎样得以捍卫最复杂的口口相传的律法呢？要知道现代社会中即便是捍卫为数不多、清晰明白的法律，出动几百万的军队和成千上万名警察，都觉得难度不小呢。

其实答案仍然很简单。

野蛮人比我们要聪明得多。通过精确的算计，他完成了武力无法完成的事情。

他发明了“禁忌”这一个概念。

也许“发明”这个词有点表达不当。这样的成就绝非是灵光一闪的产物。它们来自经年累月的实践和改进。不管怎样说，非洲和波利尼西亚的野人制定了禁忌，于是给他们免去了很多的麻烦。

“禁忌”这个词源自澳大利亚。我们或多或少都明白它的意思。我们的世界充满了禁忌，也就是不能做和不能说的事情，譬如在餐桌上提及最近做的手术，譬如把汤勺掉到了咖啡杯里，等等。可是，我们的禁忌本质上没有很严肃的内容。它们不过是礼仪手册中的一部分，绝对不会干涉我们的个人幸福。

但是对于原始人来说，“禁忌”却是至关重要的。

这就意味着，某些人或者无生命的物体与其他的世界被分割开来。他们是“神圣”的，因此人们不能随意谈论和触碰，否则就会立刻死去，或者遭受永恒的折磨。它是一个相当庞大的体系，专门惩罚那些胆敢不遵守祖先意志的人。

究竟是牧师发明了“禁忌”，抑或牧师的产生只是为了维系“禁忌”的存在？这个问题迄今没有解决。由于传统的历史比宗教的历史要久远得多，禁忌似乎在世上还没有出现巫师和巫医以前就已经存在了。可是，只要后者一出现，他们马上就成了“禁忌”这个理念坚定不移的支持者。他们如此娴熟地运用“禁忌”，以至于它成了史前社会的标志。

当巴比伦和埃及开始为人所知的时候，两国仍然处在发展阶段，其中禁忌扮演着非常重要的角色。这并非人们后来在新西兰发现的那种具有野蛮和原始形态的禁忌，而是已经非常庄重地被转换成行为禁忌准则，正如我们所熟知的“摩西十谕”① 中的六个“汝等不可……”的圣谕。

不用说，此时宽容的理念在这两个国家还根本就不为人知。

有时，我们误以为自己是宽容的，其实不过是无知导致的麻木和冷漠罢了。

但是，我们不难看出，无论是国王还是牧师，他们根本不愿意别人行使“自由行动和作出判断的权利”，也完全不可能“耐心十足、不带任何偏见地宽容任何不同于主流观点的意见”，而这种自由和宽容无疑是现代的理念。

因此，本书对一般称为“古代史”的“史前史”毫无兴趣。如果有，那也是从一种反面的角度。

为宽容而进行的斗争从人的觉醒开始。

这无疑是所有现代启示中最伟大者之一，而功劳则要归于希腊人。

① 摩西乃希伯来人的先知。带领以色列人出埃及。在西奈山上接受了上帝的十个谕令。也就是《摩西十谕》，见《圣经·旧约》中的记载。

2

希　腊　人

偏处地中海一角的希腊半岛面积很小，可是为什么这个多石的半岛在短短不足两百年间，竟然能够给现代政治学、文学、戏剧、雕塑、化学、物理乃至宗教等学科提供一个十分完整的框架呢？这个问题一直困扰着人们，几百年来，几乎每位哲学家在其学术生涯中无不试图给出一个令人满意的解释。

与从事化学、物理、天文乃至医学领域的科学家不同的是，受人尊重的历史学家毫不掩饰地鄙弃一切寻找历史规律的尝试。适用于蝌蚪、微生物与流星的法则好像与人类社会毫不相干。

可能我会错得很离谱，不过我仍然坚持认为人类社会也存在某些法则。的确，迄今为止我们没能发现很多规律。可是我们也从未十分认真地去寻找。人们一直忙于积累知识以至于根本没有多少时间去使它沸腾、溶解、蒸发，并从中萃取少许对于人类社会有价值的智慧。

我小心翼翼地在这个崭新的领域开展研究，效仿科学家，试图找出历史学自身的定律。

根据现代科学最可靠的知识，当一切物理化学的元素全部就绪并处于一个理想的比例时，（这对于创造第一个生命细胞至关重要），生命（区分于非生命存在的生命存在）就这样开始了。

将这段话翻译成历史学的术语就是：“当一切种族的、气候的、经济的、政治的状况全部处在一个理想的比例，或者在这个不太完美的世界，这些状况尽可能处在一个理想的比例的时候，高级文明才有可能突如其来地爆发。”

我将从反面举例来论述这个观点。

大脑发育只及洞穴人水平的种族不可能繁荣兴盛，哪怕他们处在天堂之上。

如果出生在乌佩尼维克岛[①]附近的一个圆顶建筑[②]里，只能在冰天雪地中眼睁睁地看捕海豹用的圆形的洞穴，那么这种环境下即便是伦勃朗也不可能留下传世的名画，巴赫也不可能作出动人的音乐，普拉克西特列斯[③]也不可能创下久负盛名的雕塑。

如果达尔文被迫在兰卡郡的一个棉纺厂辛苦谋生的话，他不可能对生物学作出如此重大的贡献。亚历山大·格雷汉姆·贝尔[④]如果是一个罗曼洛夫[⑤]领地上的被征用的农奴，生活在一个偏僻的村庄，那么他根本不可能发明电话。

埃及是高级文明的发源地之一，那里气候条件优越，不过原住民既不强壮同时又缺乏进取心，政治经济状况也极其糟糕。巴比伦尼亚和亚述的情况也一样。闪米特人是强壮剽悍的民族，他们随后迁入位于底格里斯河与幼发拉底河之间的河谷。气候还不错，不过政治经济环境根本称不上好。

巴勒斯坦的气候也根本不值得夸耀。农业相当落后，除了连接亚非贸易往来的商旅之路沿线以外，几乎也说不上有什么商业。巴勒斯坦的政治几乎完全被耶路撒冷的寺院所操纵把持。这理所当然地不利于个人的发展与进取。

---

① 乌佩尼维克岛，西格陵兰的一个岛屿。面积540平方公里。属于多山地区。

② 指爱斯基摩人住的圆顶建筑。

③ 普拉克西特列斯（约公元前390—前330），古希腊最伟大的雕塑家。

④ 亚历山大·格雷汉姆·贝尔（1847—1922），美国发明家，电话的发明者。

⑤ 罗曼洛夫，17世纪初至20世纪初俄国的皇族。彼得大帝、叶卡捷林娜大帝等沙皇都出自这个家族。

腓尼基[①]的气候无足轻重。腓尼基人强壮有力，他们的贸易也十分兴盛。可是腓尼基的经济体系却严重失衡。一小撮船主几乎掌控了所有的财富，并建立起严酷的商业垄断。提尔和西顿的政府不久就落入了权贵富人之手。穷人被剥夺了一切从事商业活动的权利，于是他们变得麻木不仁，对一切都漠不关心。由于统治者目光短浅，自私自利，最终腓尼基也难逃迦太基式[②]的悲惨命运，也覆亡了。

简言之，在每一个早期的文明中心，某些成功的要素总是缺失的。

公元前五世纪的希腊的诸要素达到了奇迹般的令人惊叹的平衡，可惜好景不长，延续的时间相当短暂。有点奇怪的是，即便是在那时，奇迹没有发生在宗主国，而发生在爱琴海边的殖民地希腊。

在另一本书中，我曾详细描述了那些著名的起到桥梁作用的岛屿[③]，它们连接着欧亚大陆。来自埃及、巴比伦尼亚和克里特岛的商人从远古时起就穿越它们来到欧洲。从亚洲流传到欧洲的无论是商品还是思想，其离岸地点经证实乃是位于小亚细亚西海岸的一个叫做爱奥尼亚[④]的地方。

特洛伊战争前几百年，这块九十英里长，仅有几英里宽的狭窄山地被来自大陆的希腊人部落占领，他们在那建起了几个殖民城镇，其中以弗所、福基斯、利亚和米利都为其中最为知名的。正是在这些城市沿线，文明兴盛所必需的要素达到了一个完美的比例，于是文明得到了高度发展，以至于后来者鲜有与之匹敌

---

① 腓尼基，古代地中海东部的一个狭长地带，大体位于今天的黎巴嫩。

② 迦太基，非洲北部海岸的一座古城，靠近今天的突尼斯。约公元前 9 世纪末由腓尼基人建立，成为贸易中心。第三次布匿战争（公元前 149—前 146）中被毁。

③ 指爱琴海中南部的几个群岛。

④ 爱奥尼亚，古地名，是古希腊时代对今天土耳其安那托利亚西南海岸地区的称呼，即爱琴海东岸的希腊爱奥尼亚人定居地。

的，更遑论将其超越了。

首先，居住在这些殖民地上的人来自十几个不同的国家与民族，他们最为积极向上，并富有进取心。

其次，在新旧两个世界之间，在欧亚大陆之间所进行的运输贸易产生了巨额财富。

最后，殖民政府的统治方式使得大多数的自由民有机会将自身的才能发挥到极致。

如果我没有提及气候，只是因为在那些专注于商业的国度，气候无足轻重。无论阴雨霏霏还是阳光普照，船只照常建造，货物照常卸载。只要天气不是太冷以至于港口结冰，或者水量不是太多以至于城镇洪水泛滥，居民就很少会对每日气候播报产生兴趣。

可是除此之外，爱奥尼亚的气候非常明显地有利于知识阶层的产生。在书籍和图书馆出现之前，通过一代代人以口口相传的方式，知识得以传承。城镇的讲堂是最早的社会中心，也是最古老的大学雏形。

在米利都[①]，一年 365 天中 360 天人们围坐在讲堂里是完全有可能的。那些爱奥尼亚早期的教授们是如此成功地利用了气候的优势，以至于他们成为所有未来科技发展的开拓者。

这些学者中有记载的最早的一位名叫台利斯[②]，无疑也是现代科学的真正奠基人，不过他的出生情况不明。之所以说他来历不明，不是说他曾抢过银行，或者曾杀人越货，然后从某个不为人知的地方逃到了米利都。主要是因为没有人能很清楚地知道他的祖先是何人。他究竟是皮奥夏人、腓尼基人、北欧人还是闪米

---

① 米利都，小亚细亚爱奥尼亚的一个希腊城邦。

② 台利斯，（约公元前 625—约前 546），古希腊哲学家，出生于小亚细亚的米利都。因为预报了公元前 525 年 5 月 28 日的日食而以其天文学知识著称。他认为万物的本源是水。在此之前，人们都是用神的观点解释世界。他对物质本源的思考开创了科学思维的先河。

特人呢？（用博学的人类学家的行话来说）

这生动地表明了那时位于曲折河流出口的这个古老的小城市是多么重要的一个国际性的中心。就如同今天的纽约一样，它的人口构成是如此的多元，以至于人们对自己的邻居容易产生信任，而不会过多地纠缠于他们的家族来历。

这不是数学家的历史，也不是哲学家的手册，台利斯的哲学、天文学的思索不会包括在本书的范围内，除非他的思想对蓬勃盛行于爱奥尼亚的新观念持宽容的态度。那时的罗马位于一条泥泞的河流旁边，还只是一个遥远的藉藉无名的小市镇。那时小亚细亚领地上的犹太人过着被奴役的生活，而东欧、北欧不过是一片荒芜之地。

为了便于理解欧洲巨大的发展何以成为可能，我们需要了解自从希腊酋长越过爱琴海，意欲劫掠富饶的特洛伊[①]城堡以来所发生的一些非同寻常的变化。那些威名远播的英雄们不过是仍旧极其原始的文明产物。他们是一群四肢过于发达的孩子，把人生看成是一个长长的带来荣耀的竞技场，充满了激动，可以尽情地进行摔跤、赛跑，以及做其他任何爱做的事。只要我们能够不受日常工作的拖累，能够不必为了面包和香蕉而被迫工作的话，我们都乐意去做这些事。

这些轰轰烈烈的英雄和他们的众神之间的关系直截了当、非常简单。有趣的是，他们对待诸如日常生存等严肃问题的态度也同样直接和简单。居住在奥林匹亚山上的众神，自从公元前10世纪起就开始统治着希腊人的世界，他们都是实实在在人的形象，和普通人并无两样。究竟众多神灵和他们的民众是何时、何地，又是以怎样的方式渐行渐远的呢？这一问题相当模糊，从来都没有得到过清晰的阐述。即便那时，生活在云巅的众神和在地上匍匐而行的臣民之间的友谊也从来都没有中断过，并且一些人神间的亲密接触给这种友谊增光添彩，于是赋予希腊宗教以独特

① 特洛伊，希腊传说中的著名城市。位于小亚细亚西北部。今土耳其境内。

的魅力。

当然了，所有希腊人从孩提时代起就接受教诲：宙斯是非常强大的统治者，留着大络腮胡子，有时当他猛烈地变戏法的时候，就会电闪雷鸣，仿佛世界末日即将到来。可是当这些孩子年岁渐长，逐渐能够独立阅读古代的英雄史诗，于是开始认识到那些可怕的神灵也存在局限性，这些神灵的故事是他们从孩提时代起就耳熟能详的。这些神灵可能会出现在一个普通的家庭聚会上，不停地彼此开着玩笑，一旦他们人间的朋友产生政治上的争论，他们就会站到某一边支持，以至于可以毫不夸张地说，在希腊尘世上的每一次争吵，都会导致天上神仙们之间的吵闹。

当然除了这些尘世的缺点，宙斯仍称得上是一个好的统治者，也是最强大的统治者。如果有人胆敢惹他不高兴，肯定没好果子吃。不过宙斯还是很讲道理的（华盛顿那些擅长游说的政客们最能懂得“讲道理”这个词的含义了）。如果人们以合适的方式和他打交道的话，他就会很通情达理。最了不得的是，他很有幽默感，对自己和他所统治的世界从来不会过分当真。

这当然不是最庄重的“神灵”概念，不过这也并非没有好处。在古希腊人中，从来都没有一个能够帮助人们甄别正误的牢靠耐久的法则。正因为希腊人对于“神灵”这个词根本就不存在我们现代意义上的信仰，也没有坚定不移的信条供人们遵守，更没有一群虔诚的专职的牧师随时准备用世俗的绞刑来捍卫其权威，希腊各地的人们于是就能够重新塑造宗教和伦理的思想，使得它们更符合人们的口味。

住在奥林匹亚山脚下的西沙连[①]人，当然不如居住在拉康里海湾的阿所批亚人那样对神灵持有强烈的敬意。雅典人觉得他们是受他们的保护神雅典娜直接保佑的，以为自己可以随意对待女神的父亲；阿迦笛人[②]的流域远离主要的商道，所以他们坚持更

① 西沙连，古希腊最大的一个部分，在希腊中东部，奥林匹亚山在这个地区。

② 希腊波罗奔尼撒半岛中的一个地区。

加淳朴的信仰并且不赞成对严肃的宗教问题采取轻浮的态度；至于福西斯的居民是靠着前来德尔非乡村的朝香客为生的，所以他们坚信阿波罗神是一切神灵之中最为伟大的，值得那些远道而来的，口袋里还有几个钱的人的特别尊重。

犹太人只信仰一个上帝，这很快就将他们与其他民族区分开来。犹太人居住在一个中心城市周围，而且这个城市非常强大，足以轻易击败其他接受朝圣的城市，并能够在接下来的十个世纪内维持其对宗教上的垄断，如果不是这样的话，只信仰上帝这一个神灵根本是不可能的。

可是在希腊并不存在上述条件。无论是雅典还是斯巴达都没能够成为公认的统一的希腊的首都。试图进行统一的努力只能带来长年累月的战争和民不聊生。

毫无疑问，这个由卓越的个人主义者构成的民族为其独立思想的发展提供了广阔的天地。

不少人一度将《伊利亚德》和《奥德赛》称作希腊人的《圣经》。其实他们和《圣经》根本就不是同一类书。它们是两本书，从来没有被看作是一本。讲述的是一些英雄人物可歌可泣的冒险故事，这些英雄常常被看作是希腊人的远祖。巧合的是，这本书中也含有一些宗教色彩，这是因为上天的神仙们无一例外地加入了尘世的争吵打斗，乃至对其他的事全都置之不理，只为了满足他们猎奇的乐趣，对他们而言这些人间的打斗可都是难得一见的希罕事呢。

尽管有人觉得荷马的作品可能是宙斯、密涅瓦①、阿波罗②直接或者间接传授的产物，不过希腊人压根都没有产生过这种想法。荷马的作品是优美的文学典范，漫漫冬夜读读这些作品真是再好不过了。而且它们能让孩子们为希腊民族自豪和骄傲。

这就足够了。

---

① 密涅瓦，罗马神话中掌管手工艺的女神。是艺术和贸易的保护神。

② 希腊神话中的太阳神。

这个城市拥有思想和精神充分自由的氛围，到处都弥散着海船浓烈刺鼻的气息，这些航船能通达全部七大海洋，带来了东方琳琅满目的纺织品。这儿的人生活富裕，心满意足，整个城市处处可听见他们舒心的笑声。就是在这样一个环境下，台利斯出生了。他在此工作、教书，直到最后离开人世。要是他作出的结论与多数邻人大相径庭的话，我们需要记得的是，他的思想传播的范围是非常有限的。米利都的普通民众可能听说过台利斯这个名字，正如同一个普通的纽约人可能听说过爱因斯坦的名字。如果你问爱因斯坦是谁，他可能会回答说他是一个留着长发，抽着烟斗，会拉小提琴的家伙，并曾写过关于某个人在火车上散步的故事，这个故事曾经在周末报纸上发表。

这个叼着烟斗，会拉小提琴的怪人捕捉住了一点真理的火花，结果动摇了（至少极大修缮了）过去一千六百年的科学结论，可是无数普通民众对此显然是漠不关心的。他们对数学毫无兴趣，也许只有在看到蝙蝠侠做出违背地球引力定律的动作时，才会对数学产生些许好奇。

古代史的教科书为了避免麻烦，常常直接写上“米利都的台利斯：现代科学的奠基人”等字样了事。我们几乎可以想象出当时米利都本地报纸头版上醒目的标题：米利都本地毕业生发现了科学的秘密。

可是台利斯究竟是何时何地离开了既定轨道，开始开辟了科学新天地的呢？我也没有一个很好的答案。有一点是肯定的，那就是台利斯绝不是生活在知识的真空中，他的智慧也不是凭空臆造出来的。在公元前七世纪，科学领域已经出现了大量开拓型的工作。在数学、物理、天文学上已经有大量的知识供足够聪明的人使用。

巴比伦的观星人已经探索了天空。

埃及的建筑师大胆地将几块好几百万吨的花岗岩放置于金字塔中心的小小的墓室上面，在此之前，他们必定已经做出了大量的计算。

尼罗河谷的数学家们仔细地研究了太阳的活动，使得他们能够预测旱季和雨季，并且给农夫制定日历，方便他们规划和调整农业活动。

所有这些问题的解决都有赖于那些杰出的人，可是他们仍然将大自然的力量看作是某些看不见的神灵个人意旨的直接表现。神掌管着四季的交替，天体的运转，潮水的涨落，就如同总统的内阁掌管着农业部门、邮政部门、或者是矿务部门，等等。

台利斯反对这种观点，不过他也像他那个时代大多数受过良好教育的知识分子一样，并不会在公开的场合讨论它。如果正在海岸线上兜售水果的摊贩突然抬头发现了日食，脸上出现了惊骇的表情，由于害怕这种异象，内心马上就联想起宙斯的话，这完全是他们自己的事情，台利斯绝对不会试图说服他们：任何学过基础天体知识的学童都能够预测出，在公元前 585 年 5 月 25 日那天的某个时刻，月亮会处于地球和太阳之间，米利都的居民都会体验到几分钟的黑暗。

在这个发生了日食的著名下午，波斯人和利迪亚①人正展开生死大战，可是由于日食导致光线不足，他们停止了相互杀戮。即便如此，台利斯否认这是由于利迪亚人的神施展了神力创造了奇迹，关掉了天堂的灯光，以便他们所偏爱的一方能在战争中获胜。

台利斯达到了如此高的一个境界（这也是他最大的优点），以至于他敢于将自然界的万事万物看作是一个“永恒意志”的表现，遵从于一个“永恒的法则”，并且完全超出神的个人影响，这些神灵其实乃是人们依照自身形象所创。所以他觉得，即使在那个特殊的下午，除了以弗所②街头两只狗打架，或者是哈里卡纳斯③城里举行的一场婚宴外，再也没有别的重要的事发生，日

① 利迪亚，古代小亚细亚的一个国家。

② 以弗所，爱奥尼亚的地区。

③ 哈里卡纳斯，古希腊城市。

食也还是会照旧出现的。

根据他所进行的科学观察，并通过逻辑推理，台利斯得出了结论。对于世间万物的起源和创造，他找出了一条不可回避的普遍法则，并且猜测（在很大程度上他猜对了）万物起源于水中，水从四面八方包围了整个世界，并且在世界形成之初就已经存在了。

不幸的是，我们手头并不掌握台利斯本人亲笔所写的任何东西。有可能他将自己的理念转变成具体的形式（因为希腊人已经从腓尼基人那里学会了拼音字母），但是直接署上他本人大名的作品哪怕是一页纸也没有留存下来。有关他本人和他的思想的知识，都有赖于同代人著作中一些零星的资料。从这些资料中我们得知，台利斯是个商人，与地中海各地有着广泛的联系。顺便说明的是，这一点对于早期的多数哲学家来说是再自然不过的事了。虽然他们是“爱智慧的人”，但是他们绝对不会闭上眼睛无视这么一个事实：人生的秘密只能在活生生的人中发现；“为了智慧而智慧”就如同“为了艺术而艺术”和为了食物而吃饭同样危险。

对他们而言，拥有全部人类品质的人，无论是好的，坏的，还是冷漠无情的，都是万事万物最佳的测量标准。因此他们用自己的闲暇时光来费心琢磨这些奇怪生物的本来面貌，而不是研究他们心目中觉得他应该是什么样子。

这使得他们有可能与他们的同胞保持最友爱的关系，假如向自己的邻人指出一条通向新千年的捷径来，他们也就无法发挥出那么伟大的力量。

他们很少制定严格持久的行为准则。

他们以自己为例，成功地向人们表明，对自然界各种力量的真正理解何以会无可避免地导致内心深处的平静，而这正是一切真正幸福的源泉。他们用这种方式赢得了社会的好感之后，就获得了研究、探索、调查的自由。他们甚至得到许可进入神灵专属的领地。作为这种新福音的先驱者之一，台利斯奉献了他毕生的大部分精力。

尽管他把希腊人的整个世界都拆得四分五裂了，尽管他单独考察了每一个细小的事物，尽管他公开质疑许多别人从一开始就认为是确凿无疑的事实，他还是得以在自己的床上平静地辞别人世。不排除有人曾经要求他为自己的异端行为作出解释，不过我们迄今没能找到这样的记录。

一旦台利斯为人们指明了方向，就有许多人渴望追随其后。

例如，有一个来自克拉左曼利[①]的人名叫阿拉克哥拉[②]。他36岁的时候离开了小亚细亚来到了雅典，随后多年就在雅典各个城市做一个“博学者”，或者做私人教师。他专门研究天文学，尤其值得注意的是，他还教导说，太阳并不像人们通常所认为的那样是一辆由天神驾驶的天上的战车，而是一个炽热的大火球，比整个希腊都还要大上几万倍。

当他太平无事的时候，当天上的霹雳没有因为他的大胆冒犯而劈死他的时候，他在自己的理论上更进一步，大胆指出月球表面也覆盖着高山和峡谷。最后他甚至还暗示存在某种“原始的物质”，是万物的起源和归宿，并从远古时期就已经存在了。

可是就在这儿，正如在他之后的许多科学家后来指出的那样，他开始踏上了危险地带，因为他谈论了某些人们耳熟能详的东西。太阳和月亮是遥远的星球，普通的希腊人根本不关心哲学家用什么名称去称呼它们。可是当台利斯教授开始说万事万物全部都由一个叫做“原始物质”的东西起源、发展而形成，他就肯定有点过头了。这种说法完全与人们熟知的杜卡翁和皮拉的故事相矛盾。因为谁都知道，杜卡翁和皮拉在大洪水过后，用小石块

---

① 古希腊爱奥尼亚的一个城市，爱奥尼亚十二个联邦城市之一。也是最早发行银币的城市之一。

② 阿拉克哥拉，（约公元前500—约前428），古希腊哲学家。出生于小亚细亚。是第一个定居雅典的哲学家，在雅典教授哲学长达30年。他的学生包括政治家伯里克力和戏剧家幼里披底斯等人。

造出了男人和女人，人类才得以重新繁衍下去。每个希腊孩子都曾经听说过这个最神圣的故事，否认其真实性，势必对现有的社会稳定构成巨大的威胁。这会使孩子们怀疑长辈的智慧，而这显然是不可容忍的。因此阿拉克哥拉遭受到了“雅典父母同盟”的猛烈攻击。

在君主制时期和共和国早期，城邦的统治者完全有能力保护一个满嘴奇谈怪论的老师的安全，使他能够免受愚蠢蒙昧的雅典农民怀有的敌意所带来的伤害。可是此时雅典的民主政体已经羽翼丰满，个人所享有的自由已经今非昔比。此外，雅典的最高领导人伯里克利[①]恰好在此时失去了多数人的支持，而他本人正好是阿拉克哥拉的得意门生，因此按照法律给阿拉克哥拉治罪就成了反对前独裁者的一个绝佳的政治举措。

一个名叫迪奥菲特斯的牧师，在一个人口很稠密的郊区做地方长官。他提出了一条法律，规定：“对那些敢于不信仰现行宗教或者是对神持有异见的人，要立即治罪。”根据这条法律，阿拉克哥拉立即被投入了监狱。不过后来城邦里的进步力量占了上风。阿拉克哥拉在交了少量罚金后获得了自由，移居到小亚细亚的兰普萨科斯。公元前 428 年，他以高龄并满载着荣誉离开人世。

他的例子表明，官方很少对科学理论进行压制。虽然阿拉克哥拉被迫离开雅典，但是他的思想得以在这片土地上保存下来。两个世纪后，一个叫做亚里士多德的人注意到了这些思想，于是它们成为了他很多科学思想的基础。轻松穿过了一千多年的黑暗之后，一个叫做阿威罗伊[②]的伟大的阿拉伯医生接受了亚里士多

---

① 伯里克利（约公元前 495—前 429），古希腊政治家。自公元前 461 年起连续十五年任雅典最高领导人。他当政期间，雅典取得许多辉煌成就，进入全盛时期。

② 阿威罗伊（1126—1198），哲学家、法学家和医学家。他把亚里士多德著作的大量评述译成阿拉伯文、希伯来文，极大地影响了中世纪欧洲的经院哲学学派和犹太哲学。

德的思想，随后他在西班牙南部自己任教的摩里士大学的学生中广为传播。他写了好几本书来介绍这些思想，并在其中加入了自己观察的心得。这些著作越过了比利牛斯山，传到了巴黎和博洛尼亚的各个大学，在那里它们被翻译成拉丁语、法语和英语。这些思想是如此广泛地被西欧和北欧的人们接受，以至于今天它们已经成为科学启蒙读物中必不可少的组成部分，在人们眼中就如同乘法口诀表一样有益无害。

让我们再回到阿拉克哥拉的话题吧。在他遭到审判之后差不多一代人的时间之后，希腊科学家开始获准讲授与主流思想相异的内容。但是，到了公元前五世纪最后的几年，又发生了一件事。

这次的受害者则是一个叫做普罗塔哥拉[①]的流浪教师。他来自阿布代拉，这是爱奥尼亚人在希腊北部建立的一个殖民地。据说德莫克力特[②]也出生在这里，虽然这种说法颇有争议。这个富于原创性的“大笑着的哲学家”提出：“能够以最小的痛苦为代价给人民提供最大幸福，这样的社会才是理想的社会。”于是他被看作是激进分子，理应受到政府的长期监视。

普罗塔哥拉深深受到这个理念的影响。他来到了雅典，经过多年的潜心研究之后，他在这里宣布：人是一切事物的度量；人生太过短暂，不应该浪费宝贵的时间去探寻神灵是否存在；人类全部的精力应该致力于使自身的存在更美丽、更快乐。

---

① 普罗塔哥拉（约公元前480—约前411），古希腊哲学家。他是伯里克力的朋友。他的基本思想是，没有绝对的对错、真假，因此每个人都是自己的最终权威。即“人是万物的尺度”。

② 德莫克力特（约公元前460—约前370），古希腊哲学家。他发展形成了宇宙的原子理论。认为万物都是由原子构成的，原子由完全相同物质构成，只是在大小、重量、形状等方面有所不同。他把幸福作为继和缓、平静和无畏之后的最高精神境界。他被后世称为“大笑的哲学家”，与之对应的是赫拉克力特，他因忧郁和悲观被称为“哭泣的哲学家”。

这个观点当然切中了要害。它必定比以前任何书面的或口头的言论更能动摇人们的信仰。而且当时雅典和斯巴达人的战争正处在生死关头。在吃了一系列败仗，并遭受瘟疫的打击之后，雅典人彻底绝望了。很显然这个时候不应该质疑神的法力范围，乃至引起神的怒火。于是普罗塔哥拉被指控藐视神，人们要求他到法庭上为自己辩护。

原本可以保护他的伯里克利，此时已经离开人世了。普罗塔哥拉虽然是一名科学家，不过显然不想做一个殉道者。

于是他逃走了。

不幸的是，在逃往西西里的途中，他的船失事了。他应该是淹死了，因为我们从此就没有听说过他的下落。

还有一个叫戴阿哥拉斯的人，是雅典人恶意迫害的又一个牺牲品。他根本不是一个哲学家，而是一个年轻的作家。他不断地发泄着对神灵的怨愤，因为在一场官司中，神没有帮他的忙。他觉得自己很冤枉，心中的怨气憋的时间长了，就影响到了他的行为，他开始发表各种各样亵渎神灵的言论。其结果是他冒犯了在希腊北部人们中享有崇高地位的一个神灵，于是他因此而被判处死刑。但是在他被处决之前，这个可怜的家伙逮到一个机会逃跑了。他跑到了科林斯，继续辱骂奥林匹亚诸神，最终他带着自己的坏脾气平平安安地死去了。

在历史记载中，希腊人最臭名昭著、最不宽容的案例，就是用司法的手段杀害了苏格拉底。

当人们有时候说世界根本没有变化，说雅典人不比后世的人心胸更加开阔的时候，苏格拉底的名字常常被拽入争论中，并被看作是希腊人心胸狭窄的例证。今天在对此事进行了大量详尽的研究之后，我们的认识更加清楚了。这位街头演说家既才华横溢，又惹人生厌。他那漫长的未受干扰的学术生涯的确为公元前5世纪雅典思想自由的盛行作出了直接的贡献。

当多数人们都还在信奉多神论的时候，苏格拉底俨然已经开始成为一神论的先知。尽管当他谈到“精灵”（即一种神圣感召的内心声音，告诉他去说什么和做什么）的时候，雅典人未必总能听懂，但是他们的确能够充分感受到他对正统理念持反对态度，而他的多数邻人对这些理念还怀有一种神圣的敬仰之情，雅典人也能充分察觉他对事物的既定次序完全缺乏应有的尊敬。不过最后杀害这位老人的是政治而不是神学，（尽管神学为了群众的好处也被牵扯进来），神学与审判的结果几乎没有太大的关联。

苏格拉底是石匠的儿子。这位石匠孩子众多，可是却根本没有什么钱。苏格拉底没有上过什么正规的大学课程，这是因为当时的哲学家都是讲求实际的家伙，每讲授一门课程，收费高达2000美元。此外，追求纯粹的知识，研究无用的科学，对于年轻的苏格拉底来说无疑是在浪费时间和精力。他认为，一个人只要还有自己的良心，即便没有几何知识也同样能够做好。而且有关彗星和行星本质的知识对于灵魂的拯救来说，也是不需要的。

苏格拉底鼻子塌陷，身材矮小，其貌不扬。他常常披着一件破旧的斗篷，白天站在街头和游手好闲的人辩论，晚上回到家里则不得不听妻子喋喋不休的唠叨。（她不得不靠帮人洗衣来养家糊口，她丈夫把这些谋生的事务看作是无足轻重的小事。）这位经历了多次战争和远征的老兵，这位雅典议会的前议员，不幸地从他那个时代众多的教师中被挑中，而注定要为他的信仰遭受苦难。

为了弄清楚这一切的来龙去脉，我们必须先了解一下，就在苏格拉底为了人类的智慧和进步作出了痛苦却高度有益的贡献的时候，那个时代雅典的政治究竟是怎样的。

终其一生（苏格拉底被处死的时候已经年过七旬），苏格拉底竭尽全力向他的周围的人表明，他们在浪费人生的机会，他们过的是一种空洞浅薄的生活，他们将大把的光阴虚掷在空虚的欢乐和无聊的胜利之上，他们几乎全部挥霍了伟大神秘的神灵所赋予他们的才能，只是为了获取几个小时的虚荣和自我满足。他是如此彻底地坚信人的高尚使命，以至于他打破了过去所有哲学家的束缚，而且甚至比普罗塔哥拉走得更远。后者提出：“人是万物的尺度”，而苏格拉底则进一步鼓吹：“人内心的良知是万物最终的评判标准，塑造我们命运的不是神灵，而正是我们自己。”

苏格拉底在决定自己命运的法官面前所做的演讲（准确地说，有500名听众，他们是苏格拉底的政敌精心挑选出来的，其中有些人能读会写），对于无论是同情他还是怀有敌意的听众而言，都是令人愉悦的真知灼见。

苏格拉底说，“世界上没有一个人有权利告诉别人应该信仰什么，也没有人能够剥夺别人自由思考的权利”。这位哲人进一步说：“如果一个人能够善对自己的良知，那么即使他得不到朋友的嘉许，没有家庭，居无定所，甚至身无分文都不要紧。但是，没有对每一个问题利弊的详尽调查，任何人都无法得出正确的结论。所以人们必须拥有公开讨论一切问题的完全自由，而不必担忧受到政府的干预。”

不幸的是，作为一个遭受指控的人，这无疑是一个在错误的时刻发表的错误言论。自从波罗奔尼撒战争①以来，在雅典的穷人和富人，雇主和劳工之间一直存在着激烈的斗争。苏格拉底是个“温和派”——他是一个自由主义者，在斗争的两派政体中②都能发现优点和缺点。他试图找出一种妥协的方案来满足所有理智的人。这当然使得他在两边都不受欢迎。不过当时双方都势均力敌，腾不出空来对付他。

可是公元前403年，当民主派完全掌控了国家，并驱除了贵族的时候，苏格拉底不幸的命运就降临了。

他的朋友们建议他趁早离开雅典，如果苏格拉底听从了朋友们的建议的话，那当然是非常明智的举动。

---

① 波罗奔尼撒战争，古希腊的一次大规模的内战。自公元前431年开始，持续将近30年。交战双方是以雅典和斯巴达为首的两大军事联盟。最后，雅典投降。战争使双方代价惨重，导致了雅典城邦的衰落。

② 雅典和斯巴达实行不同的政体。雅典实行奴隶民主政治，而斯巴达实行贵族寡头政治。

苏格拉底的敌人和朋友同样的多。在大半个世纪的时间里，苏格拉底一直是一个“口头的专栏作家”，他是个聪明得可怕的大忙人，养成了一种嗜好，那就是揭露和拆穿那些自诩为雅典社会栋梁之徒的无耻和骗局。其结果是，所有人都知道他了。他的名字在整个希腊东部都家喻户晓。要是他清晨说了什么有趣的事，晚上整个城镇都听说了。有人编了戏剧来描写他。当他最后被逮捕入狱时，整个阿体卡[①]城没有一个人不对他人生的全部细节了如指掌。

在实际审判中起带头作用的那些人，（比如那位受人尊重的粮商，他既不能读也不能写，可是却熟知神的旨意，因此在审判中嗓门最大），坚信他们在履行社会责任，替雅典人除掉知识分子中一个极度危险人物。此人的教导不仅导致懒惰和犯罪，而且在奴隶中煽动不满。

非常有趣的是，即便在这样的境地下，苏格拉底仍然能够以非常娴熟的技巧为自己的案子辩护，以至于陪审团中的大多数人最后都赞同释放他，并表示可以宽恕他，前提是他能够放弃争议、辩论、争吵和说教的恶习。简言之，他只要答应让他的邻居耳根清净，不再用不断的质疑去打扰他们的话，他就可以重获自由了。

但是苏格拉底偏偏就不肯听这些。

“绝对不行!”苏格拉底喊道，“只要我还有良知，只要我内心深处还有一个微弱的声音在呼唤我前行，要我向民众指明通往理性的真正的道路，我就会继续对我碰到的任何人讲述我心中所想，而不论我将面临什么样的后果。”

这样一来，法庭没有别的办法，只有判处犯人死刑了。

苏格拉底获得了三十天的缓刑期。这是因为前往德洛斯[②]每年一度朝圣的圣船还没有返回，在此期间，雅典的法律禁止行

---

① 阿体卡，古希腊的一个地区。雅典就在阿体卡半岛上。

② 德洛斯，爱琴海南部的一个希腊岛屿。古时是纪念太阳神阿波罗的圣地。

刑。整整一个月，这位老人平静地呆在他的囚室里，试图改进他的逻辑体系。虽然不断有人给他提供逃跑的机会，他都拒绝了。他已走完了自己的一生，履行了自己的使命。他已疲惫，准备离开人世。直到行刑前一刻，他还在和他的朋友交谈，试图用自己的是非观来教育他们何为对错，要求他们把心思放在精神世界，而不是物质世界上。

然后他饮下毒酒，躺在床上安然睡去，从此一切的争议都随着他的长眠不醒而结束了。

有那么不长的一段时间，他的弟子们被群众爆发出的怒火吓坏了，觉得暂时还是不要出去从事以前的活动为妙。

可是过了一阵子，见什么事都没有发生，他们就重操旧业，公开授徒执教。在苏格拉底去世十来年内，他的思想比以前传播得更广泛了。

雅典城刚刚度过了一段非常困难的时期。对希腊半岛领导权的争夺，随着雅典人的战败、斯巴达人的大胜而告终，这次是臂力战胜了头脑，这场战争现在已经过去五年了。毋庸置疑，这种局面不会长久。斯巴达人既没有留下一句值得传颂的诗行，也没有给人类知识的增加作出一丁点的贡献（除了一些军事技巧现在还使用于现代足球运动之外）。他们以为他们推倒了雅典的城墙，雅典的舰队也锐减为仅仅十二艘船，于是他们就完成使命、大功告成了。可是雅典人精明过人的头脑一点也没生锈。波罗奔尼撒战争结束十年后，比雷斯港口又重新挤满了来自世界各地的航船，而雅典的将军们再次统帅着希腊联合舰队。

而且，伯里克利的努力尽管没有得到他的同代人的赞赏，却使雅典成为世界上真正的知识中心，就如同公元四世纪的巴黎一样。无论是罗马、西班牙，还是非洲的有钱人都会赶时髦，把自己的孩子送到雅典来接受教育。如果自己的孩子能够去雅典卫城附近的学校去读书，他们就会觉得非常自豪。

这个古代的世界，其实我们现代人很难真正理解透，他们对待生活其实是非常严肃的。

由于早期敌视异教的基督教的影响，人们形成了这样的印象：普通的希腊人和罗马人都是道德堕落的人，他们无聊地崇拜一些莫名其妙的神灵，此外就把所有时间都用来大吃大喝，喝大杯的萨勒洛酒，听着美貌如花的埃及舞女说着甜言蜜语。除非是为了变换一下生活方式他们才去打仗，屠杀着无辜的日耳曼人、法兰克人和达琦亚人，只是为了找找杀人流血的乐子。

当然无论是在希腊还是在罗马（后者更甚），都有大量商人和战争贩子，他们积累了数不清的钱财，却毫不遵守苏格拉底在法官面前清晰阐述过的那些伦理法则。因为这些人非常富裕，旁人不得不容忍他们。可是这绝对不意味着他们能够得到社会群体的敬重，也不会被看作是值得钦佩的他们那个时代文明的代表。

我们曾经发掘埃帕福洛迪特的别墅，他伙同罗马皇帝尼禄[①]在罗马及其殖民地大肆劫掠，聚敛了无数的钱财。当我们今天看到这个奸商用自己的不义所得建的豪华宫殿的废墟时，我们发现宫殿的房屋居然多达四十间。我们不禁摇摇头说："真是腐败至极啊！"

然后我们坐下来读一读爱比克泰德[②]的著作。他曾经是埃帕福洛迪特这个老恶棍的奴隶。读他的著作，我们无疑是在与有史以来最崇高的灵魂做伴。

我深知人们常常喜欢关起门来对邻人和别的民族妄加评判。不过我们不应该忘记：哲学家爱比克泰德和皇家走狗埃帕福洛迪特同样真实地代表着他们那个时代，两千年前人们对崇高的渴求不比今天弱了半分。

毋庸置疑，这是一种不同于今天的崇高。它主要是欧洲头脑

---

① 尼禄（37—68），第五任罗马皇帝。弑母杀妻，生活放纵。公元 64 年罗马大火，尼禄嫁祸基督徒，对他们进行迫害。公元 68 年高卢兵团、西班牙兵团和禁卫军反叛，尼禄逃出罗马。元老院判处他死刑。同年 6 月他自杀于罗马附近。

② 爱比克泰德（约 55—135），古希腊哲学家。信奉禁欲主义哲学，强调自由、道德和博爱。年轻时曾为奴隶，后获自由。

的产物，和东方几乎没有什么瓜葛。而把它作为心中最崇高、最值得向往的理想的“野蛮人”，正是我们的祖先。他们慢慢形成了自己的人生哲学。如果我们同意明确的良心、简单质朴的生活、强健的体魄、不算很多但却够用的收入乃是幸福和满足的最佳保障的话，那么这种人生哲学就相当成功了。他们对心灵的未来并没有寄予太多的兴趣，他们接受了如下的事实：人是一种特殊的哺乳动物，通过知识理性地运用，人大大超越了仍旧匍匐在地面上的其他动物。如果他们不断提及“神灵”，那么运用这个词语就好比我们今天运用“原子”、“电子”，和“以太”一样。事物总得要有一个名字，爱比克泰德口中的“宙斯”就好比欧几里德在解数学题时所说的“X”和“Y”一样，也许含义丰富，也许非常简单。

首先吸引这些人的是生活，其次是艺术。

他们研究千变万化的生活，遵循的是苏格拉底所首创的推理方法，然后在人们中加以推广，他们取得了非常了不起的成绩。

有时，他们激情四溢地追求精神世界的完美，结果不免走向荒谬的极端，这诚然令人觉得遗憾，可是实乃人之常情，人非圣贤，孰能无过？可是在古代众多的哲学家中，柏拉图①是惟一一位从对完美世界的纯粹热爱转向鼓吹宽容理念的学者。

众所周知，这个年轻的雅典人是苏格拉底的爱徒，后来成了苏格拉底思想的记录者。

他竭尽全力搜罗了苏格拉底所说过的所思考过的一切内容，并把它们汇编成为一系列对话集，完全可以被称作“苏格拉底福音书”。

完成这项工作之后，柏拉图开始对他的老师苏格拉底思想中某些晦涩难懂的部分作出阐释，并写出一系列出色的文章来加以说明。再后来他就开设了许多课程，将雅典人公平正义的理念传

---

① 柏拉图（约公元前428—约前347），古希腊哲学家。对西方哲学产生最深远影响的思想家之一。

播开来，影响之大，远远超出了希腊的疆域。

在所有这些活动中，柏拉图全心全意地投入，展现出无私奉献的热情，我们甚至可以将他和圣徒保罗①相提并论。可是圣徒保罗过的是一种最富有冒险性的，最危险的生活，他从北走到南，从西走到东，殚精竭虑地把上帝的福音带到地中海的每一个角落。然而柏拉图却端坐在花园里舒适的椅子上，让整个世界朝他靠拢。

柏拉图出生高贵，并拥有可供自由支配的财富，这使得他可以这么做。

首先，他是一位雅典的公民，通过他母亲，可以将他的血统追溯到梭伦②。而且他一到法定年龄就继承了一笔财产，对于满足他的简单生活所需来说的确是绰绰有余了。

最后，他是如此富有雄辩的才华，以至于人们心甘情愿地来到爱琴海，只为了能够在柏拉图学院里听他讲上几节课。

至于其他方面，柏拉图和他同时代的年轻人非常相似。他曾参过军，不过对军队事务没有任何特别的兴趣。他也喜欢户外运动，是一名摔跤的好手，跑步也很拿手，不过从来没有在竞技场上获取任何的名声。他花了大量的时间到国外游山玩水，这一点也跟同时代的年轻人没有两样。他曾越过爱琴海，在埃及北部作过短暂停留，而这正是他大名鼎鼎的祖父梭伦所去过的地方。不过后来他回到家中就再也没有外出。在接下来的五十年中，他在雅典郊区赛菲萨斯河畔一座绿树成阴的花园里，默默地传授自己的学说，这座花园于是也被称作“柏拉图学院”。

最初他是一名数学家，后来他逐渐转向了政治学，在这个领域里他为现代政府学说奠定了基石。他内心深处是一个坚定的乐观主义者，相信人类会逐步进步。他教导说，人的生活总是慢慢地从较低的层面上升到较高的层面。世界从美的形体演变到美的

① 圣徒保罗，耶稣十二使徒之一。基督教奠基人之一。

② 梭伦（公元前638—前559），希腊政治家。希腊民主政治的创立者。

体制，又从美的体制演变到美的理念。

这些理论写在羊皮纸上倒也很吸引人，可是当柏拉图试图提出成立一个理想的国度所要依赖的几个原则的时候，他对公平的热情，对正义的渴望变得如此之强烈，以至于他对所有其他的一切想法都视而不见、听而不闻了。他的“理想国”，是一个奇特的共同体，一直被乌托邦空想家们看作是人类社会最完美的样板。他倒是极好地反映了，并继续反映着那些退休长官的偏见，他们一直享受着丰厚的个人收入带来的舒适生活，乐于在上流社会的圈子里左右逢源；他们对下层阶级的不信任已经根深蒂固，唯恐下层社会的人忘记了自己所处的位置，奢望分享只有“上层社会”才有权享有的那些特权。

柏拉图的著作在中世纪西欧的学者中享有极高的威望。不幸的是，这些学者把柏拉图最负盛名的著作《理想国》变成了对付宽容的最为可怕的武器。

那些博学多才的学者总是容易忘记这么一个事实：柏拉图作出结论时的前提条件与盛行于公元前 12、13 世纪时的前提条件已经大为不同。

譬如，柏拉图绝对不是基督教意义上的虔诚的教徒。他对自己的祖先顶礼膜拜的神灵非常鄙视，仿佛这些神灵是来自马其顿的举止粗俗的乡巴佬，他为特洛伊战争史中所记载的众神丑陋、不体面的行径深深地感到羞愧。但是年长以后，日复一日地坐在橄榄园中，他对雅典那些小城邦中愚蠢至极的争吵感到越来越厌烦、越来越生气。他亲眼目睹了旧民主理念彻头彻尾的失败，于是他愈来愈深信，对于普通民众来说，宗教还是必不可少的。否则，他心目中的理想国就会四分五裂，沦为猖獗的无政府状态。因此，他坚定地认为，在他的理想的国家模式中，司法机关应该树立起对全体国民的威信，应该迫使自由人民和奴隶一同遵守这些法规，如果有人胆敢违背，就会面临或被囚禁，或被流放，或被处死的严厉惩罚。这听起来绝对地否定了宽容的精神，否定了良心的自由。而不久前，苏格拉底还在为此而英勇地战斗。实际上，柏拉图的本意也正是如此。

要找出导致柏拉图态度大为转变的原因其实并不是很难。苏格拉底走入民众中传授自己的理想，而柏拉图却害怕生活，从无比丑陋的、令人不快的现实世界中遁逃，躲入自己营造的白日梦的王国。柏拉图当然很清楚地知道，他自己的理念根本不可能有一丁点付诸现实的机会。那些小小的、分割独立的城邦的时代，无论是想象中的还是现实中的，终究是一去不返了。中央集权的时代已经来临，很快希腊半岛就会被纳入马其顿帝国，成为这个西起马里查河，东至印度河的庞大帝国版图的一部分。

可是，在征服者的巨掌落下之前，这个古老的希腊半岛难以驾驭的民主已经产生了最伟大的人物，使整个世界都永远受惠于这个已经不复存在的希腊民族。

我当然指的是亚里士多德，一个来自斯塔吉亚的神童，他掌握了当时人类所能获取的全部知识，并为人类增添了如此之多的新的知识，以至于在接下来50多代人的漫长时间里，一直是欧洲人和亚洲人永不枯竭的智慧源泉，人们可以从中不断汲取养分。

亚里士多德十八岁那年就离开了位于马其顿的一个小山村，前往雅典来到柏拉图学院里求学。他毕业后曾经在很多地方讲过学，直到公元前336年他重新回到雅典，在阿波罗神庙附近的一所花园开办了属于自己的学校。这所学院被称之为亚里士多德学院，很快就吸引了来自世界各地的学生。

很奇怪的是，雅典人一点都不赞成在他们这片土地上增加新的学堂。雅典开始逐渐失去作为商业中心的重要地位，所有较为活跃，喜欢闯荡的居民全部搬到了亚历山大港、马赛港，以及南部和西部的城市去了。那些还留在雅典的居民，要么是太贫穷，要么就是太懒惰而不想去费这个神。他们是原先那群躁动不安的自由人民中墨守成规的剩余分子，他们曾经给这个苦难深重的共和国带来了荣耀，可是同时也正是他们造成了共和国的毁灭。他们以前就对柏拉图所进行的一切心怀不满，在柏拉图死去十几年之后，他最臭名昭著的学生又回来了，并且公开讲授更加过激的信条，其中不乏诸如世界的起源、神灵力量的局限等骇人听闻的内容。那些老顽固们沉重地摇了摇头，对亚里士多德暗地里发出威胁，因为正是他使得雅典成为思想自由和不信神的代名词。

要是这些老顽固能找到办法的话，他们肯定已经将亚里士多德驱逐出希腊了。可是他们都很明智地把这个念头埋藏在心底。因为在当时的政治生活中，这位眼睛近视、体格健壮的年轻绅士，这位以对书籍和衣着的良好品位著称于世的小伙子，可不是一位可以忽略不计的小人物，也绝对不是一个藉藉无名的小教书匠，雇上几个莽汉就可以将他驱逐出城的。他的父亲是马其顿帝国的宫廷医生，他从小就跟王子们一起长大成人。而且，他一完成学业，立即就被任命为王储的老师，然后每天陪伴年轻的亚历山大，整整有8年之久。因为他与亚历山大的深厚友谊，他得到了这位有史以来最强大的君王的庇护。当亚历山大远征印度的时候，管辖希腊各省的长官对他备加关照，唯恐这位帝王最好的朋友有什么闪失。

可是，当亚历山大的死讯一传到雅典，亚里士多德的生命立刻就陷入危险之中。他记起了苏格拉底的遭遇，不想遭受同样悲惨的命运。像柏拉图一样，他小心翼翼地避免将哲学和现实政治混淆在一起，可是他讨厌政府的民主制度，不相信普通民众的治国能力，这一点却是尽人皆知的。就在这时，雅典人的愤怒突然爆发，他们驱除了马其顿的守卫军队，亚里士多德于是连忙穿过优波亚海湾，到了卡尔西斯。不久，他在这里去世。几个月后，马其顿人重新征服了雅典，于是雅典人因为反叛而受到了严厉的惩罚。

时光荏苒，现在已经很难弄清当年亚里士多德被指控对神不虔诚的真实背景了。在这个充斥着业余演说家的国度，跟往常一样，他的案子不可避免地和政治搅和在一起。他之所以不受欢迎，与其说是他发表了什么骇人听闻的异端邪说，以至于可能招致宙斯的报复，倒不如说是由于他对地方权贵采取了漠然置之、不理不睬的态度。

其实这已经无关紧要了。

那些独立的小共和国的日子已经屈指可数了。

在此之后，很快罗马人就继承了亚历山大的欧洲遗产，希腊也就随之成为罗马帝国众多的省份之一。

然后一切进一步的争论就宣告终止，因为罗马人在多数情况下比黄金时期的雅典更富有宽容的精神，他们容许自己的臣民自由地尽情地思考，只要他们不去质疑罗马帝国的繁荣与和平所依赖的政治原则，而这些原则从远古时期就已经得以建立起来。

使得西赛罗的同代人生气勃勃的理念与雅典领袖伯里克利的追随者所尊崇的思想有着细微的差异。希腊思想的老一辈领袖们将他们的宽容建立在经过几个世纪谨小慎微的试验和仔细思索所得出的结论之上。而罗马人则觉得他们根本不需要先行进行这类研究，他们对此只是漠不关心，并以此而自豪。他们对生活中实实在在的东西感兴趣，崇尚迅速行动，对高谈阔论有着根深蒂固的蔑视。

如果其他的人乐意在一棵历经沧桑岁月的橄榄树下消磨一下午，讨论政府的理论问题，乃至月球对潮涨潮落所施加的影响的话，罗马人对此是再欢迎不过了。

罗马人觉得，如果他们的知识进而能转化为现实的用途，则值得进一步的关注；唱歌、跳舞、烹饪、雕塑、乃至科技与哲学等等，就留给希腊人和别的外国人去费神吧，朱比特神创造了他们，正是为了让他们去做这些真正的罗马人不值得留意的事情。

与此同时，罗马人自己则把注意力放在管理日益扩大的领土上。他们必须训练足够的外籍步兵和骑兵来保卫罗马的各个行省；他们必须视察连接西班牙和保加利亚的交通要道；一般而言，为了维系五百多个不同的部落和国家之间平安无事，他们不得不将其主要的精力投放在这上面。

让我们将荣誉给予那些应得的人。

罗马人的工作是如此彻底，以至于他们建立起一种社会结构，它以这种或那种方式一直存续到今天，而这个结构本身就是了不起的成就。只要缴纳必要的赋税，并表面上尊敬并遵守罗马统治者所制定的为数不多的行为准则，罗马帝国下属的各种族部落就享有极大的自由。他们享有信仰自由，可以崇拜一个神，或者十几个神，甚至所有神殿中充斥着的各式各样的神，这都无关紧要。可是，不论自己崇拜什么宗教，这个囊括四海的罗马帝国中千奇百怪的成员都必须牢牢记住，“罗马的和平”有赖于成功遵守这样一条共同准则，即“自己生存，也要让别人生存”。任何情况下他们都不得干预他们的邻居，或者自己领地上的陌生人。如果他们认为自己的神受到侮辱的话，也不得去祈愿于行政长官。“因为，”提波流大帝[①]在一个值得纪念的场合说道，“如果神灵们觉得自己受到了冒犯，他们肯定会关照好自己的。”

就这么寥寥几句安慰的话，所有类似的案子就轻易地被驳回了。人们被告知，个人主张不要带到法庭上来。

如果一个卡帕多西亚[②]的商人决定在科洛西亚[③]定居，那么他有权敬奉自己的神灵，并有权在科洛西亚境内建立起属于自己的神庙。类似的，如果一个科洛西亚人迁居到卡帕多西亚的领地，那他应该被给予同样的特权，同样享有崇拜的自由。

常常有人认为，罗马人之所以对其他的民族采取一种大度的、高高在上的宽容态度，是因为他们一视同仁地看不起卡帕多西亚人、科洛西亚人以及所有其他居住在拉齐奥以外的野蛮民族。这种说法可能是对的，不过我也不能肯定。不管怎样，历史事实是：在将近五百多年的漫长岁月里，在欧洲、亚洲、非洲的文明、半文明的大部分地区，罗马人对宗教采取了一种几乎是彻底的宽容态度，而且罗马人发明了一种统治艺术，能最大程度地

---

① 提波流大帝（公元前42—公元37），第二任罗马皇帝。公元14至37年为罗马皇帝。享年79岁。

② 卡帕多西亚，小亚细亚东部的一个地区。

③ 科洛西亚小亚细亚的一个地区。

产生实际效果，并将摩擦降低到最小的范围。

很多人于是认为太平盛世已经来临，这种彼此体谅、彼此容忍的状况将永远地持续下去。

可是没有什么是能恒久不变的，一个建立在武力之上的帝国就更加不能了。

罗马人征服了整个世界，可是在这个过程中他们也毁灭了自己。

罗马年轻士兵的累累白骨撒满了数以千计的战场。

将近整整五个世纪，最聪明的罗马人不得不将他们全部的心力耗费在治理一个东至黑海之滨，西到爱尔兰海的庞大帝国之上。

盛极必衰！

以区区一城之力来治理整个世界，这根本就是不可能完成的使命，罗马人身心俱疲，他们全部的精力已经耗尽了。

就在此时，发生了一件可怕的事。几乎所有的罗马人对生活感到厌倦，失去了生活的激情。

他们拥有了所有的乡间别墅、都市豪宅，所有的豪华游艇、华丽马车，一切他们曾经渴望拥有的东西现在已经全部到手。

他们发现自己已经拥有了世界上所有的奴隶。

他们已经吃过一切的山珍海味，见过一切的奇珍异景，听过一切的美妙音乐。他们已经尝遍了世间的美酒，他们已经到过世上任何一个角落，他们已经和从来自巴塞罗那到第比斯的所有女人做过爱，人世间所有的书籍全都已经收藏在自家的图书馆，史上最好的绘画也已经挂在自家的墙上，进餐时有世界上最好的音乐家为他们演奏，他们的孩子有世界上最好的教师来教给他们一切应有的知识。其结果是，所以的食物和美酒失去了它的美味，所有的书籍变得沉闷无趣，所有的女人不再能吸引他们的注意力，甚至连生存本身也已经成为了一种负担，很多人一旦有体面的机会，宁愿选择立即死去。

他们只剩下惟一的安慰：思考未知的不可见的世界。

可是古老的神祇已经死去多年了。任何有头脑的罗马人再也不相信儿歌里面有关朱比特和米纳瓦的愚蠢的故事了。

那时的哲学流派有享乐主义、禁欲主义和犬儒主义。他们都宣扬慈爱，自我否定，并推崇无私的有用的生活态度。

这些哲学思想太空洞了。这些思想在芝诺[1]、伊壁鸠鲁[2]、爱比克泰德、以及普洛太齐[3]的书中倒是讲解得娓娓动听，鞭辟入里，这些书在每一座图书馆里都找得到。

可是长远来看，纯理性的“食谱”缺乏某些必不可少的营养成分。罗马人开始呼唤在他们精神食粮中添加“情感”的成分。

因此，纯粹哲学意义上的“宗教”，（如果我们将宗教的理念和一种过高贵而有用的生活的意愿联系起来的话）只对少数人有吸引力，他们几乎都属于上层阶级，只有他们才有机会得到满腹经纶的希腊教师的倾心培养。

对于广大的老百姓而言，这种精雕细琢的哲学可谓一无用处。他们的认识也已经发展到了一定的阶段，即为数众多的古代神话似乎不过是那些偏听偏信、行为粗鲁的先祖们孩子气的杜撰发明罢了。不过他们也还不至于像那些知识精英那样走得更远，乃至于否定任何神灵的存在。

于是他们的所作所为与任何别的半文明的人在这么一个环境下的行为没有什么两样。表面上，他们对共和国确立的官方的神毕恭毕敬，而背地里，他们则转向某个“神秘教派”寻求真正的安慰与幸福，这些神秘宗教在过去的两百年中，在泰柏河畔的这座古城中大受欢迎。

我在上文中提及的“神秘”一词源出于希腊。原意是指一群

---

① 芝诺，生活于公元4世纪到3世纪。希腊哲学家。禁欲主义的创始人。

② 伊壁鸠鲁（公元前341—前270），希腊哲学家。创立了享乐主义哲学体系。其基本主张是：快乐是最高原则，是生活的主要目标；智慧的快乐高于感观的快乐，后者常常会扰乱内心的平静。

③ 普洛太齐（约46—120），希腊传记作家和散文家。

“发起入会的人”，他们必须守口如瓶，以防只有真正的“神秘教派”的成员才能得知的秘密泄漏出去。这些秘密将他们紧紧地联在一起，比如“大学兄弟会”和“海鼠独立团”的秘密咒符就是如此。

可是，在公元前一世纪，“神秘教派”就是一种特殊形式的崇拜，一种教派或者教会。如果一名希腊人或者罗马人离开长老教会，加入了“基督教科学教会”的话，他可能会对邻居说，他加入了另一个“神秘教派”。因为“教会”（即主之家）这个词出现得比较晚，那时还没有这个词。

要是你碰巧对这个话题很感兴趣，你可以买一份下星期六出版的纽约报纸。几乎所有的报纸都能满足你的要求。于是你会立即发现一份报纸上有四五个专栏在宣讲新的教义，鼓吹新的神秘教派，这些教派可能来源于印度、波斯、瑞典、中国，以及十几个其他的国家，所有的这些教派无一例外地给出了独具特色的有关健康、财富、永恒救赎的承诺。

罗马充斥着各种外来的和土生土长的宗教，这一点与纽约这个现代大都市没有什么两样。城市的国际性使得这一点无可避免。从小亚细亚北部藤萝覆盖的山坡传来了“西比尔教”，西比尔神被福利吉人尊崇为众神之母。可是这个教派的祭神活动与一些不体面的情感宣泄联系在一起，以至于罗马治安当局不得不反复关闭西比尔教的神庙，并最终通过了严厉的法律，禁止宣扬那些鼓励集体酗酒以及其他一些更出格行为的宗教。

六个奇异的神祇来自埃及这片充满矛盾和神秘的土地，这时对罗马人来说，埃及的奥赛西斯、撒拉披斯和爱西斯神的大名和阿波罗、狄米特和赫尔默斯神一样如雷贯耳。

希腊人几个世纪前就给这个世界提供了抽象真理和一套行为道德准则的雏形，至于现在，他们则给异域他乡喜欢崇拜偶像的人带来了一系列“神秘教派”，其中就包括远近闻名的阿提斯、迪奥尼色斯[1]、奥尔菲斯[2]和阿多尼斯等教派。就公共道德而言，这些教派没有一个是完全无可非议的，可是却非常受欢迎。

一千年来频繁光顾意大利海岸的腓尼基商人，已经使得罗马人熟悉了他们伟大的神巴尔（巴尔是耶和华的头号敌人）以及他的妻子埃斯塔蒂。为了这位奇特的女神，年老的所罗门王[3]命人在耶路撒冷正中为她建起一座高台，使得他忠心耿耿的臣民惶恐不安。在争夺对地中海的统治权的过程中，这位令人生畏的女神一直被看作是迦太基城的保护神。即便当她在亚洲、非洲的庙宇被摧毁后，她又重新以受人尊敬的基督教圣徒的身份返回欧洲。

但是还有一位最为重要的神，他在军队的士兵中大受欢迎，从莱茵河入海口到底格里斯河的发源地，在罗马疆土上的每一处断壁残垣下都能找到他破碎的神像。

这就是伟大的米斯拉斯[4]神。

据我们所知，米斯拉斯神是掌管光明、空气和真理的亚洲之神。他受到里海低地平原居民的崇拜。那时我们最初的祖先踏上并占有了这片无与伦比的草地，正准备定居在这群山和峡谷之间，这里就是后来闻名遐尔的欧洲。他们认为，米斯拉斯神赐予了他们一切最美好的东西，这片土地的统治者只有得到了他的恩典才能行使权力并发挥力量。因此，作为神赐恩典的象征，有时米斯拉斯神将始终环绕其左右的天火赐一点点给那些身居高位的人。尽管米斯拉斯神已经离我们远去，他的名字也早已被人遗忘，可是这位中世纪的慈爱之神让我们记起其悠久的传统，比基督教的出现还要早几千年。

---

① 希腊神话中的酒神和种植神。

② 希腊神话中的诗人和音乐家。

③ 古代以色列的国王。

④ 米斯拉斯，波斯拜火教的古经中，米斯拉斯是世界的统治者。传说他杀死了神牛，神牛的身体里迸出各种动植物，供人类享用。米斯拉斯崇拜与基督教有很多相似之处。公元 68 年传入罗马，在早期的罗马帝国很快传播，成为基督教的对手。

尽管米斯拉斯神受到极大的尊崇，持续时间之久令人难以置信，可是要精确地再现他的生平却是极其困难的。这当然是有原因的。早期的基督教传教士们十分憎恶米斯拉斯神，这种无边的恨意远远超过了对其他普通神秘教派的厌恶。在内心最深处，他们清楚地明白这位印度神灵是最为可怕的竞争对手。于是他们竭尽所能，除掉一切可能让人们联想起米斯拉斯神的东西。他们干得如此彻底和成功，以至于所有的米斯拉斯神庙都消失得无影无踪，这个在罗马存在了将近五百多年，其受欢迎程度和今天美国的美以美教派以及长老会教派毫无二致的宗教，甚至连一点文字资料都没有存留于世。

那时炸药还没有问世，因此不可能完全摧毁建筑物，通过仔细搜索神庙的遗址，再加上一些来自亚洲的资料，我们现在能够克服这种先天不足，相当准确地了解这个有趣的神以及他所取得的成就。

于是故事这样开始了，很久很久以前，米斯拉斯神秘地从一块岩石中诞生。当他还躺在摇篮中的时候，几个附近的牧羊人跑过来崇拜他，并给他送上祭品，这让米斯拉斯很高兴。

米斯拉斯的幼年经历了各种各样稀奇古怪的冒险，其中很多经历让我们想起了赫库力斯[①]这个在希腊孩子中大受欢迎的神话英雄。不过赫库力斯常常很残忍，而米斯拉斯则永远在行善。有一次米斯拉斯与太阳比赛摔跤，并打败了对方。不过他表现得非常大度，于是他和太阳变得亲如兄弟，因而他俩常常被人们认错。

万恶之神制造了一场史无前例的旱灾，对人类的生存产生了巨大的威胁。危急时刻，米斯拉斯神射出神箭，击中一块岩石，奇迹出现了。充沛的水流奔涌而出，灌溉着干涸的田野。接着万恶之神阿里门（米斯拉斯的头号敌人）为了达到他邪恶的目的，制造了一场可怕的大洪水。米斯拉斯提前知悉了这个巨大的阴谋，于是就告诉了一个人，要他建造一条大船，并把他的亲戚和喂养的牲口带到

---

① 赫库力斯，希腊传说中的英雄。

船上，米斯拉斯就以这样的方式拯救了人类，使得人类免遭灭绝的厄运。米斯拉斯竭尽全力，使得世界免遭人类愚蠢的毁灭。最后，他被召到天国，成为掌管正义和公平的神灵。

希望加入米斯拉斯教的人必须经历一些繁复的入会仪式。他们必须象征性地吃一种面包并喝酒，以此来纪念米斯拉斯和他的朋友太阳神所吃的一顿著名的晚餐。此外，他们还必须在水前接受洗礼，然后还要做很多在我们今天看来毫无兴趣的事情。毕竟，米斯拉斯教早在一千五百年前就已经完全绝迹了。

一旦加入米斯拉斯教，信徒之间享有绝对的平等。他们一起在点燃蜡烛的祭坛前祈祷，他们一起吟唱同一首圣歌，他们一起在 12 月 25 日这天参加盛大的活动来庆祝米斯拉斯的诞辰。而且每个星期的第一天，他们都要停止一切工作，来纪念米斯拉斯的好兄弟太阳神，这一天现在仍被称作太阳日（即英文 Sunday）。当信徒死去的时候，他们的遗体被摆放整齐，耐心地等待着最后审判的到来，好人得到好报，恶人则被扔进永不熄灭的熊熊大火。

这些种类繁多、各式各样的神秘教派的大获成功，米斯拉斯精神在罗马士兵中广泛持久的影响，都说明这已经远远不是宗教冷漠的时代了。事实上，罗马帝国最初的几百年一直致力于不停地寻找能够满足广大老百姓情感需求的宗教。

可是公元 47 年初发生了一件不同寻常的事。一只小船离开腓尼基前往佩哥城，那儿是通往欧洲的陆上通道的起点。乘客中有两个人轻装简行。

他们的名字叫做保罗和巴拿巴①。

---

① 巴拿巴，耶稣死后由教会所选使徒之一，又名约瑟，希腊籍犹太人。早年信奉耶稣，耶稣被钉死后加入耶路撒冷教会，变卖田产，将所得全部捐给教会做经费。在保罗改革基督教之初，巴拿巴曾对门徒进行解释，消除他们因保罗曾参与犹太当局迫害基督徒而对他怀有的恐惧。与保罗同往安提阿、塞浦路斯、小亚细亚等地传教。后与保罗产生严重分歧而分道扬镳。据说在塞浦路斯传教时被犹太教徒用石头砸死。

他俩都是犹太人，不过其中一人持有罗马护照，而且还通晓非犹太人世界的智慧。

他们开始了一次载入史册的行程。

基督教已经着手开始征服整个世界了。

3

束缚的降临

基督教迅速征服了西方世界，有些人常常以此为证据来佐证基督教的教义必定有着天赋的神性。就此而展开辩论可不是我的职责，不过我想指出的是，最初的传教士之所以取得成功，除了基督教教义本身具有真知灼见之外，绝大多数罗马人所处的恶劣生活环境也同样对传教起到了促进作用。

迄今为止，我已向你展示了罗马生活的一个侧面——士兵、政治家、富裕的制造商、科学家的世界，他们是幸运儿，要么住在拉特兰山坡上，要么住在丘陵峡谷间的坎普尼亚地区，要么住在那不勒斯海湾沿岸，过着快乐、轻松、悠闲、文雅的生活。

可是这只是故事的一部分。

站在郊区拥挤的贫民窟，你找不到任何繁荣富足的景象，它们足以使得诗人为太平盛世而欢欣鼓舞，使得演说家情不自禁地将屋大维[①]比作朱比特。

在那一排排一眼看不到尽头的狭窄的租赁房里，拥挤地住着无数的贫民，对他们而言，生活就意味着永不停歇的饥饿、流汗和痛苦。他们曾听过一个简单质朴的木匠的故事，他住在靠海边的小村庄，通过双手的辛勤劳作来换取一日三餐，他爱护穷人、

① 屋大维（公元前63—14），第一位罗马皇帝。在近百年内战后，重新恢复了罗马的统一和有秩序的统治。在他的统治下，出现了一个繁荣时期。

帮助受压迫者，于是他被贪婪残忍的敌人杀害了。这个动人的故事对这些男男女女来说显得非常真实，非常贴近生活。是的，他们所有的人几乎都听说过米斯拉斯、爱西斯、还有埃斯塔蒂。可是这些神灵都已经死去了，千百年前就已经死去了。有关这些神灵的故事也都是道听途说而来，而传下故事的人也早在千百年前就已经去世了。

拿撒勒的约书亚[①]，即基督耶稣，也就是希腊传教士所指的救世主，不久之前还活在这个世上。那时很多还健在的人可能认识耶稣，要是他们碰巧在罗马皇帝提波流在位时还去过叙利亚南部的话，甚至可能还亲耳聆听过耶稣的演说。

还有来自街角的面包师和另一条街头卖水果的小摊贩，他们经常在阿皮恩大道上一个幽暗的小花园里和一个叫做彼得的人谈天说地。在那个可怕的下午，当先知耶稣被罗马总督派出的士兵钉在十字架上时，一位来自加伯农村的渔民正好就在耶稣遇难地骷髅山[②]附近。

如果想要弄清基督教突然大受欢迎的原因，那么我们就得记住这些。

正是那种亲密的接触，那种直接的个人亲切感使得基督教与其他宗教相比有着无与伦比的优势。耶稣对被压迫、被剥夺继承权的所有国家底层人民表达出无尽的爱，这种浓浓的爱护之情从他的每一句话中都洋溢出来。至于他的追随者所引用的是不是耶稣的原话，已经无关紧要了。奴隶能够去听也能听得懂。面对耶稣许给他们的光明灿烂的未来，他们激动得浑身颤抖，有生以来第一次看到了希望的曙光。

终于有人说要给予他们自由。

他们不再是贫穷和受鄙视的小人物，也不再是这个世上大人

① 约书亚（Joshua），即耶稣（Jesus），Jesus 源自希伯来人名的希腊译音。约书亚是一个很常见的希伯来名字。

② 骷髅山，耶稣受难地，在耶路撒冷。

物眼中邪恶的象征。

相反，他们是慈爱的天父所宠爱的儿女。

他们将继承这片土地以及土地上全部的财富。

他们将从骄傲无比的主人那里分得应有的快乐，这些权贵直到那时还住在萨米拉[①]别墅的高墙里。

这就构成了基督教的力量之源。基督教是第一个赋予普通老百姓机会的宗教体系。

当然，我现在所讨论的基督教是作为一种心灵体验，作为一种生活与思维模式的宗教。我试图解释在一个充满了奴隶制的腐朽世界里，好消息是如何伴随着情感的喷发，就像草原上的熊熊烈火那样迅猛传播的。可是除了极罕见的场合外，历史从来都不关心个人的情感历险，无论他是自由的还是受缚的奴隶。当这些卑微的个体开始被整齐划一地整合成为民族、行会、教会、军队、兄弟会乃至联邦时，当他们开始服从一个首脑的命令时，当他们积累了足够的财富去缴税，并为着民族征服的目的而被迫从军时，他们终于开始吸引编年史家的关注，并被给予足够的重视。因此，我们对早期的基督教知之甚详，可是对教会的真正奠基人却知之甚少。这不能不说是一个极大的遗憾，因为基督教的早期发展故事是人类史上最有趣的片断之一。

最终建立在这个古罗马帝国废墟之上的基督教，实际上是两种对立利益调和的产物。一方面，上帝所教导的包容一切的仁爱和慈善的思想是所有宗教理念中最出色的。另一方面，从一开始，基督教就陷入了地方主义，将耶稣的同胞与世界其他不信教的人区别开来。

用简单的话说，基督教把罗马人的效率和犹太人的宽容结合在一起。其结果是，基督教对人们的心灵建立了一种恐怖的统治，这种统治既卓有成效，又缺乏逻辑。

要理解这一切是如何发生的，我们必须再次回到保罗的时

---

① 萨米拉，意大利南部的一块山地。

代，回到耶稣遇难后最初的五十年，我们首先必须牢牢地把握一个事实，即基督教最初是在犹太教内部进行的一场宗教革命运动，而且纯粹是犹太民族内的运动，运动之初威胁到的也正是犹太政权的统治者而不是别人。

基督在世时犹太当权者法利赛人[①]对此是再清楚不过了。他们很自然地害怕基督教的鼓动宣传，担心这会威胁到他们的精神垄断，因为这种垄断纯粹是建立在赤裸裸的武力之上的。为了使他们不被扫地出门，他们不得不在一片慌乱中仓促行事，在罗马当局还没有来得及干预之前就匆忙将敌人送上了绞刑架。

要是基督还活着，他将会做些什么，这一点我们已经无从知道了。在他被害时，他还未来得及将自己的弟子组建成一个特别的教派，他甚至也没有留下只言片语，以便他的追随者能从中推断出他的真实旨意。

可是，这最后证明是一种隐藏的庇佑。

没有一套成文的规定，没有绝对的条例，这倒使得耶稣的弟子们能自由地追随他言语中所蕴涵的真正精神，而不是拘泥于条文的约束。要是他的弟子们受到一本书的束缚，那他们很可能就将毕生的精力奉献给神学讨论，为书中到底是冒号还是逗号这样的问题争辩不休。

要真是那样的话，除了极少数专业的学者之外，没有人会对这个新的宗教产生哪怕是一丁点的兴趣，基督教也会走上许多其他宗教的老路，它们一开始就制定了无比繁复的教义规则，最后却招来大批的警察将激辩正酣的神学家们一个个扔到大街上。

两千多年过去了，现在回过头来看这段历史，我们认识到基督教对罗马帝国产生了巨大的破坏，让我们备感惊讶的是，那时的罗马当局几乎没有采取任何措施来扑灭这场宗教运动。实际上，基督教对罗马政权的危害丝毫不亚于匈奴和哥特人的入侵。他们当然知道，这位来自东方的先知的命运已经在他们的家奴中

① 法利赛，一个犹太教别。公元 2 世纪开始形成。

引起了阵阵激动，妇女不停地传递着天父即将重现人间的消息，而很多老人则庄重地预言，一个巨大的火球将马上就要毁灭这个世界了。

这并不是第一个穷苦大众为着一个新的宗教英雄而激动得发狂。这当然也不可能是最后一次。与此同时，治安当局会竭尽全力，确保这些狂热的穷人不至于扰乱帝国平静的秩序。

事实的确如此。

治安当局的确虎视眈眈，可是却找不到什么机会采取行动。基督教的追随者遵章守纪地进行他们的活动。他们并没有任何推翻政府的企图与野心。最初，的确有几个奴隶以为，既然大家共同信仰一个天父上帝，信徒彼此之间就如同兄弟，那么以前的主仆关系就可以不复存在了。可是聪明的保罗马上站起来解释说，他所提到的王国是一个看不见摸不着的心灵王国，地球上的人们最好还是维持现状，各安天命，以便最后可以得到上帝的奖赏而进入天堂。

类似的，很多妻子对罗马严酷的法制下婚姻的束缚颇有怨言，她们迫不及待地得出结论，基督教就是女性解放和男女平等的同义词。但是保罗又站了出来，在一系列措辞委婉的信中，他恳求姐妹们保持克制，不要采取过激的行动，因为这会使得基督教成为那些保守的异教徒的眼中钉。他继续劝说姐妹们安守现状，维持这种自从亚当和夏娃被驱逐出天堂后女人就遭受的半奴役的状态。对统治当局而言，所有的这一切都表现出基督教对法律的尊重，这当然是值得赞赏的。因此，基督教的传教士们能够来去自由，并以最符合个人喜好和口味的方式来传教。

历史已经反复证明，人民大众还不如他们的统治者宽容。正因为人们穷，所以他们不见得会像那些品格高尚的公民那样，为着积累财富的需要，当良心只允许他们做出这些妥协的时候，他们还能保持快乐的心情。

罗马的平民阶层也不例外，几个世纪以来，他们堕落到白吃白喝，大打出手。耶稣就像任何别的罪犯一样被耻辱地钉死在十字架上，而那些神情严肃的男女信徒却还在聚精会神地听有关他的传奇遇难故事，当流氓地痞向他们的聚会扔石块和垃圾的时候，这些信徒反倒大声祈祷。当罗马的平民们看到这一切时，他们从中获得了很多粗俗的乐趣。

可是，罗马的教士们对基督教所取得的新进展却不能采取一种置之度外的态度。

罗马帝国的宗教是一种国教。在一些特定的场合，他们要进行庄严而隆重的祭祀活动，而这些活动是用现金支付的。这些钱自然就纳入了教会官员的口袋。成千上万的民众开始放弃旧的信仰，转投新的基督教，而后者是分文不取的，于是罗马的教士们就面临着收入的急剧减少。这当然使他们非常的生气。很快他们就大声辱骂那些不信神的异教徒，说他们背弃了祖辈信奉的神灵，而去为一个外国的先知焚香膜拜。

可是罗马城里还有另外一帮人更有理由恨基督教。他们是一群骗子，就像印度的瑜珈修行者和那些爱西斯、伊斯塔、或者伯尔、西比尔以及阿提斯教派中的祭司，多年来靠着那些轻信的罗马中产阶级过着无比舒适的生活，养得脑满肠肥。要是基督教建立起一个机构和他们竞争，为他们的宗教活动收个不错的价钱，那么这些巫医、相士和巫师是没有什么好抱怨的。生意就是生意，算命先生们不会太介意丢掉了一点点生意的。可是这些该死的基督徒，却拒绝收取任何费用。是的，他们竟然把自己所有的东西送给别人，给穷人吃的，甚至和无家可归的人共用他们自己的房子。而他们所做的这一切竟然不求任何回报。很显然，基督徒已经做的太离谱了，除非他们有隐性收入，不然他们是无法做到这一点的。而这些隐性收入的来源显然还没有任何人能够发现。

此时的罗马已经不再是一个自由人民的城市。它已经成为一个临时的居所，无数没有财产继承权的农民从帝国的四面八方涌向这个城市。这是一群暴民，他们遵循群体行为所必须遵守的神秘法则。他们轻易地就痛恨那些离经叛道的人，而且总是怀疑那些没有什么显而易见的理由却选择过体面、节制生活的人。那些碰了面愿意陪别人喝杯酒，偶尔也乐意请人喝一杯的人就是好邻居和好伙伴。要是有谁孤芳自赏、离群索居，拒绝去斗兽场看表演，或者要是有谁胆敢看到成群结队的犯人被拉到卡皮托兰山[①]游街而不大声欢呼，那他就扫了大家的兴致，成为所有人的敌人了。

公元64年，一场大火将罗马城的穷人区夷为平地，这被视作第一场针对基督徒的有组织的袭击。

最初，有谣传说这是罗马皇帝尼禄喝醉了酒后下令放的火，目的是彻底除掉罗马的穷人区，然后按照自己的规划重建罗马城。可是老百姓却自有主见。这都是犹太人和基督徒惹的祸，他们不知疲倦地逢人便说，当天国降下巨大的火球，邪恶者的房屋烈焰翻腾时，幸福的日子就要到来了。

一旦这种故事成功地开始传播，其他的谣传就接踵而至。一位年老的妇女声称她曾经听过基督徒和死人交谈；还有人说基督徒偷走幼童，切断他们的咽喉，把血涂抹在稀奇古怪的神灵的祭坛上。当然，没有人能够证实任何一桩类似的丑闻，不过众人觉得这只是由于基督徒狡猾得可怕，并且贿赂了治安当局的缘故。现在他们双手沾满鲜血，终于被逮个正着，他们必须为自己所做的坏事受尽折磨。

究竟有多少忠诚的基督徒在这个时候被处以私刑而死，我们不得而知。似乎保罗和皮特也成了众多遇难者中的一员，因为从此以后就再也没有听说过他们了。

这次大众愚蠢行为的突然爆发实际上没有起到什么作用，这一点是确凿无疑的。受难者带着高贵的尊严，坦然地接受他们的命运，这本身就成为对基督教的最好宣传，每当一个基督徒被处死，马上就有十几个原本不信教的人争先恐后地接替他的位置。

---

① 卡皮托兰山，罗马七山中最高的，同时也是最为知名的。该山有一些古代遗迹，现在上面建起了博物馆。

当尼禄终于完成了他碌碌无为的短短一生中最体面的一件事时（公元68年尼禄自杀），基督教又重新开始传教，一切重新回到了以前。

直到此时，罗马当局才开始恍然大悟，他们开始怀疑基督徒并不完全等同于犹太人。

我们无法责怪他们犯下这么大的一个错误。过去几百年来，历史学研究者们已经越来越确信：正是通过犹太教堂，基督教这个新的信仰才得以传向全世界。

要知道，耶稣本人就是犹太人，他一直非常谨小慎微地遵守先辈们立下的规章制度。他演讲的听众也几乎全都是犹太人。他平生只有一次很短暂地离开过自己的国家。他的目标正是为了犹太人而制定，也是和众多犹太人一起，依靠着他们的帮助才得以完成的。从他的言语中也找不出一丝半点的迹象能让罗马人觉得基督教和犹太教有些什么根本的不同。

耶稣所想要做的正是这些。他清楚地看到一些可怕的弊病已经渗透到祖先的宗教里，他大声疾呼，有时他的抗议也取得了一定的成功。为了从内而外进行宗教革新，他不停地战斗着。他可能从未想过有朝一日他自己会成为一个全新宗教的创始人。要是有人向他提到这种可能性的话，他一定会斥之为荒谬。可是，与他之前和之后的革命者一样，他也身不由己地被逼到了一种无法妥协的境地。当路德[①]和其他的宗教革新者突然发现，他们自己

① 路德，即马丁·路德（1483—1546）。16世纪欧洲宗教改革倡导者。新教路德宗创始人。生于德意志一个虔诚的天主教家庭。1501年入莱比锡大学。1505年获硕士学位。1507年领神父职。1512年于维腾贝格大学获神学博士学位。1517年，教皇利奥十世派教廷大员到各地兜售赎罪券聚敛资财，引起极大不满。10月31日，路德以学术争论的方式在维腾贝格城堡大教堂的大门上贴出了《九十五条论纲》，论纲语调和缓，仅指出某些教会弊端，而无攻击教廷之意，可是已使赎罪券在德国销量大减。路德此举深得人心，可是也触怒了教廷。1520年教皇利奥十世发布《斥马丁·路德谕》，限其六十天内改变立场。路德公开烧毁了教皇圣谕，揭开了宗教改革运动的序幕。

居然摇身一变成为一个新宗教的领袖，而他们的本意却只是从内部对原来的宗教作些改良罢了，此时他们内心感到无比困惑，而耶稣的最终遇难，却使得他避免了路德和其他宗教革新者同样的命运。

在耶稣死后很多年里，基督教还只是犹太教的一个很小的教派，在耶路撒冷和犹太、加力利的小村庄里也只有少量的支持者，在叙利亚省之外就根本没有人听说过了。

第一个认识到基督教有可能成为世界性宗教的人叫做盖乌斯·朱利斯·保罗，他是一位有着犹太血统的成熟的罗马公民。他饱经磨难的经历表明犹太基督徒是多么强烈的反对基督教从一个纯粹的犹太民族教派演变成为世界性宗教，在他们看来，只有犹太人才能加入基督教。他们对保罗恨之入骨，因为他胆敢将上帝的救赎一视同仁地带给犹太人和非犹太人。要不是保罗持有罗马的护照，在他最后一次回到耶路撒冷时，毫无疑问，他必定已经遭受到和耶稣同样的命运，怒火中烧的同胞会让他吃尽苦头。

可是还得要有半营的罗马士兵来保护他，士兵们安全地把他护送到一个海滨小镇，他从那里乘船回到罗马，接受了一场闻名于世可是却从未举行的审判①。

保罗去世几年后，他生前常常担心出现的，他曾经多次预见过的事情终于发生了。

罗马人摧毁了耶路撒冷。耶和华神庙的遗址上建起了尊崇朱比特的神庙。耶路撒冷城的名字也被改称为埃利亚·卡皮托里那，犹太成了罗马的叙利亚－巴勒斯坦省的一部分。至于城中的居民，他们不是被杀死，就是被流放，废墟周围数英里范围内不允许任何人居住，违者处死。

---

① 保罗是罗马公民，具有罗马公民权，对有此权利的人罗马地方总督不能擅自处置。约公元 56 年春，保罗回到耶路撒冷，遭到犹太教徒的反对，不久就被逮捕。他在当地监狱呆了两年后，要求直接向皇帝上诉，于是被送回罗马。据基督教传说，他在罗马遭到两年囚禁后，约公元 62 年终被罗马当局处死。

圣城的最终被毁对犹太基督徒来说真是一场巨大的灾难。在随后的几百年里，犹太内地的小村庄里出现了一些奇怪的人，他们自称“穷人”，他们不停地祈祷，并以极大的耐心等待着世界末日的到来。他们就是耶路撒冷以前那些老一辈犹太基督徒中的幸存者。在公元5世纪和6世纪的书中，我们经常可以看到他们的名字被提及。他们远离文明世界，形成了一套自己的奇怪的教义，其中对保罗的恨占据了主要的位置。可是公元7世纪以后，这些所谓的拿撒勒派和伊便尼派就踪迹难觅了，因为获胜的伊斯兰教将他们斩尽杀绝了。可是，即便他们再多存在几百年，也不可能改变不可逆转的历史车轮。

罗马帝国将东西南北全部整合为一个统一的政体，这为世界性宗教的产生做好了准备工作。基督教既简单明了、切合实际，又充满了对民众直接的吸引，因而它注定要取得胜利，而犹太教、米斯拉教以及所有其他与之竞争的宗教注定要遭受失败的命运。可是不幸的是，基督教从来就没有彻底摆脱一些令人厌恶的特点，而这些特点明显与基督教的初衷背道而驰。

那条载着保罗和巴拿巴从亚洲来到欧洲的小船，同时也带来了希望与仁慈的信念。

可是第三个乘客偷偷地溜上了船。

他戴上了圣洁和品德高尚的面具。

可是面具下的脸上却烙上了残忍和仇恨的印记。

他的名字就是——宗教专制。

4

神的晨光

早期的教会是一个非常简单的组织。当基督徒很快意识到世界的末日不会马上到来，而最后的审判也不会在耶稣遇难后立即降临，他们觉得有必要建立一个固定的组织形式，因为很明显他们还将在泪水浸泡的尘世中度过漫长的时光。

最初基督徒（因为所有成员都是犹太人）的聚会是在犹太教堂里进行的。可是随着非犹太成员的加入，裂痕产生了，后者于是就在某个信徒家中举行集会，要是找不到一个足够容纳所有基督徒（以及好奇的人）的房子，他们就在户外或者废弃的采石场聚会。

起初这种聚会都是安排在安息日进行的。可是随着犹太教徒和非犹太教徒之间的敌意越来越深，后者开始放弃在安息日聚会的惯例，转而选择在星期天聚会，这是耶稣复活的日子。

可是，这些聚会虽然庄重严肃，却也见证了整个宗教运动大众化、情绪化的特点。没有精心准备的固定下来的演讲和布道词，甚至没有传道者。无论男女信徒，只要内心受到“圣火”的鼓舞，就随时可以在聚会上站起来与众人分享自己坚定的信仰。如果保罗书信中所言属实的话，这些虔诚的兄弟们直抒胸臆的话语，常常使得这位伟大的使徒心中充满了对未来的憧憬。他们中的绝大多数人都是没有受过多少教育的普通老百姓。虽然这些即兴发言所包含的真诚不容怀疑，可是这些信徒常常过于激动，大喊大叫，好像是胡言乱语的疯子。教会可能经受得起迫害，可是对于冷嘲热讽却是无能为力。因此，保罗与皮特以及他们的继任者不遗余力地试图带来秩序，使精神宣泄与宗教狂热所带来的混乱告一段落。

起初，这些努力收效甚微。一个规范的仪式似乎与基督教民主的本质直接产生矛盾。不过考虑到实际情况，最终还是在聚会中采用了固定的宗教仪式。

他们先朗诵一首圣诗（这是为了安慰可能在场的犹太基督徒），随后全体一起吟唱一首为罗马和希腊教徒新作的赞美诗。

惟一预先规定下来的演讲词就是耶稣所作的那篇著名的祷告词，其中凝练了耶稣全部的人生哲学。几个世纪以来，布道完全是自发进行的，谁觉得有话想说，就可以登台讲道。

随着聚会日渐增多，一直对秘密团体心怀戒备的治安当局开始调查他们，于是选举某些信徒来代表基督教处理对外事物就变得非常有必要了。保罗早就指出了领导才能的重要。他曾经把他访问过的亚洲和希腊的基督教基层组织比作一只只小船，在充满狂风巨浪的海上颠簸前行，如果想战胜怒火中烧的海洋而生存下来的话，就非常需要一个聪明的领航人。

于是信徒们再次聚在一起，选出执事，他们是虔诚的男女，是组织的“仆人”。病人和穷人要他们来照顾（早期基督教关注的对象之一），组织的财产也归他们看管，一切的日常琐事也由他们来处置。

再后来，随着教会的成员越来越多，管理的事务也越来越繁复，再也不是业余的管理者所能胜任的。于是管理的重任就被委托给少数有资历的成员。希腊人将他们称为“长老”，也就是我们所说的“教士”。

又过了若干年，当每一个村庄每一个城市都已经有了属于自己的基督教堂的时候，就开始需要制定一个共同的政策。这时又选出了“监教”（或主教）管理整个地区的事务，并协调和罗马政府的关系。

很快罗马帝国每一个主要的城镇都有了主教。在安提阿、君士坦丁堡、耶路撒冷、迦太基、罗马、亚历山大和雅典，主教都是知名的权威人物，甚至和地方行政、军事首长一样同等重要。

起初，掌管耶路撒冷的主教享有最高的尊崇，这是因为耶稣在这里出生、受苦、遇难。可是当耶路撒冷惨遭摧毁，期待世界末日来临、预言天国胜利的那一代人从地球上彻底消失之后，可怜的老主教站在圣城的废墟上，发现自己不再拥有从前的权威。

自然而然的，他作为宗教领袖的地位已经被生活在文明世界的都城的“监教”所取代。这位监教管理着西方伟大的使徒皮特和保罗殉道的地方，他就是罗马大主教。

和其他所有的大主教一样，罗马大主教那时被人尊称为“教父”或者“圣父”，这是一个寄托了教众对主教的爱与尊敬的通用的称呼。几百年间，在人们心目中，“教父”这个尊称逐渐演变为对罗马大主教的专用称呼。当他们称呼“教父”或者“圣父”的时候，他们指的就是罗马大主教，而绝对不是君士坦丁堡或迦太基的大主教。这种发展过程完全是再正常不过了，就好比当我们在报纸上读到“总统”一词时，根本没有必要加上“美国”二字。人人都知道这就是指美国的国家元首，而绝非宾夕法尼亚铁路局局长、哈佛的校长，或者国际联盟的秘书长。①

教父这个称呼第一次出现在官方文件中是在公元258年。那时的罗马帝国还非常强大，主教的权力完全被帝国的皇帝给盖过了，与强大的皇权相比显得黯然失色。不过在随后的三百年中，由于不断受到国内外军事入侵的威胁，恺撒大帝的继任者们想寻找一个能给他们带来更大安全感的家园。终于他们在自己另外一

① President存在一词多义。可以是总统（the President of the U. S. A.）、局长（the President of Pennsylvania）、校长（the President of Harvard University）等。不过，the President不加任何修饰指的就是美国总统。

处领地上找到这么一个城市，它就是“拜占庭”[①]。拜占庭的名字来自一位叫做拜占斯的神话英雄，据说在特洛伊战争结束后不久他曾经到过这里。它位于隔开亚欧大陆的海峡之上，统治着黑海到地中海的贸易通道，并且还控制着几个大都市，它在商业上的地位是如此之重要以至于斯巴达人和雅典人为了这个富饶的城邦而斗得不可开交。

在被亚历山大帝征服之前，拜占庭是一个独立的城市，一度还成为马其顿帝国的一部分，不过最终被并入了罗马帝国的版图。

经过十个世纪的持续繁荣，现在拜占庭的“金号角”[②] 地区挤满了来自一百多个国家的航船，于是拜占庭被选中成为罗马帝国的中心。

罗马人民于是落到了维西哥人、文达尔人以及其他叫不出名字的野蛮民族的手中，受到他们的摆布和控制。尤其是当罗马人看到他们昔日的皇宫好多年都空无一人，他们不由觉得世界的末日已经来临。一个接一个的政府部门被搬迁到了博斯普鲁斯海峡之滨，而罗马城里的居民居然还要遵守一千多英里地之外发来的命令。

在历史的长河中，从来都是此消彼长。皇帝离开了罗马，于是留下来的大主教就取而代之，成为罗马城里最有权势的人物，当然也成了帝国皇权荣耀惟一看得见、感受得到的继承者。

实际上，他们对这次摆脱帝王控制机会的把握堪称完美。他们是精明的政治家，这个位置所带来的权势和巨大影响使得全意大利最聪明的人也都趋之若鹜。他们觉得自己成了某些神圣宗教理念的代表。他们从不急躁冒进，而是像巨大的冰川一样有意缓

---

① 拜占庭，古代城市。大约于公元前660年由希腊殖民者建立。坐落于博斯普鲁斯海峡的欧洲一侧。包括现在伊斯坦布尔的一部分。

② 金号角（Golden Horn），位于博斯普鲁斯海峡南端，伊斯坦布尔的一个港口。

慢地推进，当别人为了眼前利益，重压之下不得不作出仓促决定，于是酿成大错，以致兵败如山倒的时候，他们果敢地抓住了机会。

最为重要的是，他们是目的单纯的人，他们始终如一、坚定不移地朝着一个目标前进。他们所作、所说、所想的一切都只是为了达成一个愿望，即增加上帝的荣耀，扩大组织的权势和力量，因为它是人间神的代表。

接下来一千年的历史表明，他们的工作完成得多么出色。

当野蛮部落横扫欧洲大陆，势如洪流，淹没一切的时候，当帝国的城墙一个个轰然倒塌的时候，当上千个像巴比伦平原一样古老的机构像无用的垃圾一样被扫荡干净的时候，基督教仍然岿然不动，坚如磐石，尤其是在中世纪。

可是最后得来的胜利却是以可怕的代价换来的。

诞生于马厩的基督教最后却成功地占据了宫殿。一开始基督教是对抗政府的，牧师自我任命为神的代言人，在神与人之间起到沟通的作用。牧师强调所有的凡夫俗子都必须不容置疑地服从。这个最初的革命机构很快就发展壮大，在不到一百年间就成为一个新的超级神权政体。与之相比，以前的犹太政权无疑是一个温和而自由的共和体，公民过着快乐且无忧无虑的生活。

然而这一切又全然是合乎逻辑，并无可避免的。我现在就向各位说明。

来到罗马的人多半要去斗兽场参观，在早已风化的围墙内，他们可以看到一块被神化的土地，成千上万名基督徒就在这里殉难，成为罗马人不宽容的牺牲品。

的确有那么几次基督徒遭到了迫害，可是这和宗教专制却没有多大的联系。

这些迫害纯粹是出于政治的考虑。

作为一个宗教组织的一员，基督徒的确享有最大的自由。

可是有些基督徒自我宣称是有良知的反对者，当国家正面临外族入侵的威胁时，他们还在夸夸其谈，大讲什么和平主义，并且他们还在合适不合适的场合公然藐视国法，这么一个基督徒理所当然地被看作是国家的敌人，受到法律的相应惩处。

基督徒按照神谕行事，可这没能给治安长官留下丝毫的印象。当他试图解释其道德理念时，治安长官们茫然不解，根本不知他在说些什么。

罗马的治安长官毕竟也是人。他们发现自己被召去审讯犯人，可是在他们看来，这些犯人不过是做了些微不足道的小事罢了。于是他们不知道该怎样进行审判工作才好。多年的经验告诉他们要远离一切神学的争论。此外，他们记起了许多皇家的法令，告诫自己在处理新教派问题时要“讲求策略”。于是他们使出浑身解数与对方理论。可是当整个争论指向了原则问题时，即便寻求逻辑的帮助也一事无成。

最后治安长官就陷入两难境地。要么放弃法律的尊严，要么坚决捍卫至高无上的国家权力。可是牢狱之灾和严刑拷打对信仰坚定的基督徒来说根本算不了什么。他们坚信来生的存在，当获准离开这个邪恶的世界前往幸福的天堂时，他们高兴得大喊大叫。

就这样，罗马当局和基督教徒之间漫长而又痛苦的游击战争开始了。究竟有多少人丧生？对此我们缺乏真实的数据。在亚历山大城的一次宗教迫害中，公元3世纪著名的教父奥利金①的几位亲戚也惨遭杀害。根据他的说法：“为信仰而死的真正的基督徒的数量可以轻易地统计出来。”

另一方面，当追寻那些早期圣人的生平时，我们发现置身于持续不断的流血故事中，于是我们不禁感到奇怪：“一个遭到如此频繁而又凶狠迫害的宗教究竟是怎样得以存活下来的呢？”

无论我给出什么样的数据，肯定总有人会指责我带有偏见，是个大骗子。因此这里我就保留我的意见，让读者自己来作出结

① 奥利金（约185—约254），希腊教父代表人物之一。

论。只需要看看罗马德西厄斯皇帝[1]和瓦莱里安皇帝[2]的生平，了解到对于最黑暗时期的罗马宗教迫害的真实嘴脸，人们就能得出一个相当准确的认识。

如果读者进而能够记起罗马皇帝马库斯·奥里亚斯[3]——一位既睿智又思想解放的统治者——居然也承认没能很好地处理基督徒的难题的话，那么他们也就不难体会那些任职于帝国偏远角落的无名小吏所处的两难境地了，他们努力想履行职责，于是要么就得背弃自己的就职誓言，要么就得处死自己的亲朋与邻人，只因他们不能或者不愿遵守帝国政府制定的几条赖以自保的简单法令。

与此同时，不信教的同胞们虚假的多愁善感并没有阻挡基督徒前进的步伐，他们稳步地扩大了基督教的影响范围。

公元4世纪末期，罗马元老会里信仰基督教的元老抱怨说，在异教偶像的阴影下集会伤害了他们的情感。应他们的请求，罗马皇帝格拉提安[4]下令撤除大厅里屹立了四百多年的胜利雕像，这个雕像还是恺撒大帝当年下令建造的。有几名元老提出抗议，可是不但无济于事，反而使得不少元老遭到放逐。

---

① 德西厄斯皇帝（249—251年在位），以煽动对基督徒的第一次全面迫害而闻名。

② 瓦莱里安皇帝（253—260年在位），在位期间罗马不断受到外国的侵略。与波斯人交战被俘，死于囚禁中。

③ 马库斯·奥里亚斯（121—180），罗马皇帝（161—180年在位）。禁欲主义哲学家。在位期间帝国传染病流行，战争频繁，他减轻赋税，兴建学校、医院和孤儿院。

④ 格拉提安（359—383），西罗马帝国皇帝。他是基督教会的坚定支持者，开始了使罗马共和国脱离异教的进程。他下令将胜利女神像移出元老院并停止对异教派别的资助。

这时，有一位热情的爱国者名叫昆塔斯·奥勒留·西马克斯[①]，他个性鲜明，写下一封流传后世的信，信中他试图给出一个妥协的方案。

他问道："为什么我们异教徒和基督徒邻人不能和谐共处呢？我们仰望同一个星空，我们同是这个星球的乘客，我们生活在同一片天空之下。每个人遵循自己的道路来追寻终极真理，即便道路不同又有什么要紧呢？人类生存之谜太浩瀚太复杂，不可能只存在一条道路，也不可能只有一个答案。"

他不是惟一这么想的人，也不是只有他才看到了罗马宗教的宽容传统正面临着巨大威胁。伴随着胜利雕像的移除，拜占庭城内基督教两个主要派别之间爆发了一场激烈的争论。这场争论引发了有史以来有关宽容最富有智慧的讨论。哲学家泰米斯提厄斯[②]是这场辩论的负责人。他一直信奉祖先的神，当正统和非正统的基督徒激辩正酣时，罗马皇帝瓦伦斯[③]偏袒了其中的一方，此时，泰米斯提厄斯觉得有必要提醒他真正职责之所在。

他说："有一个领域是统治者的权势无法涉足的。这就是思想道德领域，而个人宗教信仰领域尤其如此。在这个领域内施加强迫只会导致虚伪和建立在欺骗之上的信仰转变。因此，明智的统治者最好能容忍一切的信仰，只有宽容才能避免国民之间的争吵。何况宽容乃是一条神圣法则。上帝本人也清楚地表明希望看到不同宗教和平共处。也只有上帝才有权力评判人渴望抵达神性

---

① 昆塔斯·奥勒留·西马克斯（340—402），公元373年任非洲总督。当罗马元老院的成员纷纷转向基督教时，他还是一名异教徒（信奉基督教以外的传统教派）。382年，罗马皇帝格拉提安命令将胜利雕像从元老院的议事厅移走，西马克斯领导了抗议行动。

② 泰米斯提厄斯（317—387），哲学家、修辞学家和政治家。终身在君士坦丁堡教学和居住，除了曾短暂在罗马逗留之外。虽然是异教徒，可是355年得以加入君士坦提乌二世领导下的元老院。

③ 瓦伦斯（约328—378），东罗马帝国皇帝。

所依赖的途径是否可行。上帝乐意见到人们用不同的方式向他致敬。他喜欢基督徒用一种方式，希腊人用另一种方式，而埃及人又用另一种方式。”

这的确是金玉良言，可惜是对牛弹琴。

古代的世界，连同一切的思想、一切的理念全都逝去了。将历史的时钟朝后倒拨的尝试注定是要失败的。生命意味着进步，进步意味着受难。社会的旧秩序迅速地土崩瓦解。军队全是由外国雇佣兵组成的暴徒，边疆地区正公然发生叛乱，英格兰和其他地区则老早就落入了野蛮人之手。

当灾难最终降临的时候，几百年来一些出类拔萃的年轻人一直为政府效力，他们突然发现所有的晋升途径都已经被堵死，只剩下一条道路，那就是投身基督教，在教会中任职。如果你是西班牙大主教，那你就可以行使以前地方长官拥有的权力。如果你是基督教的作家，愿意将毕生心血献给神学的话，那你就肯定能拥有大量的读者。如果你是基督教的外交官，只要你愿意在君士坦丁堡的帝国法庭代表罗马主教，或者要是你愿意冒险到高卢或斯堪的那维亚的腹地去从事一项危险的活动，即与当地野蛮的酋长搞好关系，那么你肯定很快就能得到提拔。最后，如果你是基督教的财务官，负责掌管快速增加的不动产就能发家致富，就如同拉特兰宫的主人一样成为整个意大利最大的地主和最富有的人。

过去的五年中，发生的一些事有着相同的本质。直到1914年，那些雄心勃勃的欧洲青年如果不愿靠做体力活来谋生，几乎毫无例外都进入了政府部门服务。他们要么成为各国皇家海军或者帝国军队的军官，要么占据了司法部门的高位，要么掌管国家财政，要么则外派做殖民地总督或军事首脑，一做就是多年。他们并不指望变得非常富裕，从事的职业给他们带来社会威望，只要用上一些机智，做到勤奋和坦诚，他们就能过上快乐的生活，等到年老时得到相当的荣耀。

然后战争爆发了，旧封建社会的残余被一扫而空。穷苦阶级掌握了政权。有些以前的军官年岁已高，无法改变生活习性，只得典当了自己以前获得的勋章，生活惨淡，最后离开人世。不过，他们中的多数人顺从了无可避免的历史潮流。从孩提时代起，他们接受到的教育都将商业看作是低贱的行业，不值得他们的关注。可能商业是个低俗的行当，可是他们必须选择进办公室还是住贫民屋。愿意为信仰而忍饥挨饿的人毕竟只是少数。动乱之后没几年，从前的军官和政府官员中的大多数开始做起生意，要是放在十年前，他们可是碰都不会碰的，可是现在他们却干得心甘情愿。此外，他们中的大多数来自世代从事管理工作的家庭，非常熟悉如何与人打交道，他们发现在新行业中很容易就能顺利推进，现在他们的生活比从前可要快乐得多，也比他们原先期望的要富裕得多。

今天发生在商业上的故事，16 世纪前也同样发生在教会中。如果一个年轻人的祖先可上溯到赫拉克力斯、罗幕拉斯或者特洛伊英雄，要他接受一个父亲是奴隶的牧师的训诫，可并不是一件容易的事。可是这位牧师恰恰有赫拉克力斯、罗幕拉斯和特洛伊英雄的后代所急需的东西。因此，要是他俩都足够机灵的话，那就能很快欣赏对方的优点，并相处得非常融洽。这又是一条奇怪的历史法则：表面上变化愈剧烈，实际上变化就愈小。

自从鸿蒙初辟，似乎就存在这么一条不可避免的法则：少数聪明的男女统治别人，而多数不那么聪明的男女则接受别人的统治。不同历史时期，这两种人所下的赌注采用的名称也大不相同。毫无疑问，一方总是代表力量和领导，另一方则代表软弱和服从。帝国、教会、贵族、君主、民主、奴役、农奴以及无产阶级都是双方曾经用过的名头。无论是在莫斯科、伦敦、马德里还是华盛顿，支配人类发展的神秘法则都同样发挥作用，因为它根本不受时空的束缚。它常常伪装在奇怪的外表下。它也曾不止一次披上谦卑的外装，高声宣扬对人类的热爱、对上帝的忠诚，以及为最多民众带来最大利益的朴实的愿望。可是在这令人愉悦的外表之下，一直潜藏着，并将继续潜藏原始法则的残酷真理，即人的首要责任乃是求生存。人脱胎于哺乳动物，不愿意承认这一事实的人会对这样的论断感到愤愤不平。他们把持这种观点的人称作“唯物主义者”或者“犬儒主义者[①]”，以及别的什么。由于一直将历史看作是一个快乐的童话，等到他们发现历史是一门科学，同样遵守那些放之四海而皆准的铁一般的法则时，他们就惊得目瞪口呆，没准他们还要反对平行线公理和乘法口诀呢。

我个人觉得他们最好还是接受不可避免的客观真理。

到那时也只有那时，历史才可能变成对人类有实际价值的东西，而不再成为那些靠种族歧视、部落间的不宽容，和对绝大多数同胞的忽视而牟取私利的人的同伙和盟友。

要是有人怀疑这个论断的真实性，那就请他读读本书后面的几页，从我所提供的那几百年的编年史中去寻找证据吧。

让他研究一下公元一至四世纪间那些伟大的基督教领袖的生平吧。

他会几乎无一例外地发现，这些宗教领袖都来自于原本属于异教徒的社会阶层，他们在学校里接受了希腊哲学的训练，只不过是后来才转入了基督教，那时他们不得不作出职业选择。当然，他们中的确有几个人是受到了基督教新理念的吸引，而全心全意地接受了耶稣的教导。不过，从一个凡夫俗子转变为一名宗

---

① 犬儒学派（Cynic School，又译作“昔尼克学派”），是古希腊小苏格拉底学派之一，由苏格拉底的学生安提西尼（Antisthenes）创立。该学说提倡回归自然，把名利看作身外之物，要求人们克己无求，独善其身。犬儒学派的主要教条是，人要摆脱世俗的利益而追求唯一值得拥有的善。犬儒学者相信，真正的幸福并不是建立在稍纵即逝的外部环境的优势。每一个人都可以获得幸福，而且一旦拥有，就绝对不会再失去。人们不需要担心自己的健康，也不必担心别人的痛苦。犬儒学派对之后的斯多噶主义（Stoic）产生了深远的影响。“犬儒学派”这个名字的由来有两种解释：1）该学派创始人安提西尼曾经在一个称为“快犬”（Cynosarges）的运动场演讲，因此得名。2）该学派的人生活简朴，像狗一样地存在，被当时其他学派的人称为“犬”（cyno）。到现代，“犬儒主义”这一词在西方则带有贬义，意指对人类真诚的不信任，对他人的痛苦无动于衷的态度和行为。

教领袖，绝大多数人选择了基督教是因为后者升迁的机会无疑要大得多。

教会则总是非常明智、非常善解人意，并不会追根究底地调查究竟是什么动机促使信徒突然迈出皈依基督教的步伐。它总是竭尽所能地满足所有人的所有愿望。那些偏好现实与世俗存在的信徒就可以得到在政治和经济领域大展拳脚的机会。而那些禀性不同、更倾向于情感上皈依基督教的信徒则尽可能地被安排逃离熙熙攘攘的都市，于是他们可以在静寂中反省人类邪恶的存在，从而达到个人道德的神圣境地，而这对于他们灵魂的永恒幸福当然是必不可少的。

最开始，要过上这种虔诚与沉思的生活是相当容易的。

在成立之初的几个世纪内，基督教会不过是那些远离权势者的豪宅而居的贫苦百姓之间松散的精神纽带。可是当教会继承了罗马帝国统治世界的权力，并成为一个在意大利、法国、非洲都有着大量不动产的强大政治组织时，过上那种孤独冥想的生活的机会就变得愈来愈少了。很多虔诚的教徒开始怀念那“过去的美好时光”，那时真正的基督徒所有的时间都被用来做慈善工作和默默祈祷。如果能人工地再现曾经是那个时代自然发展的过程，他们也许就可以重新获得幸福。

这种修行生活的运动是从东方发源的。接下来的几千年中，它即将对政治和经济发展产生极其深远的影响。它也将为基督教会培养一批忠心耿耿的威慑军，他们在对付异端邪说上非常有用。

我们不必为此而惊讶。

濒临地中海东岸的那些国家的文明非常悠久而古老，那儿的人们是如此疲惫，以至于精疲力竭。譬如，仅仅在埃及，自打第一批定居者占据了尼罗河谷之后，就有十个截然不同、彼此独立的文化在这片土地上接连出现。位于底格里斯河与幼发拉底河之间的富饶肥沃的平原也同样如此。人生的虚幻、一切努力的徒劳无功，都清楚地呈现在成千上万座庙宇与宫殿的废墟之上。基督教被欧洲那些年轻的民族看作是对人生热切的承诺，对他们重新迸发的活力与热情有着永恒的吸引力。可是埃及人和叙利亚人的宗教体验却大不相同。

对他们而言，宗教意味着一种大受欢迎的解脱，一种对生活诅咒加以摆脱的前景。他们憧憬着死后的快乐时光，逃离个人痛苦的记忆，来到荒无人烟的沙漠，在那儿他们得到宽慰，在那儿他们有上帝的陪同，再也无需关心生存的现实。

由于某些奇怪的原因，改革对士兵似乎总是有着独特的吸引力。士兵比任何别的人更能直接感受到文明的残忍和恐怖。他们进而明白，没有纪律则一事无成。为教会而战的所有现代勇士中最伟大的一位无疑是原查理十五世军中的一名上校。第一次把这些精神流浪者聚集起来形成一个组织的人是君士坦丁大帝军中的一位列兵，名叫帕克米乌①，是个埃及人。当他从军中服完役后，加入了一群隐士，他们都归一个叫做安东尼②的人领导。他们来自各自不同的国度，远离了城市的喧嚣，平静地生活在沙漠中，常常与豺狼为伴。孤独的生活似乎引起了各种奇怪的心灵痛苦，进而导致过度虔诚和投入，不是整日呆在古老的石柱上，要么就成天躲在废弃的古墓里发呆（这会使异教徒欣喜，真信徒伤心）。帕克米乌决心将整个运动建立在更实际的基础上，于是成为第一个宗教修道团的创立者。从那时起（4 世纪中叶），聚集在一起的小群的隐士开始服从一个指挥官的命令，他被称为“大将军”。于是他指派了一些主持，由这些主持来负责各个修道院，他们将这些修道院看作是上帝的众多堡垒。

在帕克米乌于公元 346 年去世之前，他的修道理念已经通过

① 帕克米乌，4 世纪上半叶，帕克米乌首创集体隐修，在塔本西尼建第一座修道院，把隐修士组成团体。

② 安东尼，3 世纪末，埃及的安东尼抛弃家庭前往荒野单独隐修数十年。苦行斋戒，冥思修炼，被称为隐修主义之父。

亚历山大城主教阿塔那休斯[①]从埃及传到了罗马。成千上万的人开始找到了逃离旧世界的机会，得以逃离邪恶和不依不饶的债主。

可是，欧洲的气候与欧洲人的本性使得创立者最初的计划被轻微地改变了。在多风的天气下，忍饥挨饿可不像尼罗河谷那么容易。而且，西方人更讲求实际的头脑，使得他们讨厌东方神圣理念体系中那满是灰尘与污垢的形象，当然说不上受到这些形象的熏陶了。

于是，意大利人和法国人就不由得追问自身："早期教会如此强调行善，可这究竟能带来什么呢？千万里之外幽暗山洞中有一小群宗教狂热分子，他们的禁欲修行弄得自己面容憔悴，难道这么做真的能够给孤儿寡母和病人带来好处吗？"

因此，西方人坚持有必要沿着更合理的方向对修道院制度进行改革。这项革新要归功于亚平林山脉纳西亚镇的一个居民，他名叫本笃[②]，总是被人称作圣徒本笃。他的父母送他到罗马接受教育，可是罗马城让这个基督徒的内心充满了恐惧，于是他逃到阿不努齐山下的苏比亚克村，那儿有一处荒芜废弃的乡村宫殿，曾经是皇帝尼禄住过的行宫。

他在那儿度过了三年的光阴，完全处在孤寂中。很快他的美德盛名传遍了整个乡村，想接近他追随他的人数很快就变得如此之多，以至于足以组成十几个人员齐整的修道院。

他于是不再生活在地牢中，成了欧洲修道院制度的制定者。他首先起草了一部宪法。这部宪法的几乎每一处细节都体现了罗马对本笃本人施加的影响。那些发誓服从他的制度的僧侣并不能指望过上懒散的生活。他们要么祈祷和冥想，否则其他时间就得下地干活。如果年纪大了，无法胜任田野劳作，那就得承担起教

---

① 阿塔那休斯，基督教神学家，主教，生于埃及的亚历山大。

② 本笃（约480—约547），蒙特卡西诺修道院的创始人。被誉为西方修道院制度之父。

育年轻人的任务，告诉年轻人如何成为一个好基督徒和一名有用的公民。他们的教诲进行得如此成功，以至于本笃修道院在长达一千多年的时间内几乎垄断了教育领域，在中世纪大多数时间里，能力出众的年轻人多半是在这接受教育的。

僧侣们付出的辛勤劳作得到了回报，他们穿上了得体的衣装，可口的食物应有尽有。每天，当他们祈祷与劳作完毕后，可以获准上床睡二三个小时。

从历史的角度来看，僧侣不再是远离尘世和种种义务，为来生的心灵做准备的闲汉，这无疑是最为重要的事实。他们成为上帝的仆人。只有在经历一个漫长痛楚的见习期，并证明自己配得上这样的尊严之后，他们才有望直接负责、积极参与传播上帝的威名与荣光。

在欧洲的异教徒之间最初的传教工作已经完成了。为了避免使徒带来的善果化为乌有，单个传教士的努力还必须得到永久定居者和管理者有组织的支持。僧侣们扛着锄头，带上斧头，拿上祷告书，来到了德国、斯堪的那维亚、俄国和遥远的冰岛的旷野中。他们锄地收割、传道教书，给众多遥远的地方带来了文明最初的基本要素，而以前当地人只是道听途说过这些而已。

于是教廷，即整个教会的执行首脑机构，就这样充分利用了人类精神各式各样的力量。

那些讲求实际的人得到很多机会大展拳脚、出人头地，而沉思者则在静寂的林中找到幸福。没有白费的功夫，没有东西可以被虚掷掉。结果，教会的权力迅速增长，很快，如果不适当地关照基督徒的愿望，无论是皇帝还是国王，都无法顺利治理国家。

基督教取得最后胜利的方式也是饶有趣味的。它表明基督教之所以大获全胜，不是突如其来的宗教热情以压倒一切的方式爆发的产物（有时人们曾持这样的看法），而是有着实际的原因。

对基督徒的最后一次大迫害发生在罗马皇帝戴克里先[①]统治时期。有趣的是，戴克里先绝对不是那些依靠亲兵卫士统治欧洲的皇帝中最糟糕的一个。可是他也有人类统治者常常遭受诟病的毛病，那就是对基本经济问题一窍不通。

他很快发现自己掌控的帝国马上就要分崩离析了。由于毕生都在军中度过，他认为问题出在罗马军事体制的组织形式上。防御外敌、守卫边疆的重任被托付给那些殖民地的士兵，可是他们斗志涣散，长期的和平生活已经将他们养成了乡下的庄稼汉，竟然向那些本该拒之于边境之外的野蛮人卖起了大白菜和胡萝卜。

戴克里先不可能改变这个受人尊重的体制。因此他试图通过打造一支新的田野军队来化解难题，这支军队由身手敏捷的年轻人组成，只要提前几周接到通知，他们就可以奔赴帝国任何一个面临入侵危险的角落。

这是一个很棒的想法。可是与其他出色的军事设想一样，要实现它就得耗费惊人的钱财。钱当然只能通过国内老百姓缴纳赋税来筹集。正如预料中的一样，老百姓大声抗议，他们早已身无分文，一个便士都付不起了。可是皇帝回答说这都是百姓的错。于是他赋予收税官极大的权限，好比是掌管生杀大权的刽子手一样。可是这些都无济于事。对于老百姓而言，与其辛勤劳作、一年到头却发现收不抵出，还不如舍弃房屋、家庭和牲畜，涌到城市做个自在的流浪汉呢。可是皇帝陛下怎能看到他推行的措施半途而废呢？为了解决难题，他颁布了一项法令，这项法令清楚地表明，原来的罗马共和国已经彻底蜕变成为一个东方的独裁政体了。他大笔一挥，把罗马的所有政府官员、所有手工业者和所有商业全部成为世袭的。也就是说，官员的儿子还是官员，不管他

① 戴克里先（245—313），罗马皇帝，公元284至305年在位。303年起颁布四项命令，大肆迫害基督徒：1）拆毁全国教堂，焚毁经书；2）搜捕教会神职人员；3）在押教徒拒不信奉罗马神者处死；4）帝国各地教徒拒不参加罗马神祭祀仪式的也一律处死。这是罗马帝国对基督徒的最后一次大迫害。

是否喜欢做官。面包师的儿子则永远只能是面包师，哪怕他更有音乐的天赋或者更适合当典当行的老板。水手的儿子则命中注定要在甲板上度过一辈子，即便他划船过泰柏河都会晕船。至于那些打短工的人，虽说从技术上讲还是自由人民，可是从一出生起，就受到限制，不能自由移动，终身只能呆在自己的出生地，因此跟奴隶比起来也好不到哪里去了。

设想一小撮人只遵守部分投自己所好的规章制度与法令，而指望一位对自身能力过于自信的统治者能够或者愿意容忍这群人的长期存在无疑是颇为荒谬的想法。不过在评价戴克里先粗暴野蛮地对待基督徒之前，我们必须记住，他当时处于一种毫无退路的境地。这几百万的臣民靠着他对他们施加的保护措施牟取了高额利润，可是却拒绝承担本该属于他们的公共责任，因此他实在有充分的理由怀疑这批人的忠诚。

你也许记得，最早的基督徒没有留下任何的著述，他们可不愿费这个神。在他们心目中，世界末日随时都会到来。不到十年内，一场从天而降的大火就会将一切都焚烧殆尽，因此，为什么还要耗费时间与金钱来做文字上的著述呢？当新天国没能实现，基督耶稣的故事（在一百年耐心的等待之后）不断被增补变化而流传下来，一个真正的信徒很难弄清究竟该信些什么，因此非常需要一本权威的书籍，于是把耶稣的几个简传与使徒们存留下的信件原稿编成一本大书，名为《新约》。

在这本书的众多章节中，有一章叫做《启示录》，其中提到了在“七山”附近建立一座城市的预言。众所周知，自从罗幕拉斯时代起，罗马就是建立在七山之上的。这奇怪章节的匿名作者的确是小心翼翼地将他所憎恶的那座城市称为巴比伦。可是，只要罗马行政长官读到“妓女的母亲”、“可憎的大地”这样的字眼，还有诸多说法如圣徒与殉道者血流成河的迷醉之城，命中注定的恶魔的居所，一切肮脏灵魂的家园，所有不洁鸟类的巢穴，以及许多类似的贬损之辞，他无需多少智慧与洞察力就能清楚地明白这些文字的影射之意。

这样的语句也许可以解释为一个可怜的精神狂乱者的胡言乱语。他一想到过去50年中众多的朋友惨遭杀害，就怒火中烧，怜悯之情油然而生，这无疑蒙蔽了他的双眼。可是这些语句已经成为基督教神圣仪式中的一部分。每周在基督徒的聚集地，信徒都要吟诵这些语句。于是在外人看来，它们代表了所有基督徒对泰柏河畔罗马城的真实感受，这种看法显然是再自然不过的。我并不是想说基督徒没有充分的理由来产生这样的感受，可是我们也不大可能怪罪戴克里先，指责他没有了解基督徒的宗教热忱。

然而事情到这里还没有结束。

罗马人开始愈来愈熟悉一个之前从未听说过的词，那就是“异端”。最初，“异端”这个词只是指那些有选择地信奉某些信条的人，也就是我们常说的“教派”。然而，这个词的意义逐渐缩小，专指那些信奉基督教权威认为“不正确”、“不确切”、“不真实”、“不正统”的教条的人。因此，用使徒的话来评价，那就是“异端邪说”、“不合理”、“虚假”，以及“永远的错误”。

那些为数不多的仍然信仰古代宗教的罗马人，从技术上讲不应该被指控为异端，这是因为他们不属于基督教会的管辖领地之内，因此严格意义上说，他们不应该被召去解释他们的个人信仰。当人们从《新约》中读到“异端之邪恶完全不亚于通奸、污秽、淫荡、盲目崇拜、巫术、愤怒、争吵、谋杀、煽动骚乱和酗酒”之类的句子时，帝国的尊严的确严重受损。当然还有其他一些不雅的说法，出于礼貌的关系，在此我就不一一列举了。

这一切不可避免地导致了摩擦和误解，而摩擦和误解又使得基督徒遭到迫害。罗马的监狱再次人满为患，挤满了基督徒，而刽子手则使得更多的基督徒成为了殉道者。于是血流成河，可是还是无济于事。终于，罗马皇帝戴克里先彻底绝望了，他回到了位于达尔马提海边一个叫做撒罗那的小镇，那是他的家乡。他从王位上隐退下来，专门致力于一项更激动人心的消遣，即在自己的后院里种起了大白菜。

戴克里先的继任者并没有继续执行镇压基督徒的政策。相反，既然无法靠武力来根除基督教的邪恶，他决定尽力将损失减到最小，通过给基督徒一些特殊恩惠来赢得他们的好感和支持。

这件事发生在公元 313 年，历史上第一次正式“承认”基督教地位的这一殊荣属于一个名叫君士坦丁的人。

总有一天我们会拥有一个“国际历史修订委员会”的机构，历史上所有带有“伟大”头衔的皇帝、国王、主教、总统和市长，都必须向它证明自己当之无愧。接受审查的候选人中有一个值得我们特别的注意。他就是前面提到的君士坦丁大帝[①]。

从英格兰的约克到博斯普鲁斯海峡边的拜占庭，这个野蛮的塞尔维亚人在欧洲的每一个战场上都挥舞着长矛，他做下了不少骇人听闻的事，其中就包括杀害了自己的妻子、妻弟、还有一个侄子，他的侄子死时仅仅只有 7 岁。他还处死了几个地位卑微的亲戚。可是，就在他准备向最危险的敌人马克森提乌发起进攻前，一阵慌乱中，他大胆地和基督教做交易，请求他们的支持，于是他获得了巨大的声名，被尊称为“摩西第二”。最后，亚美尼亚人和俄罗斯教会甚至还给他加上了“圣人”的头衔。他生来是个野蛮人，死去时仍然脱不了野性。纵然他表面上接受了基督教，终其一生他还是野蛮人。直到临死前夕，他还把祭祀用的羊杀掉，用手掏出热气腾腾的内脏来卜问吉凶。所有的这一切都被极大地忽略了，因为毕竟皇帝颁布了著名的《宽容敕令》，保障他亲爱的基督教子民“享有言论自由和集会的自由，而不用担心遭到骚扰”。

正如我反复强调过的一样，公元四世纪前半叶基督教的领袖都是讲求实际的政客。他们最终迫使皇帝颁布了那道著名的敕

---

① 君士坦丁（约 274—337），君士坦丁大帝，罗马帝国皇帝（306－337 年在位），312 年在罗马北郊大败马克森提乌，统一西罗马帝国。为取得基督徒拥戴，君士坦丁声称在大战前夜梦见标记十字架的军旗，故胜利为上帝所赐，并自称为上帝的仆人。313 年征服罗马帝国东部，随即签署《宽容敕令》，宣布基督教合法；发还被没收财产；释放被捕教士；免除教士赋税；教会可拥有财产等。

令，从此基督教得以从一个微不足道的小教派一跃而成为地位尊崇的国教。不过究竟这一切是以怎样的方式实现的，他们知道得很清楚，君士坦丁皇帝的继任者也知道得清清楚楚。尽管他们试图用如簧之舌来掩盖这一切，但是仍然无法遮蔽事实的本来面目。

“拯救我把！强大的君王。”聂斯脱大主教向西奥多斯皇帝游说道，“将我从基督教所有敌人的包围中拯救出来，作为回报，我会送给你天堂。坚定地协助我扑灭异端邪说吧，作为回报，我会全力帮你剿灭你的敌人。”

在过去的两千年中还有很多类似的交易。

可是像基督教这样与当权者妥协时的厚颜无耻，则是极其罕见的。

5

囚　　禁

就在古代世界的帷幕最后一次落下之前，一个人物登上了历史舞台，他本该得到一个更好的命运，可是却不合时宜地死去，并被不客气地称作“变节者”。

我指的是朱利安皇帝，他是君士坦丁大帝的侄子，公元331年出生于罗马帝国的新都城拜占庭。公元337年他著名的叔叔死了。于是君士坦丁的三个儿子立刻像饥饿无比的狼群一样扑到了遗产上，并愤怒地彼此撕咬。

为了除掉任何可能和他们争夺遗产的人，他们下令立刻杀掉所有住在都城及附近的亲戚。朱利安的父亲成了受害者之一。在他出生后没几年，他的母亲也去世了。这样一来，六岁的时候，这个孩子就成了一个孤儿。他有一个体弱多病的同父异母的哥哥，两人相依为命，一起上课接受教育。讲课的是一个叫做尤西比奥[①]的年长的主教，上课传授的内容主要是大谈基督教的好处。主教为人和蔼可亲，可惜授课一点也不引人入胜。

当孩子们年岁渐长时，把他们送去一个更偏远的地方就是相当明智的举动了。在那儿他们不那么引人注目，于是或许有可能避免拜占庭那些地位较低的王子常常遭到的厄运。他们被送到小

① 尤西比奥（263—339），出生地不详。罗马主教。也被誉为基督教历史之父，因为在他的著作《编年史》和《教会史》中生动地记载了早期基督教的历史。

亚细亚内陆的一个小村庄里。那的生活枯燥乏味，可是朱利安却学到了不少有用的东西。他的邻居是卡帕多西亚的山民，为人都很淳朴，仍然信奉着祖先的神灵。

这个孩子似乎完全没有身居高位的可能性了。他要求允许他将毕生奉献给学术研究，结果他得到了许可。

他首先前往尼克美尼亚，那里是那时世界上少数几个还在讲授希腊哲学的地方之一。很快他的脑袋里塞满了文学和科学的知识，以至于尤西比奥主教传授给他的内容被他忘记得一干二净。

接着他获准前往雅典，他得以在这片神圣的土地上学习，这里是苏格拉底、柏拉图和亚里士多德留下许多回忆的地方。

与此同时，他同父异母的哥哥也被杀害了。他的表兄君士坦提乌，即君士坦丁皇帝惟一活着的儿子，突然记起了他有这么一个当哲学家的表弟，而且他俩那时还是皇室成员中硕果仅存的两名男性。于是他派人去把朱利安接了回来，对他很友善，并且非常仁慈地把自己的亲妹妹海伦娜嫁给他，然后，君士坦提乌命令他前往高卢去抵御野蛮人的攻击。

似乎朱利安从希腊老师那里学到的不仅仅是辩论的才能，还学到了很多实用的东西。公元357年，当阿拉曼尼人威胁法兰西的时候，他在斯特拉斯堡①附近击溃了敌人的军队，然后又巧施计谋，将穆茨河与莱茵河之间的国家全部纳入自己管辖的版图。他搬到巴黎去住，图书馆里添加了许多他自己喜爱的书，生性严肃的他也不由得感到非常高兴。

当捷报频频传到皇帝的耳中时，他不仅没有点燃庆祝的焰火，反而制定了周详的计划，要除掉这个竞争者，只因为朱利安的胜利太过头了。

可是朱利安深受士兵的拥戴。当士兵们听说自己的统帅要被召回家（这是一种礼貌的召回家就要杀头的邀请），他们就侵入

① 斯特拉斯堡，法国东北部阿尔萨斯省首府，现为法国第九大城市。靠近德法边界。

宫殿，马上宣布朱利安为皇帝。与此同时，士兵们放出话说，要是他拒绝接受加冕的话，就会杀掉他。

朱利安很明智，他接受了。

那时罗马帝国的道路必定保养得非常好，以至于朱利安能够以创记录的速度将自己的军队从法国腹地开到博斯普鲁斯海峡附近。可是他还没有抵达都城，就听到了表兄君士坦提乌的死讯。

就这样，一个异教徒重新成为了西方世界的统治者。

当然了，朱利安要从事的是一项不可能完成的任务。很奇怪的是，像他这么一位聪明的人，居然觉得通过使用武力有可能将消逝的过去重新带到现在：只要重新复制一个雅典的卫城，让废弃的学院重新挤满了教授，让教授们穿上古代的长袍，彼此之间用已经从这个世界上消失了500多年的语言进行交谈，那么就可以重新回到伯里克利的时代。

而这正是朱利安要做的。

在他短短两年的统治期，他全部的努力就是为了重建古代科学，而现在多数的民众对此是嗤之以鼻的。他殚精竭虑，希望重新点燃人们研究的热情，可是这个世界却被大字不识的僧侣所把持，他们理所当然地认为，所有有用的知识已经全部记载在一本书中，独立调查和研究只会导致信仰的背离与地狱的烈火。他竭尽所能想让人们重新感受到生活的快乐，可是他们却只对鬼魂的事充满热情与活力。

面对来自四面八方的巨大反对力量，很多比朱利安更坚忍不拔的人也会发疯与绝望。至于朱利安本人，巨大的压力将他碾成了无数细小的碎片。至少他暂时做到了坚守祖先开明的理念。安提阿的基督教暴徒朝他身上扔石头和泥巴，可是他拒绝惩罚他们。愚蠢的僧侣试图激怒他，好让他对他们展开新的镇压，可是皇帝不停地叮嘱他的下属“不要杀害任何的教众”。

公元363年，波斯人射出了一支仁慈的箭，结束了这个奇怪的生命。

对于这最后一位，也是最伟大的异教徒统帅而言，这是最好不过的解决方法了。

要是他活得更久一点，他的忍耐力和对愚昧的痛恨可能会将他变成那个时代最专制的人。在医院的病房里，他可以回忆说，在他的任期内，没有一人因为他个人的偏见而被处死。可是对于朱利安的仁慈，他的基督徒臣民却报之以无边的仇恨。他们吹嘘说一个身为基督徒的士兵射出致命的一箭，杀死了自己的皇帝。他们精心炮制出颂词对这位士兵大加赞扬。他们还详尽描述了朱利安皇帝驾崩前是如何忏悔自己的所作所为，并最终承认了耶稣的强大。他们穷尽一切公元四世纪所能想到的肮脏污秽的修饰词来诋毁一个诚实人的名声，这个老实人过着苦行僧般简单质朴的生活，并殚精竭虑为自己管辖的民众谋福祉。

朱利安皇帝的遗体被埋葬后，基督教的大主教们终于可以把自己看作是帝国名副其实的统治者了，于是他们开始毁灭一切潜藏在欧洲、亚洲和非洲与世隔绝的角落的反对力量。

公元 364 到 378 年，在瓦伦丁尼[①]和瓦伦斯两兄弟的统治下，通过了一项法令，禁止所有的罗马人为旧的神灵进献祭祀用的牲畜。异教徒的牧师于是被剥夺了收入来源，不得不寻找其他的职业。

可是与西奥多西斯[②]皇帝颁布的法令相比，这些规章制度还算是温和的。西奥多西斯命令他所有的臣民只能接受基督教的教义，并且只能按照“天主教”教会制定的仪式来祭祀。天主教垄断了一切精神领域，而皇帝则自命为教会的保护者。

在此禁令颁布之后，所有固守“错误的理念”，所有坚持“愚蠢的异端邪说”，所有信仰“可耻的教义”的民众，都将因为自己的固执与不服从付出代价，要么被放逐，要么被处死。

---

① 瓦伦丁尼（321—375），西罗马帝国皇帝。史称瓦伦丁尼一世，与其弟瓦伦斯共同统治罗马帝国。

② 西奥多西斯（347—395），罗马帝国皇帝。380 年入基督教，392 年定基督教为国教。严禁异教信仰，关闭异教神庙。

从此以后，旧的世界迅速土崩瓦解。在意大利、高卢、西班牙和英格兰，几乎没有一座异教徒的寺庙得以存留下来。它们或是被改造成基督教的会堂，或是遭到工程承包商的破坏，他们将拆卸下来的石头拿去建新桥、铺街道、筑城墙和修水利。共和国成立以来，累积起来的成千上万尊金制、银制的神像，要么被充公，要么被盗走，剩下的则被碾成了粉末。

亚历山大城的塞拉佩恩[①]，六百多年来一直是希腊人、罗马人与埃及人最崇敬的一座寺庙，也不幸被夷为平地。那里还有一座大学，自从亚历山大帝创办以来就享誉世界。它一直教授与讲解古代的哲学，于是乎吸引了大量来自地中海各地的学生。由于没有遵照亚历山大主教的命令关闭学校，于是主教下面的僧侣就自己动手了。他们公然闯入教室，用私刑处死了柏拉图教派最后一位伟大的教师海帕提亚[②]，并将她残缺不全的尸体扔到大街上喂狗。

罗马的情形也同样恶劣。

朱比特的神庙被关闭，旧罗马宗教的经典《西比尔书》被烧毁了。罗马城变成了一片废墟。

在高卢，著名的大主教图尔宣布旧的神祇全都是基督教中恶魔的前辈。因此，他命令将这些神祇的寺庙从地球上扫除得一干二净。

在某些偏僻遥远的山区，要是农民们一拥而上捍卫他们钟爱的神灵不被破坏，那么就会出动士兵，用斧头和绞刑来镇压“造反的暴民”。

在希腊，破坏活动的进展要缓慢得多。可是公元394年，奥运会被废除了。一旦希腊民众生活的中心宣告结束（不间断地持续了1170年），其他的事情相对就比较容易了。哲学家一个接一个被驱逐出境。最后，在皇帝的命令之下，雅典大学也被关闭

① 塞拉佩恩，亚历山大城的一座神庙，供奉埃及神赛拉佩斯。

② 海帕提亚，柏拉图的追随者。被视为第一位女天文学家。

了。维持大学运转的资金也全部充公。最后硕果仅存的七位教授也被剥夺了谋生的手段，于是他们逃亡到了波斯，波斯国王科斯洛[①]友善殷勤地接纳了他们，让他们平静地度过余生，还让他们玩一种神秘的印度新游戏——国际象棋。

公元5世纪上半叶，首席大主教克力索斯托马斯[②]确凿无疑地宣布，所有旧的哲学家和作家的全部作品都已经从地球上消失殆尽。连西赛罗、苏格拉底、维吉尔[③]与荷马[④]都被彻底遗忘在数千个阁楼和地窖中了，更不要说那些数学家、天文学家和物理学家，他们尤其遭到所有虔诚基督徒的憎恶。六百年后它们才得以重见天日，在此期间，整个世界不得不靠神学家高兴时赏赐的文学食粮过活。

这是一份奇怪的食谱，而且并不是（借用医学行话来说）均衡的食谱。

基督教会大获全胜，因而洋洋得意，可是也遭到许多严重忧患的困扰。那些吵嚷着要给古代的神烧香的高卢和卢西塔尼亚的穷苦农民，倒是很容易让他们闭嘴。他们是异教徒，而法律是站在基督徒这边的。可是，奥斯塔果斯人、阿拉曼尼人和朗格巴人争执不休，他们宣布说亚历山大教士阿里乌[⑤]关于基督教本质的观点是正确无误的，而阿里乌的死敌——亚历山大城的主教阿纱内斯的看法是完全错误的。朗格巴人和法兰克人坚持认为，基督和上帝并非“完全同质”，只不过是“本质相似”罢了；文达尔人和撒克逊人则坚称，聂斯脱称圣母玛利亚为“基督的母亲”，而非“上帝的母亲”是在讲真话，伦巴德人和法兰克人否定基督

① 科斯洛，531至579年为波斯国王。

② 克力索斯托马斯，398年被任命为君士坦丁堡大主教。

③ 维吉尔，（公元前70—前19年）古罗马著名诗人。

④ 荷马，相传为古希腊史诗《伊利亚特》和《奥德赛》的作者。

⑤ 阿里乌（250—336），古代基督教异端阿里乌派创始人，神学家，反对三位一体教义。

具有双重性，即神性和人性的统一。所有这些接受了基督教信仰的野蛮人，虽然头脑简单、四肢发达，可是除了观点有误之外，（不幸至极）他们都是基督教会坚定不移的盟友和支持者。所以当然不能将他们全部驱逐出教，或者用永恒的地狱烈火来威胁他们。必须轻言细语地说服他们，让他们明白自己错了。必须用充满爱和奉献的友善的言语来规范他们的言行，使他们回到正道上来。可是首要的任务是要给予他们一个确凿无疑的信条，由此他们最终能弄清孰是孰非。

正是这种对所有与宗教信仰相关事物的同一性的渴求，最终促成了那些著名的集会，也就是众所周知的“大公会议”，或“普世会议”。自从公元四世纪中叶以来，这种普世会议就不定期地召开，来决定哪些教义是正确的，哪些教义则含有异端邪说的萌芽，因而应该被视作错误的、不合理的谬误与异端邪说。

第一次普世会议于公元325年召开，会议地点是位于特洛伊城遗址附近的尼西亚镇。56年之后，第二次会议在君士坦丁堡召开。第三次于公元431年在以弗所召开。随后在查尔斯顿相继召开了几次。在君士坦丁堡又召开了两次。在尼西亚又召开了一次。最后，公元869年在君士坦丁堡又开了一次会。

可是，在此之后，会议由教皇指定在罗马或者西欧的某个小镇召开。从公元4世纪开始，人们普遍认为，虽然从技术层面讲，皇帝有召集这些普世会议的权力（这个特权的附加条件是，他必须支付主教们的旅行费用），但是罗马大主教的建议必须十分慎重地对待。虽然我们完全无法确认究竟是谁主导了尼西亚的会议，不过可以肯定的是，随后所有的普世会议全部都是由教皇来支配的，这些神圣聚会的决定除非已经得到了教皇本人或者他的代表的许可，否则没有丝毫约束力。

因此我们现在可以跟君士坦丁堡说声再见了，来到西方那些更舒适更宜人的地区。

宽容和不宽容的斗争绵延不绝，从未停息过。有人将宽容视作人性最崇高之德行，而也有人将它斥之为道德弱点之例证。对于纯理论层面的争论，我不想过多地关注。可是，我们必须承认，当基督教的拥护者试图对加诸于异教徒的可怕惩罚进行辩解时，他们的推理貌似有理，实则不然。

他们辩解说："教会就像任何别的组织一样，好比是一个村庄、一支部落或是一个城堡。必须有一个首长，必须制定一套律法和规章制度，所有的成员都必须遵守。宣誓效忠基督教实际上就等同于暗暗发誓要效忠教皇并遵守教会的律法。如果他们不能做到这一点，那么就要受到惩处，并革出教会。"

迄今为止，所有的这一切都是完全正确，并非常有道理的。

如果今天一位牧师发现他不再相信浸礼会教义，他可以转而信仰卫理公会。如果由于某个原因，他不再相信卫理公会制定的信条，那他大可以再转到天主教派或者犹太教派，甚至他还可以选择印度教或土耳其的教派。世界非常宽广。宗教信仰的大门是敞开的。除了忍饥挨饿的家人外，别人绝对不会对他的选择说三道四。

可是，这是一个蒸汽船和火车大行其道的年代，充满了无穷无尽的经济机遇。

公元五世纪的世界可就不是这么简单了。那时罗马大主教的影响力无所不在，很难从世界上找出一个角落不受其影响。人们当然可以像很多异教徒那样选择前往波斯或者印度，可是旅途非常遥远，生还的几率相当小。这同时也意味着永远地自我流放，长期背井离乡、与自己的妻儿天各一方。

最后，要是人们真诚地感受到他对基督的理解是对的，而且他觉得说服教会对教义进行略微的修改只是一个时间的问题，那他为什么要去放弃自己的大好权力，不再相信自己钟爱的信仰呢？

这正是问题的关键之所在。

早期的基督徒，无论是虔诚的信徒还是持异端邪说者，面对的都是具有相对价值而不是积极价值的理念。

只因为对 X 的绝对值的看法不能达成一致，就将对方送上绞刑架的一群数学家当然是荒唐至极，可是还有一些博学的神学家同样荒谬无比，他们试图对无法定义的事物给出定义，并想用公式来简化上帝的存在。

可是，自以为是和不宽容的精神是如此牢牢地拽住这个世界，以至于直到不久前，所有基于“人们无法辨别谁是谁非”的观念而赞成宽容的人都必须冒着生命危险，他们常常只能将自己的劝诫小心翼翼地隐藏在拉丁文的句子里，整个世界上只有一两个最聪明的人才能懂得他们隐讳的含义。

6

生活之纯

这儿有一道小小的数学题，出现在一本历史书籍中也没有什么不妥当的。

取一根绳子，将它变成如下的一个圆：(图一)

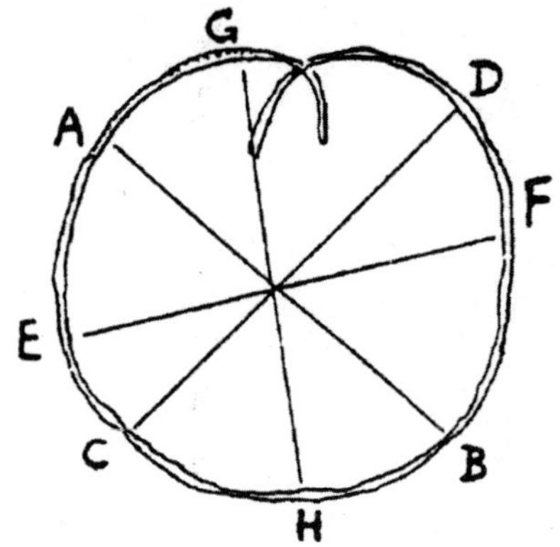

图一

在这个圆中，所有的直径当然都是相等的。

AB＝CD＝EF＝GH 等等，以至无穷。

轻轻拉动绳子的两边，使圆变成椭圆。于是完美的平衡立刻就被打破了。各条直径都改变了。比如直径 AB 和 EF 就大大缩短了。另外一些，特别是直径 CD 则大为延长。

现在从数学问题转到历史问题。为了讨论的方便，现在我们假定：

图一展示出完美平衡，所有的直径全都相等，就如同政治、贸易、艺术和军事都得到了相同程度的关注。（图二）

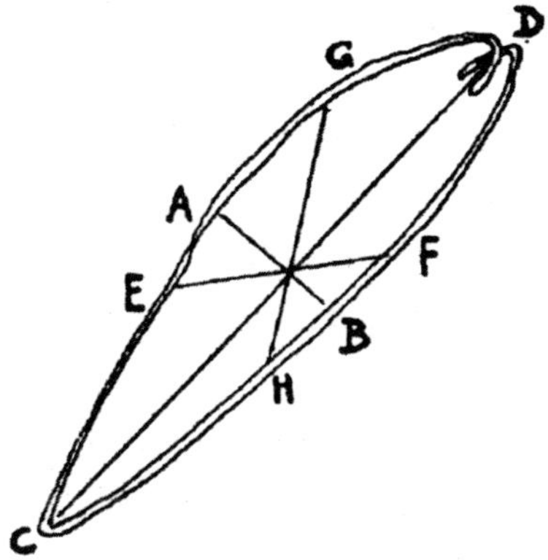

图二

可是在图二中，（不再是一个完美的圆）贸易占据了过多的优势，而政治则被削弱，艺术几乎彻底消失，军事则小有收获。

要是让 GH（军事）成为最长的直径，那么其他的就几乎全都要一起消失了。（图三）

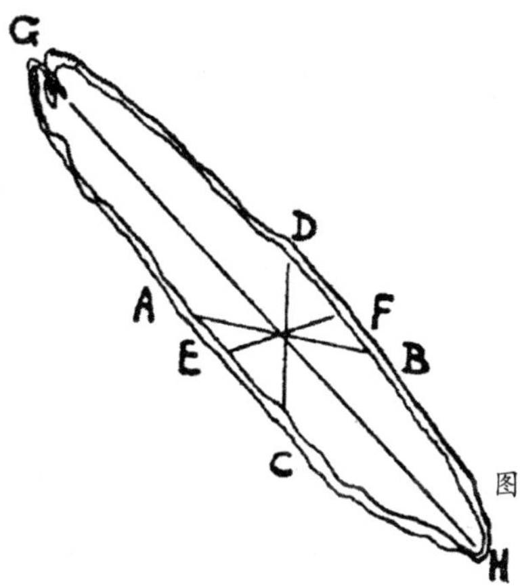

图三

你会发现，这将给很多历史问题提供一个方便的解答。

试以希腊人为例。

在很短的一段时间内，希腊人保持了一种完美的均衡发展。可惜的是，不同政党之间愚蠢的争吵不断加剧，很快就发展到不可收拾的地步，整个国家的剩余能量全都被此起彼伏的内战吸收殆尽了。士兵们的首要任务不再是保家卫国、抵抗外辱。他们被用来对付自己的邻居，不论他们是投了别的候选人的票，还是主张对税收方式稍加修改。

贸易是这些圆中最重要的直径。可是在希腊，贸易最初很难进行，接下来很快就变得完全不可能了。贸易转移到了世界上商业更加稳定的地区去了。

贫穷从正门大摇大摆地进城，而艺术则从后门偷偷地溜走，再也难寻踪迹了。资本慌慌张张在百里之内找到一条最快的船扬帆而去。既然知识已经成为一种昂贵的奢侈品，因此好学校难以维持下去也就不足为奇了。最好的老师则急匆匆地赶往罗马和亚历山大城。

留下来的只是一群二等公民，他们过着循规蹈矩的日子。

这一切之所以发生，是因为政治这条线大大超出了应有的比例，也因为完美的圆已经遭到破坏，其他的线诸如科学、哲学等等都缩短到微不足道的地步。

要是你把这道小小的数学题运用到罗马上面，你会发现，“政治权势”这条线不断地增长、增长、再增长，直到其他的线无处安身。那个曾经构成共和国辉煌的圆圈不复存在了。剩下的就只有一条笔直且狭窄的线，也可以看作是成功和失败之间最短的距离。

还可以再给你一个例子，透过这个数学问题来看中世纪的教会，你会有些什么发现呢？

最早的一批基督徒竭尽所能让他们的行为成为一个完美的圆，也许他们很大程度上忽略了科学这条直径，可是既然他们对尘世的生活毫无兴趣，指望他们对诸如医学、物理学和天文学等科学大加关注，显然是不现实的。诚然，这些都是非常有用的科目，可是对于那些时刻等待着最后审判、将人世间仅仅视作步入天堂的前厅的基督徒来说，这些科目显然就缺乏足够的吸引力了。

但是就其他方面来说，这些虔诚的基督追随者尽可能地过着模范的生活，他们勤勉慈善、诚实友好。

可是，随着小社区很快被统一成一个强大的组织，随之而来的新的跨国责任和义务粗暴地打破了旧的精神之圆所具有的完美平衡。一小群处于半饥饿的木匠和采石工人很容易接受那些诸如穷苦和无私的法则，因为他们的信仰正是建立在此之上的。可是，对于罗马教皇——西方世界的大主教、整个欧洲大陆最富有的地主来说，波米拉尼亚或者西班牙某个偏僻小镇的副执事所过的那种艰苦质朴的生活是难以想象的。

或者，用本章有关圆的术语来说，代表“世俗生活”和“外交政策”的直径被过分地延长，以至于代表“谦逊”、“清贫”和“自我反思”以及其他基督徒的基本美德的直径遭到了极大的缩短，甚至于趋向绝迹了。

我们这个时代的人谈到中世纪那些愚昧的民众时，总喜欢用上一种怜悯的口吻，这已经成了一种轻松愉快的习性。众所周知，他们生活在完全的黑暗中。的确，白天他们在教堂里点上蜡烛，晚上就着烛台上微弱的光亮就寝。他们几乎没有什么书籍，甚至连我们现在小学和高级一点的精神病院里都在教授的知识，他们却一无所知。可是，知识和智力是大不相同的，对于后者，那些构成了我们赖以生活的社会政治和社会结构的出色人物，可并不缺乏。

在教会众多可怕的严刑酷法面前，多数时候，他们似乎都是茫然无助的。但是我们评价他们时还是应该手下留情。他们至少有勇气坚守自己的信仰，以一种庄严而崇高的情怀向一切心目中的谬误开战，而不顾个人荣辱得失抛却幸福与舒适的生活，常常是为着信仰无畏地走上断头台。

我们对一个人的要求还能超过这些吗？

在我们这个时代的头一个千年里，为信仰而献身的人毕竟是少数。可是，这不是因为教会对那些持异端邪说的人不如后来那么憎恶，这只是由于那时教会全副身心地处理一些更为重要的问题，以至于无法将时间浪费在这些相对无害的异教者身上。

首先，在欧洲很多地方，欧丁神和其他的异教神还占据着统治地位。

其次，发生了一些非常令人不悦的事，险些毁灭了整个欧洲。

这个“令人不悦的事”就是一个名叫穆罕默德①的全新的先知横空出世了。整个西亚和北非几乎都被那些崇拜追随“安拉”神的信徒征服了。

我们童年时受到的文学熏陶充斥着“不信教的暴徒”和“土耳其教的暴行”等等内容，这很容易给我留下耶稣和穆罕默德分别代表的教义就如同水火一般不相容的印象。

可实际上，耶稣和穆罕默德来自同一个种族，讲同一种方言，他们都承认亚伯拉罕②是他们的先祖。他们都怀念同一个故乡，那是一千年前位于波斯湾海滨的一个地方。

可是，这两位有着极大渊源的先行者的追随者们彼此敌视、互相冷嘲热讽，他们之间的斗争绵延不绝，持续了长达一千两百多年，迄今为止还没有告一段落。

千年之后的现在再去冥思苦想当初究竟发生了什么是毫无用处的。可是当时罗马的头号对头麦加差点儿就皈依了基督教的信仰。

像所有生活在荒无人烟的大漠上的人们一样，阿拉伯人大量的时间用于畜牧，因此他们热衷于冥思默想也就不足为奇了。生活在城市里的人完全可以从一年四季持续不断的集市中追寻心灵

---

① 穆罕默德（约570—632），伊斯兰教的先知，伊斯兰教的创立者。

② 亚伯拉罕，《圣经》中所说的犹太人的始祖。

的快乐。可是牧羊人、渔民还有农夫过着孤寂的生活，他们需要更多的心灵依靠，而不仅仅是过着被嘈杂和兴奋包围的生活。

在寻求救赎的过程中，阿拉伯人尝试了好几种宗教信仰，不过显然对犹太教更加情有独钟。这很容易得到解释，因为阿拉伯到处都是犹太人。在公元前 10 世纪时，许多所罗门国王的臣民对统治者的独裁和苛捐杂税感到非常愤恨，他们逃到了阿拉伯。公元前 586 年，尼布甲尼撒[①]征服了犹太，于是他们又再次成群结队地逃往南部的沙漠地区。

犹太教因此就无人不知了，而犹太人对惟一真神上帝的追寻完全与阿拉伯部落的理想和愿望相吻合了。

任何哪怕是对穆罕默德的工作一无所知的人也会知道，伊斯兰教中的冥想在很大程度上借鉴自《旧约》中的某些智慧。

以实马利[②]的后裔（他和他的母亲夏甲都葬在阿拉比亚中部的最神圣之地）对来自拿撒勒的年轻的改革家带来的宗教理念也没有任何敌意。相反，当他说到上帝是所有子民仁爱的父亲时，他们热切地做了耶稣的追随者。不过他们不大相信耶稣追随者们说得神乎其神的那些奇迹，至于耶稣复活，他们坦率地表示怀疑。不过，总的说来，他们对这个新的信仰很有好感，愿意给它一个机会。

可是，一些狂热的基督徒，由于一向都草率鲁莽、缺乏辨别力，非常厌恶穆罕默德，他们不容任何分辩，就大骂他是骗子，是一个假冒的先知。另外，还有一种印象迅速在人们中流传开来，那就是基督徒信奉的是三个神，而不是一个神。这一切都使

① 尼布甲尼撒（公元前 605—前 562 年在位），巴比伦国王，征服了西南亚大片土地。

② 以实马利，根据《圣经·旧约》，他是犹太人始祖亚伯拉罕的长子，是一些阿拉伯部落的祖先。他的母亲是亚伯拉罕的妻子撒拉的使女，母子二人被亚伯拉罕赶出家门。以实马利在旷野中落脚，娶了一位埃及女子，成为十二支沙漠部落的祖先。穆斯林将自己看作是以实马利的后代。

生活在沙漠的人和基督教渐行渐远，他们宣布喜欢那个赶骆驼的麦地那人（指穆罕默德），他只跟他们讲一个神，而不是像基督徒那样搞得他们晕头转向，跟他们说有三个神，到底是三个还是一个全凭传教牧师那时的好恶而定。

于是西方世界就有了两个主要的宗教，他们都宣布自己的神才是正宗的，而别的神都是冒充的。

这种观念上的冲突极易导致战争。

穆罕默德于公元632年去世。

在不到十几年的时间里，巴勒斯坦、叙利亚、波斯和埃及都先后被征服，大马士革成为伟大的阿拉伯帝国的首都。

到了公元656年，整个北非海岸都承认阿拉为自己的神。自从穆罕默德从麦加来到麦地那后，不到一个世纪的时间内，整个地中海地区都已经成为穆斯林的汪洋，一切欧亚之间的交流都已经被切断，欧洲大陆被穆斯林重重包围，这种情形一直持续到十七世纪末。

在这种环境下，基督教会想进一步向东传播教义已经不可能了。他能做的就是稳固已有的阵地。德国、巴尔干、俄国、丹麦和瑞典、挪威、波希米亚、匈牙利被选中成为精神培育的沃土，总的说来，这项工作进行得非常成功。偶尔也有像查理曼这样野蛮成性的基督徒，虽然本意是为了传教，可是却对那些宁愿选择自己的神，而不相信外来的耶稣的臣民，常常使用暴力手段，将他们大肆杀戮。可是，总的说来，基督教创教士所到之处都大受欢迎，因为他们都是诚实的人，讲述一个所有人都能懂的简单直白的故事。同时也因为，在一个充斥着血腥、骚乱、拦路打劫的世界里，他们给人们带来了秩序、洁净和仁慈的某些元素。

当基督教在边境上大受欢迎时，罗马帝国的中心情况却不太妙。（再次回到本章前几页提过的数学题）代表世俗的那条直线不断地延长，直到最后教会中的精神要素完全屈从于纯政治、经济的考虑，尽管罗马的权势还在不断增长，并对接下来一千两百多年世界的发展产生了巨大的影响，但是导致它分崩离析的某些因素已经开始出现，而神职人员和世俗人士中更聪明的一些人已经认识到了这一点。

教堂是人们周末去听听神父讲道，唱唱几首圣歌的地方，我们现代人眼中的教堂常常一周七天中有六天空荡荡的。我们还知道有些教会里有主教，这些主教有时在城里召开会议，那时我们会见到许多和蔼可亲的老先生围在我们的身边，他们的衣领都朝后翻。我们也会在报纸上读到，他们宣布赞成跳舞，反对离婚，然后他们就打道回府，没有做任何扰乱社区平静的事情。

我们很少把这种教会（哪怕是我们自己的教会）和我们所有的经验之和联系起来，也不会将它和生与死的经验联系起来。

国家当然就大不相同了。为着公共利益的缘故，国家可能会夺走我们的财产，甚至将我们置之于死地。国家是我们的拥有者和主人。可是我们现在所谓的教会，既不是我们可信赖的良友，也不是形同陌路的敌人，哪怕是我们碰巧和他产生了争执。

可是在中世纪，情形就截然不同了。那时的教会看得见，摸得着，是一个高度活跃的组织，仿佛是一个有生命的存在，甚至以国家做梦都想不到的方式操纵着人们的命运。当教皇从心怀感激的皇子手中接受了馈赠的土地，并摒弃了过去安于清贫的理念时，很可能并没有预见到采取这个政策势必带来的后果。虔诚的基督徒将自己世俗财物的一部分赠予使徒皮特的接班人，起初这么做看起来不但毫无害处，而且还似乎非常恰当。从苏格兰最北部到特立比桑德[①]，从迦太基到乌普萨拉，处处都有着庞杂的管理机构。秘书、职员和抄写员都成千上万，更不用说还有几百上千个不同部门的首脑，所有的这些人都要有房子住，都要有衣服穿，都要有饭吃。横跨整个欧洲大陆的快信往来，当然要花上一大笔钱；外交人员今天去伦敦，明天又从诺夫哥罗德返回，这当然也是不菲的开销；教皇的朝臣则需要穿上得体的衣服，以便遇到世俗的皇子时，着装也完全不落下风，要维持这一切，没有可

① 特立比桑德，土耳其东北部的一个城市。

观的钱财又怎么能办得到呢？

与此同时，回顾一下教会最初是代表什么的，想想看要是环境更好一点的话，教会会发展成什么样子。这种发展似乎是一个巨大的遗憾。因为罗马很快演变成为一个庞大的超级帝国，带着一点点宗教的色彩，教皇成为一个国际性的独裁者，将西欧的所有国家全部纳入自己的束缚之下。与之相比，过去皇帝的统治倒要温和得多，也慷慨得多。

眼看就要取得彻底的成功，这时发生了一件事情，对基督教统治世界的雄心可谓是致命一击。

主的真正精神再次在普通民众中掀起了轩然大波。这无疑是任何一个宗教组织所碰到的最惹人心烦的事情之一。

异端邪说没有什么稀奇的。

只要有信仰想独霸天下，马上就会出现异见者。他们对占统治地位的宗教提出不同见解，并加以质疑。于是，欧洲、非洲和西亚几个世纪以来分割成几个互相敌对的阵营。这种斗争的历史就和教会本身一样古老。

但是，多纳图派、撒伯里乌派、一性论派、摩尼教派和聂斯脱利派[①]之间充满火药味的争吵不在本书讨论的范围之内。一般说来，双方同样心胸狭窄，阿里乌追随者的不宽容与阿塔那休斯派的支持者的不宽容并没有多大的不同。

此外，这些争吵总是建立在对一些神学问题晦涩难解之处的不同阐释之上。而这些难解的问题逐渐开始被遗忘了。上天不允许我将它们从故纸堆里翻出来，我也不想浪费时间重新引起一场新的神学争论。我写下这些，只是想让我们的孩子知道，他们的祖先曾经冒着生命的危险，为着思想自由而英勇斗争。我还要告诫他们，要警惕傲慢自大、独断专行的教条主义态度。因为正是这种态度，在过去的两千多年中，给人们造成了无穷无尽的苦痛

---

① 多纳图派、撒伯里乌派、一性论派、摩尼教派和聂斯脱利派都是基督教古代异端的派别。

和灾难。

可是，当我写到十三世纪时，你们会发现这是一个大不相同的故事。

那时的异教徒不再只是持异议者，不再因为《启示录》中某些晦涩难懂的句子惨遭误译，或者为了《圣约翰福音书》中某个神圣词语被拼错，而到处与人争论不休。

相反地，现在他为了信念而英勇奋斗。在提波流皇帝统治时期，拿撒勒的一个木匠曾经为了这些信念而慷慨献身。瞧瞧，他最后成了惟一真正的基督徒。

7

宗教裁判所

公元 1198 年，一个名叫拉托尼奥的塞格尼伯爵继承了他的叔叔保罗才坐了几年的宝座，成为新任教皇，也就是英诺森三世。

他是曾在拉特兰宫住过的最出类拔萃的人物。他就任教皇的时候年仅三十七岁。他是巴黎和博洛尼亚大学的高才生。富裕、聪明、精力充沛、雄心勃勃，他将这个职位运用得如此充分，以至于他完全可以理直气壮地宣称，他统治的“不仅仅是基督教，而是整个世界”。

他将罗马的帝国长官赶出罗马城，使他免受德国人的干预。他重新控制了意大利半岛上原本被帝国军队占据的地区。他将罗马帝国王位继承人开革出基督教会，这个可怜的王储发现他被重重的困难所包围，结果他不得不从自己的领地完全撤退到阿尔卑斯山的另一侧。

他组织了著名的第四次十字军东征，可是士兵们从未到过圣地，而是直奔君士坦丁堡而去，大肆屠杀城里的老百姓，窃走一切能搬动的东西，他们的行为是如此之残暴，以至于后来没有一个士兵敢出现在希腊港口，因为他们随时可能被当作暴徒而被绞死。对这些令少数值得尊敬的基督徒感到厌恶和绝望的天怒人怨的行径，英诺森教皇的确表示过反对。可是，他是一个讲求实际的人。他很快接受了这个不可避免的现实，任命一个威尼斯人来填补君士坦丁堡大主教的职位空缺。这个做法相当聪明，于是整个东方教会再次处于罗马教会的管辖之下。与此同时，他还赢得了威尼斯共和国的感激。自此以后，威尼斯共和国将拜占庭的领地看作是自己东部殖民地的一部分，可以随意加以处置。

同样，在精神领域，英诺森也堪称是最懂得策略、取得了最大成就的人。

而基督教会在经过一千多年的犹豫迟疑之后，终于开始宣称，婚姻不仅仅是男女之间一种民事契约关系，而且是一种最为神圣的庆典，需要牧师公开祝福才能真正生效。当法国的菲利普·奥古斯都和来昂的阿方索九世想按照自己的个人喜好来处理国内事务时，他们很快受到了警告，提醒他们注意自己的责任所在，因为他俩都是小心谨慎的人，所以很快就遵从了教皇的意愿。

即便在刚刚皈依基督教不久的北部高地，教皇也以一种确凿无误的方式早已向人们表明谁才是真正的主人。哈康四世国王（海盗们对他很熟悉，称他为老哈康）刚刚建立了一个小小的帝国，除了自己的挪威之外，还包括苏格兰部分地区、整个冰岛、格陵兰岛、奥克尼群岛和海布里地群岛。可是，他想要在自己的特陇海穆[①]大教堂举行登基大典，还不得不先向罗马法庭汇报自己有点纠葛不清的出生问题。

教会的势力就这样不断地延伸。

保加利亚国王曾经不停地屠杀希腊战俘，甚至用酷刑折磨过拜占庭的皇帝。人们绝对不会指望这么一个残暴的人会对宗教事务产生浓厚的兴趣，可是他却不远万里来到了罗马，卑躬屈膝地请求能够成为教皇的臣属。在英格兰，几个王公贵族发动政变，想要教训一下他们的国王，结果他们给这个世界带来了著名的

① 特陇海穆，挪威中部特陇海穆湾旁边的一个城市。

《马格拉宪章》[1]。可是，他们却立刻被粗暴地告知，他们的宪章是完全无效的，因为这是“他们靠武力夺取的”。紧接着，他们发现自己被开革出基督教。

从所有的这一切，我们似乎可以看出，英诺森三世绝对不会轻饶那些胆敢挑战教会律法权威的人，不论他们是头脑简单的织布工人，还是大字不识的牧羊人。

然而，还真有人敢于做这样的事情，这一点我们随后就会看到。

要使所有的异端臣服简直是太难了。

异端分子，几乎无一例外都是缺少宣传才干的穷苦老百姓。他们偶尔很笨拙地散发一点自己写的小册子，来解释宗教理念，并回击敌人的攻击。可是，当权的宗教裁判派出的侦探一个个虎视眈眈，于是这些小册子很快就落入了他们的手中，立刻被捣毁。因此，我们大多数有关异端的知识来自于费尽心机收集的那些审判他们所留下的记录，以及来自他们的敌人写的文章，这些文章的目的毫无疑义都是为了向所有真正的基督徒暴露“撒旦的新阴谋”，使得全世界都为此而愤慨，也警告人们不要走上了异端的邪路。

结果，我们得到了一幅拼凑而成的异端的画像：他留着长发，穿着肮脏的衬衫，住在贫民窟中低洼的某处空地窖里；他拒绝接受体面的基督食品，完全靠吃素菜为生；除了水之外他什么都不喝，他对女人敬而远之，常常喃喃自语，作着奇怪的预言，说什么救世主即将重新降临尘世；他谴责神职人员，说他们都是世俗邪恶之徒；他对世界万物既定秩序胡乱攻击一气，这让他那些受人尊重的邻人对他无比憎恶。

毋庸置疑，很多异端成为众人厌恶的对象，而这似乎是那些太自以为是的人不可避免的宿命。

---

① 《马格拉宪章》，英国的一些男爵（没有封地的国王的家臣）反对国王约翰增加税收，武装反对国王，后经过谈判双方签订了《马格拉宪章》。

毫无疑问，很多异端渴望过上圣洁的生活，尽管这种渴求本身几乎毫无圣洁可言。他们身上肮脏污秽，散发着难闻的气味，看起来跟魔鬼没什么两样。他们时常散布一些有关真正基督徒的奇怪理念，扰乱了家乡平静的生活。

可是让我们为他们的勇气和诚实鼓掌叫好吧。

他们获取的少之又少，失去的则几乎是全部。

他们注定要失去一切。

当然了，这世界上的万事万物都倾向于组织起来。即便那些不相信任何组织的人，如果他们想做成任何事的话，他们也必须组建一个“反组织促进会”的组织。中世纪的异端们热爱神秘，常常沉醉于情感，他们当然也不例外。自我保护的本能将他们聚在了一起，不安全感迫使他们用神秘的礼节和奇怪的仪式作为双重的屏障，将他们神圣的教义隐藏起来。

大多数忠于教会的普通群众根本无法分别这些种类繁多的组织和教派。他们笼统地称他们为肮脏的摩尼[①]教徒，或者什么别的难听的称呼，觉得这样就能解决问题。

就这样，摩尼教徒成了中世纪的布尔什维克，我当然不是用布尔什维克来指某个定义明确的政党，该党几年前成为旧俄罗斯帝国一股主要的力量。我指的是一个语义含混、界定不清，常常遭到滥用的词。现在人们将它用来贬斥所有的私敌——无论是前来收租的地主，还是将电梯停错了楼层的电梯服务员。

对于一个中世纪的上层基督徒来说，摩尼教徒无疑是最容易招致他们反对的人了。既然找不到什么正当的罪名来控告他，就指控他传播异端邪说好了。与那些进展拖沓冗长得多，同时场面也不大壮观的常规法庭审理过程相比，这种指控当然有着确凿无误的巨大优势。可是有时也难免不够准确，常常导致了许多冤假错案。

---

① 摩尼教，摩尼教是一种古代宗教，以其创始人波斯智者摩尼（约216－276）的名字命名，在几百年间是基督教的主要对手。

在可怜的摩尼教徒看来，这种卑劣的行径格外值得谴责，特别是考虑到摩尼教派的创始人——一个叫做摩尼的波斯人——正是宽恕和慈善的象征。他是位历史人物，公元三世纪的头二十五年里，他出生在一个叫做埃克巴塔纳的小镇。他的父亲帕塔克是个腰缠万贯的财主，在当地的势力极大。

他在底格里河畔的泰西芬[①]受过教育。他在那儿度过了他的青年时期。泰西芬像今天的纽约一样，是个多种语言共存的国际性城市，既有虔诚的民众，也有不信神的人，既物欲横流，又具有理想主义的精神。每一个异端、每一个宗教、每一个分立的派别、每一个来自东西南北方的教派，都能从到访美索不达米亚这个伟大的商业中心的芸芸众生中，找到不少的追随者。摩尼倾听所有不同教派的牧师和先知的讲道，然后提炼出自己的宗教哲学。其中吸取了佛教、基督教、米斯拉教和犹太教的思想，还掺杂着不少古巴比伦迷信的成分。

考虑到少数摩尼教徒将教义引向了极端，排除这些极端，可以说摩尼无非是复活了古波斯关于善神和恶神的神话，这两派神灵为了争夺人心而不断地进行殊死搏斗。他将古代的邪恶之神和《旧约》中的耶和华（因而成为魔鬼）联系起来，将友善之神和四部福音书中所揭示的天父等量齐观。而且，（此处可见佛教的影响）摩尼认为，人的肉体从本质上看是邪恶的，应该遭到鄙弃。所有的人都应该通过对肉体不断的苦修来去除世俗的野心，应该遵守最严格的行为和饮食制度，以免落入邪恶之神的魔爪而堕入地狱。结果是，他恢复了有关饮食的大量禁忌，为他的信徒量身打造了一份食谱，只能喝冷水、吃腌菜和死鱼。这一条规矩可能让我们感到诧异，可是一直以来，人们认为海洋生物是冷血动物，因而和陆地上的温血动物相比，对人类不朽的心灵产生的危害要小得多。宁死也不吃牛排的人，却心情欢畅地消费掉大量的鱼，而良心不会感到丝毫的不安。

---

① 泰西芬，古代美索不达米亚的一座城市，位于底格里斯河畔。

从对女性的歧视可以看出，摩尼是一个真正的东方人。他禁止自己的信徒结婚，赞同人类缓慢地灭绝。

至于最初由犹太教派的约翰引入的洗礼和其他的基督教的仪式，摩尼也深恶痛绝。他的信徒入会时，不是浸在水中，而是行按手礼①。

二十五岁的时候，这个奇特的年轻人开始着手向整个人类解释他的宗教理念。他首先造访了印度和中国，在这两个国家都大获成功。然后他返回家乡，开始给他的左邻右舍带来他的宗教思想和祝福。

可是，波斯的牧师们发现，摩尼教的大获成功剥夺了他们不少灰色的收入。于是，他们强烈反对摩尼教，要求处死摩尼本人。最初，摩尼得到了国王的庇护。可是，当老国王驾崩，继任者对宗教问题毫无兴趣时，摩尼便被交给了教士阶层。他们把他带到城墙处，将他钉死在十字架上，还把他的皮剥下来，并将他的皮挂在城门上示众，以此来警告那些胆敢对这位来自埃克巴塔纳的先知的异端邪说产生兴趣的民众。

由于和当权者产生了激烈的冲突，摩尼教土崩瓦解了。摩尼的一些思想片断，就如同流星一样，照亮了亚洲和欧洲的版图，几个世纪以后仍然在质朴的穷人中产生巨大的影响。这些人漫不经心地发现了摩尼的思想，仔细研究以后，居然发现它们不可思议地正对自己的胃口。

摩尼教究竟是何时，又是怎样进入欧洲的，我也不是很清楚。

摩尼教很有可能是经由小亚细亚、黑海和多瑙河一路流传过来。随后它翻过阿尔卑斯山，很快就在德国和法国大受欢迎。在那里，这个新教的追随者们给自己取了一个东方的名字，叫做“卡沙里”，或者“过纯洁生活的人”，很快这个新教的影响开始无处不在，以至于在整个西欧，“卡沙”或者“卡特”这个词几

① 按手礼，主教将手按在领受者头上，诵念经文的仪式。

乎就等同于“异端”了。

可是，请不要将“卡沙里”看作是某个特定教派的成员，并没有人去尝试建立一个新的教派。摩尼教的思想对很多基督徒产生了巨大影响，可是他们会坚决否认一切指责，宣称他们绝对是教会最虔诚的子民。这使得这种形式的异端异常危险，并且很难察觉。

对于体形巨大的微生物导致的疾病，只要有地方医疗委员会的显微镜的帮助，一个普通的医生就能够比较容易地作出诊断。

那些在紫外线照射下还能够隐身的微生物（也许它们将继承这个地球），要想不受它们的侵害，那就只有靠老天的保佑了。

从基督教会的角度来看，摩尼教无疑是一切社会流行病中最危险的一种。它使得教会的高级当权者内心充满了无名的恐惧，而与其他普通的异端造成的困扰相比，这次对摩尼教的恐惧真是前所未有的。

尽管从未高声宣扬过，但是基督教早期最坚定的一批支持者无疑已经染上了某些疾病的症状。据说，伟大的圣·奥古斯丁——这位基督教十字军最杰出的不知疲倦的勇士——竭尽全力地摧毁了异教的最后一个堡垒，可是他内心深处却对摩尼教相当神往。

公元385年，西班牙大主教普里西林①被绑在火柱上活活烧死，成为反异教徒的法令通过以后第一个牺牲品。他被指控的罪名就是有摩尼教的倾向。

甚至教会的首脑人物也逐渐受到了这个可恶的波斯教派的蛊惑。他们开始怂恿普通教徒不要读《旧约》。公元12世纪，一项著名的法令被颁布，要求所有的教士终身保持独身。这些波斯的禁欲理念很快就给一个伟大的宗教改革家留下了深刻的印象，他

① 普里西林，西班牙主教，4世纪末创立异端派别普里西林派。深受摩尼教的影响，主张苦修，提倡独身。

就是最受人爱戴的圣人方济[①]。他建立起一套严格的僧侣修行制度，倡导摩尼教般的纯洁，于是他很快就赢得了“西方的佛陀”的尊称。

当这些甘于清贫、维持心灵谦逊的高尚理念开始向普通人群渗透的时候，当世界充斥着皇帝和教皇之间要再次爆发战争的喧嚣的时候，当高举着十字军旗帜和鹰旗的雇佣军为争夺地中海沿岸寸土寸金的领地而斗得死去活来的时候，当成群结队的十字军士兵带着从朋友和敌人那儿非法劫掠而来的战利品得意洋洋回到家乡的时候，当修道院院长豢养着大批卑躬屈膝的朝臣，在华丽的宫殿过着无比奢侈的生活的时候，当教士们清晨骑马从人群中疾驰而过，去参加狩猎早餐的时候，一些令人非常不愉快的事情注定就要发生，最后也的确发生了。

对基督教现状公开的不满首先出现在法国的某个地方，这是不足为奇的。古老的罗马传统在那儿有着最悠久的历史，文明还没有遭到野蛮的彻底消解。

你可以在地图上找到它。它叫做普罗旺斯，是地中海、罗纳河[②]与阿尔卑斯山之间一个小小的三角地带。腓尼基人原先的殖民地马赛，过去是现在仍然是其最重要的港口，它拥有的富裕的乡镇和村庄为数不少。这一直是块富饶的沃土，阳光和水分十分充足。

当整个中世纪欧洲的其他地区还在聆听着浑身长满毛发的条顿英雄的野蛮故事的时候，普罗旺斯的行吟诗人已经发明了新的文学样式，这就是后来现代小说最初的雏形。而且，普罗旺斯人与来自西班牙和西西里的穆斯林邻居保持着密切的商业往来，这使得他们对科学领域最新出版的著作了如指掌，而那时这些书在整个北欧的数量非常稀少，用两手的手指头就能轻易地数清楚。

---

① 圣人方济（1182—1226），天主教方济各会的创始人。1209年经教皇英诺森三世批准，正式成立方济各托钵修会。

② 罗纳河，法国东南部的河流。

在这儿，早在进入公元 11 世纪的头十年里，呼唤回归早期基督教的运动就已经开展得如火如荼了。

可是，无论怎样牵强附会，也看不出存在任何公开反叛的迹象。的确在一些小村庄里，随处可见这样一些人：他们暗示说，教士应该和普通的教民一样，过上简单而不张扬的生活；当领主发动战争时，他们拒绝（噢，想想古代的殉道者!）参战；他们努力地想学上几句拉丁文，以便自己能够阅读和研究上帝的福音；他们不赞成死刑也是尽人皆知的；他们否认存在炼狱，尽管基督罹难六百年后，教会已经正式宣布它是基督天国的一部分；他们拒绝（最重要的一个细节）将收入的十分之一上缴给教会[①]。这些反叛行为已经挑战了教会的权威，只要有可能，教会就会把带头闹事的人抓起来，要是他们听不进好言相劝的话，有时就会秘密地处死他们。

可是，邪恶还是不停地蔓延。于是，有必要将普罗旺斯所有的大主教都召集起来商讨对策，看看究竟如何才能扑灭这些既危险又具有高度煽动性的骚动。会议如期召开，与会的主教们争论不休，一直持续到公元 1056 年。

那时的情形已经非常清楚：对异端采取普通的惩罚手段和将他们革出教会并没有产生明显的效果。那些头脑简单的乡民幻想过上一种“纯洁”的生活，即便被抓进监狱，在紧锁的铁门背后，如果他们得到一个小小的机会，能够阐释自己对基督教慈善和宽恕精神的理解，他们就会欣喜万分。即便被判处死刑，他们也无所畏惧，如同温驯的羊羔一样，大步走向火刑柱。而且，正如事实反复证明的那样，一个殉道者留下的空缺立刻就有十几个追求神圣的教徒填补起来。

教皇派出的代表坚持对异端者进行更加严酷的迫害，而当地的教士们则对自己管辖内教民的本性了解得更清楚，于是拒绝执行来自罗马的命令，并且抗议说，暴力只会使异端者的心变得更

① 指“什一税”，欧洲中世纪基督教会向居民征收的一种宗教捐税。

加坚硬，更听不进任何理性的声音，因此只会造成时间和精力的浪费。于是，教皇的代表和地方教士们的争吵持续了几乎整整一个世纪。

12 世纪后期，这场运动又从北方获得了新的动力。

一个叫做里昂的小镇，隔着罗纳河与普罗旺斯遥相呼应。小镇里住着一个叫做彼得·瓦尔多的商人。他是一位严肃的好人，为人慷慨大方，以一种近乎狂热的虔诚追随着救世主的足迹。耶稣曾经教导说，一位富裕的年轻人要想进入天国，比要一头骆驼穿过针眼还要难得多。一代又一代的基督徒绞尽脑汁，试图解释耶稣说这么一番话时究竟有什么真实的意图。彼得·瓦尔多则不同，他阅读教义，并且深信不疑。他将自己的全部家当分给穷人，从此不再过问商业，也拒绝积累新的财富。

约翰写道："汝等须自寻《圣经》。"

二十位教皇都曾就这句话发表了评论，他们仔细规定了处于何种情况下，教徒可以无须牧师的帮助而直接研读《圣经》。

可是彼得·瓦尔多并不这么看。

约翰曾说："汝等须自寻《圣经》。"

很好。于是彼得·瓦尔多就开始自己寻找。

当他发现，自己找到的事实与圣·哲罗姆得出的结论并不相符时，他将《新约》翻译成自己的语言，然后让自己手稿的抄本在普罗旺斯的土地上迅速传播。

起初，他的所作所为并没有引起太大的注意。他对贫穷的热爱看起来并不危险，他顶多有可能在别人的劝告下，建立起一种新的禁欲的修道院体系，来满足那些想过真正艰苦生活的人的愿望，这些人抱怨说现存的修道院体系太奢侈和太舒适了。

罗马非常精明地给教众找到合适的发泄途径，以免他们过于强烈的信仰惹来不少麻烦。

可是，无论做什么事情，都必须遵循规矩和先例。从这个意义上说，普罗旺斯的"纯洁的人"和里昂的"穷人"都犯下了可怕的错误。他们不仅忘了告知主教自己的所作所为，而且更进一步，大胆地宣布了一个震撼人心的教义：没有牧师的专业指导，人们完全可以成为优秀的基督徒；罗马的大主教不再有对自己统治区域之外的人们指手画脚的权力，正如鞑旦的大公爵和巴格达的王公贵族没有这个权力一样。

于是教会面临着一个可怕的两难境地，这儿我必须实话实说，在最后决定对异端采用武力之前，教会已经忍耐了很久了。

只有一种生活和思维模式是正确的，所有其余的模式统统是臭名远扬和该遭诅咒的。建立在这种理念之上的组织当然容不得自身的权威遭到了公开的质疑，一旦出现这种情况，那么它必定要采取断然的措施。

要是它不这么干的话，那么它就不可能存在下去。这种念头最终促使罗马采取果断的行动，制定了一系列的惩罚手段，将恐怖植入所有异见者的心中。

阿尔比教派（这个异端因一个叫做阿尔比的城市而得名，这个城市是这个新教义的温床）和瓦尔多教派（根据创始人瓦尔多的名字而来）所生活的城市没有多少政治价值，因而不能很好地捍卫自己。于是被不幸选中，成为第一批牺牲者。

一个罗马教廷的代表像统治被征服领地的人们一样，野蛮统治了普罗旺斯好几年。可是他被谋杀了，这就给了英诺森三世干预的借口。

他召集了一支正规的十字军来对付阿尔比教派和瓦尔多教派。

命令颁布之后四十天内加入讨伐异端的远征军，那么就可以免付债务税，一切过往的和未来的罪行都将得到赦免，并且还可以免于普通法庭的处罚。这些相当慷慨的允诺，对北欧的人们产生了巨大的吸引力。

和不远万里攻打巴勒斯坦相比，攻打普罗旺斯这样富庶的城市能够得到跟东方之行同样多的精神和经济的奖赏，而服役的时间却要短得多，与此同时收获的荣耀却没什么两样，那又何乐而不为呢？

当时，圣地已经遭到遗忘，法国北部、英国南部、奥地利、撒克逊和波兰的贵族绅士中的害群之马一窝蜂地涌向南方，借以逃避地方行政长官，顺便对富裕的普罗旺斯人展开劫掠，将他们本已空空如也的钱袋塞满。

究竟有多少普罗旺斯的男男女女、大人小孩被英勇无畏的十字军士兵绞死、烧死、溺死、砍头和肢解呢？遇难者的数字至今没有定论，我根本无从知晓究竟有多少人从地球上彻底消失。每到一处，只要是对异端进行正式的处决，我们就可以得到几个具体的数字，根据城镇规模，这些数字从两千到两万不等。

在贝济埃城被攻占之后，怎样将异端和其他人区分开来呢，士兵们一时陷入了迷茫。于是他们将这个问题留给了教廷代表来解决，他被派出随军作为精神导师。

“我的孩子，”这个牧师说道，“上前将他们全部杀光。上帝会认出谁是真正的子民。”

一位叫做西蒙·德·蒙特福德的英国人是个曾经参加过十字军的老兵。他以其花样翻新、诡计百出的残酷手段在这次攻打异端的行动中脱颖而出。作为对他赫赫战功的奖赏，在这个他刚刚大肆劫掠过的国家里，他得到了大片的土地。理所当然地，他的部下按照各自的功劳也都得到了大小不等的封赏。

至于那些侥幸逃脱了这次大屠杀的少数瓦尔多教徒，他们逃到了更加遥不可及的皮德蒙山谷，在那儿建起了自己的教堂，并且一直维持到宗教革命时期。

阿尔比教徒就没有这么幸运了。在遭遇了整整一个多世纪的鞭笞和绞刑之后，他们的名字从宗教裁判所的法庭报告中消失得无影无踪。可是，三个世纪之后，经过轻微的改头换面，他们的教义再次涌现出来，并且得到了一个叫做马丁·路德的撒克逊牧师的大力宣扬。于是，这些宗教理念导致了一场革命，打破了教廷上层阶级绵延一千五百多年的垄断统治。

所有的这些当然都是背着精明的英诺森三世做的。在英诺森看来，一切难题都已宣告结束，绝对服从的理念再次大获全胜。

在《路加福音》中有一个著名的故事：一个人想举办一个舞会，发现餐厅里还有多余的空间，而且还有几个客人没有到场，于是他命令仆人："去到大街上拉几个人过来。"这个著名的命令再次出现了。

那些异端被强行拉了进来。

可是教会仍然面临着如何让他们留下来的难题。这个难题直到很多年后都没能得到解决。

在经过了地方法庭很多失败的试验之后，一个特别的法庭在欧洲各地的首府陆续建立起来，在对付阿尔比教徒时第一次得到了应用。一切有关异端的案子全部都在它们的管辖之下。这就是后来大名鼎鼎的宗教裁判所。

即便在今天，宗教裁判所早就停止了发挥作用，可是只要提到它就足以让人们内心深处产生一种隐隐约约的不安。我仿佛看到了哈瓦那伸手不见五指的地牢，里斯本的酷刑室，克拉克博物馆里生锈的铁锅和烙铁，黄色的头巾和黑色的面具。我仿佛看到一个下巴厚实的国王，他乜斜着一眼看不到尽头的队伍，那是年老的男女正拖着脚步慢吞吞地走向绞刑架。

几本写于19世纪后半叶的畅销小说无疑与这种残忍邪恶的印象颇有关联。让我们首先从浪漫主义作者的异想天开中减去四分之一，然后又从新教的偏见中减去四分之一，我们发现宗教裁判所剩下的恐怖仍然大得惊人，足以证明一切秘密的裁判所都存在令人无法忍受的邪恶，文明社会将再也不会有其立足之地。

亨利·查尔斯·李曾经用浩繁的八卷本来阐述宗教裁判所的问题。可是，我必须将其压缩至两三页之内。因此，在如此短的篇幅之内，想对中世纪史上最为复杂的现象之一进行简要的描述，简直就是不可能完成的任务，这是因为宗教裁判所跟今天的最高法院以及国际仲裁法庭毫无相似之处。

在各个不同的国家，有着各式各样的宗教裁判所，最初创立它们的目的也各不相同。

最为有名的莫过于西班牙的皇家裁判所和罗马的神圣裁判

所。前者处理所有伊伯利亚半岛和美洲殖民地的异端问题。

后者则在整个欧洲都设有分支机构，在欧洲北部烧死圣女贞德，在欧洲南部烧死布鲁诺都是出自其手。

不过，从严格意义上讲，说宗教裁判所没有杀死一个人也不错。

当教会的法官作出判决之后，那些被定罪的异端就会被交到当地世俗政府的手上。而世俗政府则可以对他们为所欲为。可是，如果这些政府官员没有判处异端死刑的话，就会给自己惹下了大麻烦，处于极其不便之中，甚至会被教会开革出教以及剥夺教廷的支持。可是，要是犯人逃脱了死罪，并没有被交到地方长官的手上，那么他们的痛楚只会有增无减，因为他面临着终身监禁，整个余生都将在宗教裁判所某个监狱中孤独地度过。

因为在火柱上被烧死，总比在一个城堡中黑暗的地牢中慢慢发疯要好得多。就这样，很多犯人供出了各式各样自己从未犯过的罪行，指望着能被判处死罪，于是乎就能脱离苦海了。

写这样一个话题，要想摒弃一切偏见，的确是非常之难的。

五百多年来，世界各地成千上万还在睡梦中的无辜平民从床上被抓走，只因为曾经和多嘴的邻居悄悄说了些属于异端邪说的话；他们在肮脏污秽的地牢里一关就是几个月，乃至几年，等待有机会接受法官的审判，至于法官姓甚名谁、有何资格等都一概不知；甚至自己犯了什么罪也无从知晓；他们也无法知道那些告发自己有罪的证人的名字；他们无法跟亲戚交流，也无法请律师为自己辩护；要是他们抗议说自己无罪，那么就会遭到严刑拷打，直到四肢全被打断；其他的异端分子也可能作证说他们的坏话，可是如果说的是好话，那就不会被听取；最后，他们被判处死刑，却毫不清楚是什么导致了自己可怕的命运；这一切看起来是多么令人难以置信啊！

更让人想不到的是，已经死去五六十年的男男女女，可能从坟墓中被挖出来，然后以“缺席审判”的方式被判有罪；而他们的后人在他们死去一百年后还可能因为这个迟到的判决而被剥夺世俗的财产。

情况就是这样。宗教裁判所要靠没收异端的财物来维持生计。于是，只因为怀疑祖父几十年前做了些什么，就把他们的儿孙逼得去当乞丐，这类荒唐的事情屡见不鲜。

二十年前当沙皇俄国处在全盛时，只要读过当时报纸的人就会记得“密探”。密探要么曾经是乞丐，要么就是洗手不干的赌徒。他们喜欢争强好胜，而常常又愤世嫉俗。他们常常偷偷地告诉别人，正是因为心中充满忧伤苦痛，才加入了革命。他们就以这种方式博得了那些真心反对沙皇政府的人的信任。可是，他们一旦知道了新朋友的秘密，就立刻背叛了他们并向警局告密。领取赏金之后，他们就来到另一个城市，重新开始了邪恶的勾当。

在十三、十四、十五世纪时，整个西欧和南欧都充斥着这类无恶不作的“密探”。他们靠告发那些可能批评了教会或者曾经对某些教义表示过怀疑的人为生。如果附近没有异端，那么他们就生造出来。因为他们信誓旦旦地认为，任何人在严刑拷打之下都会屈打成招，无论这些人是多么的无辜。

由于允许匿名揭发那些信仰有问题的人，很多国家引入了这种名副其实的恐怖统治。哪怕是最亲密的朋友也不敢互相信任，甚至连家人都要彼此提防。

那些掌握了大量宗教裁判工作的托钵僧侣们，充分利用了告密在民众中产生的极度恐慌。几乎两百多年来，他们靠此收刮了大量的民脂民膏。

因此，可以肯定地说，宗教革命一个深层次的原因就是广大民众对那些宗教“乞丐”的痛恨。他们披着虔诚的外衣，强行闯入受人尊重的公民家中，睡最舒适的床，吃最美味的佳肴。他们坚决要求被当作最尊贵的客人来招待，并且威胁说，只要被剥夺了那些自认为是理所当然应该得到的奢侈享受，他们就会向宗教裁判所告密。于是，他们得以过着舒适的生活。

对于所有的这些，教会当然可以回应说，宗教裁判所只是承担了精神健康检察官的职责，主要任务就是防止具有传染性的错误思想在民众中散播。他们还说，对于那些无法为自己的观点负责的无知的异端，宗教裁判所是多么的宽宏大量。他们甚至可以宣称，除了那些屡教不改并再次犯罪者以及叛教者之外，很少有人被判处死刑。

可是这又如何呢？

使无辜的人变成铤而走险的罪犯的手段同样能让他迷途知返。

密探和造假者从来都是密友。

密探伪造几份文件又算得了什么呢？

8

艰难的求知

现代的不宽容，像古代的高卢一样[①]，可以分成三种：对懒惰的不宽容，对无知的不宽容和对自私自利的不宽容。

第一类可能是最普遍的，在所有的国家、所有的社会阶层都可以碰到，在偏远的小村庄和历史久远的城镇里最为普遍，而且这种不宽容还不仅仅限于人类。

我家养的那匹老马，在科里镇温暖的马厩里度过了二十五年平静的生活。可是它不愿意到西港同样温暖的牲口棚里去，这只是由于它一直生活在科里镇，对镇里的一砖一石都了如指掌，并且十分清楚地知道：每天漫步经过宜人的康涅狄格[②]风光时，它不用担心突然冒出什么怪异新奇的景象吓自己一跳。

迄今为止，科学界已经耗费了无穷时间来研究波利尼西亚岛上死去的语言，可是令人悲哀的是，对狗、猫、马、驴等的语言研究基本上被忽视了。要是我们能听懂笃德对科里镇的邻居说的话，我们就会领略最为野蛮的马的不宽容。因为笃德不再年轻，

---

① 在《高卢战记》中，恺撒从地理上把高卢人分成三种：比尔及人、阿奎丹尼人和可勒特人。

② 康涅狄格，美国一州名。

因此一切都按照自己守旧的那一套来办。它的马性很久很久以前就已经形成了，所有科里镇的方法、习俗和习惯在它看来都是对的。相反地，只要它还活着，所有西港的方法、习俗和习惯在它看来就是错的。

正是这种不宽容，使得父母对自己子女的愚蠢行径大摇其头，同时也正是它导致了“美好的旧时光”的荒唐神话。它使得野蛮人和文明人穿上不舒适的外衣，它使得世界充斥着大量胡言乱语，并视所有持新观念的人为人类的假想敌。

可是，另一方面，这种不宽容相对而言还算是无害的。

我们所有的人注定迟早要遭受这种不宽容。在悠久的岁月中，它已经导致几百上千万人离开了家园，并以这种方式将大量原先无人居住的不毛之地变成了永久的定居点。

第二种不宽容就严重得多。

一个无知的人，就以无知这一事实而言，是一个危险的人。

可是，当他试图掩盖自己缺点而在头脑中炮制借口时，他就变成了一个恐怖的人。他在内心深处建立起自以为是的堡垒，如同花岗石一样坚固。他从这个令人生畏的堡垒的制高处藐视一切的敌人（那些智慧者，不赞同他的偏见的人），要所有人说明他们为什么应该被准许活着。

深受这种苦痛折磨的人既苛刻又不仁慈。因为时刻生活在恐惧中，他们很容易变得冷酷残忍，喜欢折磨那些他们心怀怨恨的人。正是在这种人中，一种奇怪的特定人群中“上帝选民”的概念开始产生了。进而，处在这种幻觉之下的受害者通过一种虚幻的联系来增强他们的勇气，这种想象中的联系只存在于他们和看不见的上帝中，这当然是为了给他们的不宽容蒙上一层精神嘉许的色彩。

比如，这些人从来不会说，“我们绞死丹尼·狄弗[①]是因为他阻碍了我们的幸福”，或者“因为我们对他恨之入骨”，或者“我们就喜欢绞死他”。啊，当然不会这么说。他们聚在一起召开神圣的秘密会议，然后会议有意拖得很长，一开就是几个小时、几天乃至几周，来讨论这个可怜的丹尼·狄弗的命运。当最后的审判结果公之于众时，可怜的狄弗本来只不过做了点小偷小摸的勾当，却被庄重地定罪为胆敢违抗神圣意志的最可怖的人（这些意志只传给了上帝的选民，也只有他们才能够理解）。对他的处决因而就成为了一个神圣的职责，这给那些勇于给撒旦[②]的同伙定罪的法官带来很大的荣耀。

那些本性良善、心地质朴的人很容易受到这种致命幻觉的蛊惑，变得跟他们的邻居一样野蛮和嗜血，这在历史学和心理学上都是司空见惯的。

看到上千名殉难者令人悲伤的苦痛反而心情欢畅的围观群众并不是如想象中的那样全部由罪犯组成。他们是体面、虔诚的教徒。他们从自己的独特的神性出发，确信自己所做之事是令人愉悦并值得奖励的。

要是有人劝他们要宽容，他们就会对这种想法嗤之以鼻，认为这等同于可耻地承认自己道德上存在缺陷。他们也许不宽容，可是在这种情况下，他们反倒理直气壮地以此为傲。你看，在一个寒冷潮湿的清晨，丹尼·狄弗穿着橙黄色的上装和一条饰满小

---

① 丹尼·狄弗乃英国诗人吉普林于1890所写的一首诗中的主人公，这首诗得到评论界极大的赞赏，被誉为是吉普林早期最出色的作品之一。诗描述了一个名叫丹尼·狄弗的英国驻印度士兵因为被指控谋杀了自己的同伴而遭到绞刑处决的过程。而其他军人都列队观看了处决过程。有研究专家认为吉普林写这首诗是受到了1887年雷塞斯特郡军团一个名叫弗来客蒙的英国列兵在印度勒克脑地区被处死事件的启发。吉普林那时在印度，1889年返回英国。次年即1890年在美国杂志上发表本诗，后收入自己的诗集《巴拉克房诗集》中。

② 撒旦，《圣经》中的魔鬼。

魔鬼图案的灯笼裤。他缓缓地、步履坚定地向菜市场走去，他将在那儿接受绞刑。而围观的人们，一旦行刑过程结束，马上就可以返回舒适的家，吃上既有熏肉还有大豆的丰盛的早餐。

难道这还不足以证明他们的思想行为完全正确么?

否则，为什么他们会是围观的看客，而不是角色颠倒，成为被处决的受难者呢?

我承认，这种论点软弱无力，可是却相当普遍，并且难以应答。人们发自内心地认为他们的理念与上帝的理念殊无二致，无法理解为何他们也可能犯错。

剩下的第三类不宽容是由自私自利导致的。这当然是忌妒的一个变体，跟麻疹一样普遍。

耶稣来到耶路撒冷，告诉人们宰杀十几头牛羊并不能投上帝之所好。于是所有那些靠在寺庙中主持这类祭祀仪式谋生的人都将他列为危险的革命分子，结果在耶稣还没来得及对他们的主要收入来源带来任何长久破坏之前，就费尽心机将他处死了。

圣徒保罗几年后来到以弗所讲授新的教义，可是这威胁到了当地珠宝商的利益，他们靠销售本地黛安娜神的小雕像来牟利。于是，金匠协会差点就用私刑处死了保罗这位不受欢迎的入侵者。

打那以后，那些靠旧的神灵崇拜谋生的人与那些传播新的教义、试图争夺信徒的人之间爆发了公开的战争。

当我们试图讨论中世纪的不宽容时，我们必须时刻牢记，这个问题是个相当复杂棘手的问题。只是在非常罕见的情况下，我们才会发现三种不宽容只表现出一种。更多时候，在那些引起我们关注的宗教迫害的例子中，我们都能发现这三种不宽容同时现身，互相纠葛。

一个享有巨大财富、管理着成千上万平方公里的土地、拥有成千上万名农奴的组织，理所当然会把全部的怒气撒向一群贫民，因为后者正致力于建立一个简单而朴实无华的人间天堂，这当然是再自然不过了。

在这种情形下，根除异端也就成了经济上必不可少的举措，这属于第三类不宽容，也就是由自私自利导致的不宽容。

可是，当我们开始考虑另外一群受到官方百般阻挠的人，也就是科学家们，情况就变得更加复杂。

为了理解教会当局何以对试图解开大自然秘密的科学家持反常的态度，我们必须回溯到一千多年前，看看在公元一至六世纪的欧洲究竟发生了什么。

野蛮人的侵略就如同洪水般无情并彻底地横扫了整个欧洲大陆。而罗马政府的碎片在奔腾不息的洪水裹夹着的残骸中屹立不倒。可是，居住在围墙之内的社会不复存在，书籍也被滔天的巨浪卷走；艺术则被人遗忘，深深地埋藏于新的无知的泥土之下。人们的收藏品、博物馆、实验室以及经年累月才慢慢累积起来的无数的科学知识，全部都被来自亚洲腹地的粗鲁的野蛮人扔进熊熊的篝火中。

我们手头有几份公元 10 世纪图书馆藏书的目录。西方人几乎没有任何希腊书籍（君士坦丁堡除外，那时它对于欧洲中部就像今天的墨尔本[①]一样遥远）。似乎不可思议，可这些书籍的确完全消失了。亚里士多德和柏拉图著作中某些章节为数不多的翻译文本（翻译很拙劣）就是那个时代想熟悉古人思想的学者所能找得到的全部素材。要是他想学希腊文，结果会发现找不到一个能胜任的老师，除非拜占庭的某次神学辩论将一些希腊的僧侣从他们习以为常的家中赶出，迫使他们流落到法国或者意大利来寻找一个临时的避难所。

拉丁文的书籍倒是为数不少，可是其中多半是公元 4—5 世纪的书籍。幸存下来的少数经典作品的手稿遭到了极其频繁并且漫不经心的传抄。结果是，任何没有终生研究古文字学的人都无法理解其内容。

至于科学方面的书籍，可能除了一些论述欧几里德最简单问

① 墨尔本，澳大利亚城市。

题之外，就再也没法从图书馆找到其他的了。更为痛心的是，也没有人需要科学方面的书了。

那时世界的统治者以一种敌对的眼光来看待科学，不鼓励在数学、生物和动物学领域进行任何独立的研究，更不要提医药和天文学了。科学被贬低到了无人理睬的境地，人们认为它不具有任何实用的价值。

要现代人来理解这些无疑是非常困难的。

二十世纪的男女，无论对错，都坚信进步的理念。我们不知道自己能否让这个世界变得完美，可是与此同时我们都觉得朝这个目标努力是我们最神圣的职责。

是啊，坚信进步不可避免，这似乎已经成为整个国家的全民宗教信仰。

可是，中世纪的人们没有，也不可能持这种观点。

希腊人梦想世界充满了美好和有趣的事物。可惜令人痛心的是，这个梦想只持续了很短的一段时间，就被政治灾难粗鲁地打破。政治灾难如此深重地降临在这个不幸的国度，以至于后来大多数的希腊作家都变成了悲观主义者。他们站在曾经无比幸福的国家的废墟之上冥思苦想，悲观地认为人类一切的努力都不过是徒劳罢了。

另一方面，罗马的作者从他们一千多年绵延不断的历史出发得出了自己的结论。他们发现人类社会存在一个上升的发展趋势。他们中的哲学家，尤其是享乐主义者，满怀喜悦地教育年轻人未来会更幸福更美好。

可是这时基督教来了。

人们关注的中心于是从现实世界转向了彼岸世界。人们立刻陷入了黑暗的深渊，不得不绝望地听天由命。

人是罪恶的。人的天性和喜好是罪恶的。他孕育于罪恶中，诞生于罪恶中。他生活在罪恶中，死时还在忏悔自己的罪恶。

但是过去的绝望和新的绝望还是有很大的不同。

希腊人确信他们比邻人更聪明并且受过更好的教育，（也许确实如此）他们由衷地同情那些可怜的野蛮人。可是他们也从来没有将自己视为宙斯的选民，认为自己和任何别的民族迥然不同，并比他们更为优越。

另一方面，基督教从未摆脱过它的前身犹太教的影响。当基督徒将《旧约》视作自己的神圣经典时，他们顺理成章地继承了不可思议的犹太教信条：他们的种族优于所有其他的种族，并且只有那些信仰官方确立的教义的人才能有望得到救赎，而其他所有人都将堕入地狱。

这种观点无疑给那些极其缺乏谦逊精神的人带来巨大的直接利益，他们原本就将自己看作是上帝在几百万民众中垂青的极少数幸运儿。在很多危机时刻，它将基督徒变成一个团结的一体、自给自足的小社会，漫不经心地漂流在异教的汪洋之上。

对于特图连①、圣·奥古斯丁②以及任何其他忙于将基督教教义变成白纸黑字的著作的作家们而言，天涯海角发生了什么事难道跟他们有什么关系吗？实际上，他们只想抵达一个安全的海岸，在那里建起一座上帝之城。至于住在别处的人，他们究竟想完成什么工作，达成什么目标，完全不值得他们去关心。

因此，他们为自己创立了一套有关人类起源和时空限制的全新的概念。至于埃及人、巴比伦人、希腊人和罗马人所发现的那些奥秘，丝毫引不起他们的兴趣。他们真诚地相信，伴随着耶稣的诞生，所有的旧的价值全部被摧毁了。

譬如有关地球的问题。

古代的科学家认为地球的确是无数星球中的一颗。

然而基督徒断然驳斥了这种观点。在他们看来，他们所栖身

---

① 特图连（155—222），宗教领袖，早期基督教多产的作家。

② 圣·奥古斯丁（354—430），哲学家，神学家，阿尔及利亚的希坡大主教。西方基督教发展史上最重要的人物之一。他形成了基督教原罪和正义战争的概念。当西罗马帝国开始解体的时候，奥古斯丁开始形成了教会是上帝的精神之城的观念，与人类的世俗之城区分开来。

的小小圆盘乃是整个宇宙的中心。

地球是专为一群特殊的人们提供临时家园而创立的。它诞生的经过非常简单，《圣经》第一章《创世纪》对此做了详尽的描述。

可是当有必要弄清楚这群上帝钟爱的子民在地球上究竟生活了多久时，问题就变得有点复杂了。各方面都存在着为数众多的证据，既有伟大的古董和埋在地下的城市，也有绝迹的怪兽和成为化石的植物。不过，人们完全可以将这些证据彻底推翻、对其视而不见并断然否定这些证据，甚至大叫说它们根本就不存在。在完成了这些动作之后，为人类的起源确立一个具体时间就变得相当简单了。

这么一个静止不动的宇宙诞生于某年某月某日某时，也将于某年某月某日某刻走向灭亡。它纯粹是为了一个教派的利益而专门存在的。这个宇宙根本就容不下充满刨根究底的好奇之心的数学家、生物学家、化学家和所有其他关注普遍原理并探讨时空之永恒和无限的科学家。

的确，很多科学家抗议说，他们内心深处也是基督教虔诚的信徒。可是真正的基督徒自然能够明察秋毫。没有一个真诚地热爱自己的信仰并为之奉献的人有心思去了解这么多知识，读这么多本书。

一本书就足够了。

这本书就是《圣经》。书中的每一个字母、每一个逗号、每一个分号、每一个感叹号都是由受到神的启发的人写下来的。

如果有人告诉伯里克利时代的希腊人，众人心目中的神圣经典居然包括一些晦涩难懂的民族史、令人疑惑不解的爱情诗、半疯半癫的先知作出的口齿不清的预言，甚至还有好几章的篇幅都用最恶毒的语言来抨击那些不肖之徒，痛骂他们由于某种原因激起了亚洲部落神灵的怒火，那么这些希腊人就会哑然失笑。

可是，公元三世纪的野蛮人对“白纸黑字”有着最谦恭的敬仰。对他们而言，这些就是文明的伟大神秘之处。连续召开的几次基督教的公会都不遗余力地将这本书推荐给他们，说它毫无谬误、完美无缺、没有任何疏漏之处。他们也乐于将这本文献看作是人类已知的或者是希望了解的所有知识的总和。对那些胆敢违背上天，将研究扩大到了先知摩西①和以赛亚规定范围之外的大胆之徒，他们毫不犹豫地加入了对这些人的谴责和迫害的行列中。

愿意为信仰而献身的人毕竟总是少数。

与此同时，某些人对知识的渴求是如此难以压抑，以至于必须为他们激情澎湃的能量找到一个宣泄口。结果，对知识的好奇与对好奇心的压抑间的矛盾日益加剧，遭受重重阻力的知识幼苗终于生长成为一棵瘦小的树，这就是“经院学派”②。

它可以追溯到公元8世纪中叶。那时法兰克国王矮子帕兵③的妻子波纱生下了一个儿子。和国王路易比起来，这个孩子④更有资格被称为国家的圣主恩人。路易⑤耗费了国民高达80万土耳其金币的赎金，可是他对国民的忠心耿耿不但不思回报，反而

---

① 摩西，《圣经》中的人物，以色列人的首领。

② 经院学派，中世纪神学和哲学的主要形式，尤其盛行于12、13、14世纪。它既是一种方法论，同时也是一种体系，其主要目标是调和基督教神学与亚里士多德及其追随者为代表的希腊哲学之间的矛盾。

③ 矮子帕兵（714—768)，曾任巴黎市长和法兰克公爵，公元751－768年为法兰克国王。公元754年接受教皇迪芬二世的加冕。为查理曼大帝之父。

④ 指帕兵国王的儿子查理曼大帝（724—814)，768－814年为法兰克国王，他将法兰克王国的疆域扩大到西欧和中欧的大部分地区，他征服了意大利。公元800年，罗马教皇里奥三世替他加冕为西罗马帝国皇帝，和都城在君士坦丁的东罗马帝国分庭抗礼。

⑤ 路易，指路易九世（1214—1270)。法兰克国王（1226—1270年在位)，被尊称为圣路易。1248年，路易九世觉得作为教会之子的责任重于王位，于是他离开王国进行了六年的冒险。他参加了十字军第四次东征。1250年他的军队在埃及被打败，路易被俘，被迫交纳大笔赎金，后在巴勒斯坦滞留四年，1254年回到法国。1270年他参加另一次十字军远征，死于北非的突尼斯。

在自己的国家建立起一个宗教裁判所。

当这个孩子接受洗礼的时候，他被取名为卡罗斯。在很多古代文书的末尾你都能看到这个名字。签名有点潦草笨拙。卡罗斯对文字书写从来都不太擅长。孩提时代他就开始学习法文和拉丁文，可开始学习书写的时候，由于长年和俄国人和摩尔人作战，手指患了严重风湿病，使得他不得不放弃了自己书写的尝试。于是他雇佣了那个时代最好的书记员做自己的秘书，代他书写。

这个前线的老兵引以为傲的是，整整五十年间他只有两次穿上了“城邦正装”。（罗马贵族的服装）他发自内心地欣赏学术的价值，将自己的庭院变成了一个私人大学，为自己孩子和其他官员的子女提供便利。

他的身边围绕着当时世界上最知名的学者，这个新的国王喜欢在自己的庭院里度过闲暇时光。他对学术民主极其推崇，以至于他不顾一切君臣之礼，就像质朴的邻家兄弟一样积极地参与讨论，甚至连最不知名的教授都敢和他持相反的见解。

不过仔细考察一下当时他们感兴趣或者讨论过的话题，不由得让我们想起了田纳西州乡村高中辩论队所列出讨论题目。

至少可以说他们是相当天真的。公元 800 年认为正确的东西到了公元 1400 年仍然同样正确。这当然不应归咎于中世纪的学者，他们头脑的聪明劲儿跟 20 世纪的后人比起来肯定毫不逊色。可是，他们发现自己面临两难窘境，正如同现代化学家和医生得到了“完全自由”的调查权，可是前提却是不能做，也不得说任何违背 1768 年第一版不列颠大百科全书所记载的化学和医学内容，那他们还能怎么办？——那时的化学实际上还是不为人知的一门学科，而医学则简直跟屠宰牲畜没有两样。

结果是，有着巨大脑容量的中世纪科学家，只能在非常有限的范围内做试验。这让人不仅联想起劳斯莱斯的发动机安放在低档车的底盘上的情形，只要一踩油门，就会碰到无数的交通事故。按照道路规则来驾驶这个奇怪的玩意时，事故倒是没有。可是，驾驶员会变得有点滑稽可笑，只因为他耗费了无穷的精力，却发现自己哪儿都去不了。

当然了那些最出色的人对于必须遵守的限速规定几乎是无法忍受。

他们想尽一切办法来摆脱教廷警察的不断的监控。他们写下了卷帙浩繁的著作，竭尽全力证明与人们观点相反的东西，只是为了向人们暗示他们内心深处真实的想法。

他们用各种掩人耳目的假象把自己裹得严严实实：穿着奇装异服，将鳄鱼悬挂在自家屋子的天花板上，架子上则摆满了瓶瓶罐罐，里面装的都是可怕的怪物，他们将药草扔进壁炉发出难闻的怪味，使得邻居连他们的大门都不敢迈。渐渐地，众人都把他们看作是没有什么危害的疯子，于是他们可以畅所欲言，而无须为自己的言论负责。他们逐步形成了一整套科学地进行彻底伪装的办法，结果是，即便到了今天，我们也很难搞清楚他们的真实意图。

的确，在对待科学和文学的态度上，几百年后的新教徒也同样不宽容，这点跟中世纪教会的做法如出一辙。不过，这里就不用赘述了。

宗教革命者可以严厉谴责、诅咒，这固然可以让他们心里舒坦，可是他们不大可能将口头威胁变成实际的镇压行动。

至于罗马教廷则不但拥有毁灭敌人的强大力量，而且只要有需要，他们都十分善于动用这种力量进行血腥镇压。

对于那些整日沉浸在抽象思索中，一心要探求宽容和不宽容的理论价值的人来说，这种差异似乎微不足道。

可是对于那些必须作出艰难选择的可怜虫来说——他们要么当众宣布改变信仰，要么在公共场合接受鞭笞——这些差异就是一个十分现实的问题。

要是他们缺少讲真话的勇气，要是他们把时间都浪费在猜字谜游戏中的话——字谜清一色全由《启示录》中提及的动物名组成——我们不要太苛责他们。

倒退六百年，我肯定不会写这本书。

9

向印刷文字宣战

我发现书写历史是愈来愈难了。这就好比是我自幼接受小提琴的训练，人到三十五岁时，突然有人给我一架钢琴，要我靠在键盘上展现音乐才能来谋生，理由是“钢琴”也属于音乐的范畴。我在一个领域里接受训练，却要在截然不同的行当里将所学的运用到实践中去。有人教导我要根据事物既定的秩序来看待过去所发生的一切。这个世界是由皇帝、国王、大公爵、或者总统来掌管的，统治者的能力当然有高下之别。辅助或者教唆总统的有下议员、参议员和财长。而且，在我年轻的时候，大家仍然心照不宣地将国王看作前国家首脑，人们对他理应尊敬和彬彬有礼。

随后一战爆发了。

事物旧有的秩序完全被打乱了，皇帝和国王都被废黜了，负责的牧师被不负责的秘密委员会取代了。在世界上很多地方，国会的一纸命令正式关闭了天国的大门，已离世的经济学雇佣文人被视为所有古代先知的继承人。

当然，这些不会长久。但文明需要几个世纪的时间才能迎头赶上，而到那时我已不在人世了。

此时，我必须尽力而为，把事情做得最好，这并不容易。

就拿俄罗斯来说吧。大约二十年前，我在那块圣地待过一段时间，那时，送达我们手中的外国报纸，整整有四分之一的版面被涂上了肮脏的黑乎乎的东西，行话称之为“鱼子酱”。这些东西是细心的政府为遮掩国民的视线而涂上去的。

人们普遍认为这类监督是黑暗时代[①]不可忍受的余孽。我们保存了几份类似来自美国的滑稽报纸，当然被及时地“鱼子酱”化了，把它们拿给国内的人看，让他们知道这些名声在外的俄罗斯人其实是多么落后愚昧。

后来，爆发了俄国大革命。

此前七十五年，俄罗斯革命家大声疾呼自己是可怜的遭迫害的人，没有任何自由可言，为了证明这一点，他引用对投身社会主义事业的报道采取的严格监控为例。但在 1918 年，受害者变成了害人者。发生了什么事情吗？难道获胜的自由之友废除了新闻审查机制？绝对不可能。对于那些对新主人的作为未给予正面评价的报纸杂志，他们下令一律封杀，把很多不幸的编辑发配到西伯利亚或阿尔克安吉尔（没有太多的选择），而且他们的不宽容一般要比满怀恶意的牧师和“白色小神父”的警佐还要重一百倍。

我恰好生长在一个相当自由的社会，这个社会由衷地信奉弥尔顿[②]的格言，即“按照我们的良心，拥有知情、发言和争辩的自由，即为最高形式的自由”。

正如电影里说的“战争来了”，我也见证了“山上宝训”被列为危险的亲德文件，绝不允许其在上亿的当家作主的国民中间流传，凡是印制该文件的编辑和出版商都要受到罚款和监禁。

鉴于这一切，似乎放弃对历史的深入研究，而改行去写短篇小说或从事房地产行业才算明智。

---

① 18 世纪左右开始使用的一个名词，指西欧历史的中世纪早期；具体地说，指西方没有皇帝的时期（476—800）；更通常的说法是指公元约 500－1000 年之间。

② 弥尔顿（1608—1674），英国诗人。他的散文多讴歌和捍卫民权与宗教自由。被认为是英国继莎士比亚之后最伟大的诗人。

但是那就等于承认失败。于是，我还是坚持自己的工作，力图牢记，在一个法制健全的国家，每个遵纪守法的公民都有权利去表达、去思考，或说出他认为是正确的东西，只要他不干扰他人的幸福安宁，不违反文明社会的良好风尚，不触犯当地警方的法规纪律。

当然，这使我被所有官方审查机构列为敌人。据我看，警察应该多提防那些为了谋取私利而印刷的色情杂志和报纸。至于其它的，谁爱印什么就印什么去吧。

我并不以理想主义者或者改革者自居，我是一个很讲究实际的人，厌恶白费精力，并且我非常熟悉过去五百年的历史。这段历史清楚地表明，用暴力的方法镇压人们的出版印刷自由和言论自由，是没有一点好处的。

谬论就像是炸药，只有在一个狭小而密封的环境下，并遭受到来自外部的猛烈碰撞才具危险性。一个脑子里塞满了不太成熟的经济理念的可怜家伙，即使任由他去演讲，也只能吸引十来个好奇的听众，并且通常他的苦心还会遭到别人的取笑。

同一个人，如果被一个粗鲁无知的治安官戴上手铐，拖进监狱，并被判三十五年单独监禁，那么他就会成为众人同情的对象，并且最后还被敬为烈士。

但是，有一点我们最好要记住。

为邪恶的事业送命的人和为高尚事业牺牲的烈士一样多。前者是一些狡猾的人，你永远也无法知道他们下一步会做出什么事情来。

因此我想说，让他们去说去写吧。如果他们说出什么好东西，我们应该听一听，如不是的话，它们就很快被忘记了。希腊人似乎早就意识到了这一点，而罗马人在帝国时代之前也是这样做的。然而，如果罗马军队的总司令成为一个权力至高无上、半神半人的人物，成为朱比特的表亲，离普通民众远远的话，那一切就不是那么一回事了。

于是“欺君犯上”的滔天大罪便应运而生。它从奥古斯都[①]时期到查士丁尼统治时期都纯粹是一种政治上的过错，很多人都因为向皇帝进谏过于直白而被送进了监狱。但是只要不谈论皇帝本人，别的话题在罗马都是可以谈论的。

然而这一理想局面随着教会统治时期的到来宣告结束。在基督耶稣死后没几年，善与恶，正统和异端之间就有了明确的界限。在公元一世纪后期，使徒保罗在小亚细亚的以弗所[②]附近周游了很长一段时间，而以弗所的护身符和咒符非常出名。在那里，保罗传教驱恶，并且非常成功，说服了许多异教徒承认自己信奉的异教是错误的。为了表示悔意，一个天气好的日子里，他们带着所有的魔书聚集在一起，焚烧掉了这些价值一万美元的信仰秘笈，这你可以在《使徒行传》一书中的第十九章读到。

这完全是一群悔悟的罪人自觉自愿的行为，书中并没有说保罗企图禁止其他以弗所人阅读和拥有类似书籍。

一个世纪以后，才有人真正地迈出了这一步。

那时，在以弗所，一群主教聚在一起下达命令说，那本写了圣徒保罗生平事迹的书是禁书，并警告信徒不许阅读此书。

在接下来的两百年里，被禁阅的书籍很少，因为问世的书籍也很少。

然而在尼西亚[③]会议（325 年）之后，当基督教会成为整个帝国的国教，对文字的审查则成为了僧侣们日常公务的一部分。有一些书是绝对禁止的。有一些书被认为是有“危害”的，并警告说读这些书就是在拿自己的性命开玩笑。因此作者们认为，要出版作品之前，最好是先获得权威当局的认可。这就形成了一种

---

① 罗马帝国的奠基人奥古斯都·恺撒是历史上举足轻重的伟大人物之一。他结束了公元前 1 世纪期间使罗马共和国陷入混乱的内战，重新组建了罗马政府，因此他的国家内部出现了长达两个世纪之久的太平盛世。

② 以弗所，古希腊小亚细亚西岸的一重要贸易城市。

③ 尼西亚，小亚细亚西北部古城。

惯例，作者手稿必须交给当地主教审批。

尽管那样，作者还是不能肯定他的书是否可以流传于世。这个教皇认为无害的书籍，到他的后继者那里说不定就变成了亵渎神明，冒犯公共道德价值观的书籍。

然而，总的看来，这种措施有力地保护了那些作者们，使他们不至于和他们那些写在羊皮纸上的作品一起被焚烧掉。并且在书籍还是靠手抄写，出版一套三卷册的书籍需花上五年时间的年代，这项制度是相当的有效的。

然而，这一切随着约翰娜·古腾堡（又名约翰·古日弗雷西）著名的发明发生了变化。

十五世纪中期以后，一个有能力的出版商，可以在不到两周的时间内印上四五百本之多的书籍。从1453年到1500年这短短的时间内，可供西欧和北欧的人读的各种不同版本的书籍不下四万册，但是此前只有在一些藏书较多的图书馆才可以读到。

教会对书籍的急剧增长感到忧心忡忡。因为单要抓住一个读自己抄写的《福音书》的异端都很困难，何况是人手一本编辑精良的《福音书》的两百万异端分子呢？这些人直接威胁到了权威当局的所有思想，因此有必要委任一个专门的法庭，对将要出版的书籍进行检查，并断定哪些书可以出版，哪些永远也别想见天日。

于是这个法庭经常会公布一些书目，宣称这些书包含了“违禁内容”，由此还产生了一个臭名昭著的《禁书目录》，几乎和宗教法庭一样声名狼藉。

但以此认为对印刷业的监管是天主教教会独有的做派是有失公平的。由于害怕这些可能会扰乱其国家和平安宁的印刷品突然泛滥起来，许多国家便敦促本国的出版商将稿件交给公共检察机关检查，并且禁止出版任何没有官方许可标记的书籍。

但是，除了罗马，没有一个地方坚持将这一做法延续至今。这一制度在十六世纪中期以后，也做了很大的修改，那也是不得已而为之。因为印刷业发展如此迅猛，甚至最勤奋的枢机主教委员会，也就是所谓的负责检查所有印刷书籍的“禁书目录委员会”很快就力不从心了。这还不算那洪水般涌来的报纸、杂志和各种小册子，再怎么勤奋的人，都别期望在不到两千年的时间里把它们通读一遍，更何况去审查分类。

但是很少有人看到，统治者在不幸的臣民身上施加恐怖专横的统治时自己也因为专横遭到了报复。

公元一世纪，罗马帝国的塔西佗①就已经宣称，他反对迫害作者，认为那是“一件极其愚蠢的事情，事实上是为那些原本不会引起公众注意的书籍做了宣传”。

《禁书目录》恰好证实了这一点。宗教改革一成功，禁书目录就变成了那些期望彻底了解当前文学动向的人的简易指南。不仅如此，在十七世纪的时候，德国和那些低地国家②雄心勃勃的出版商还在罗马安置了许多耳目，负责获取最新的《禁书目录》。一旦他们获得信息，他们就会将其委托给专门的信使，而信使们则疾步越过阿尔卑斯山，穿过莱茵河谷，以最快的速度把这些有价值的信息传达给他们的老板。于是德国和荷兰的印刷所就开始工作，夜以继日地将这些特别的版本印刷出来，以极高的价格出卖以谋取暴利，并且还由一群职业的书贩将其走私到被禁地区。

不过能够偷运过境的书籍还是非常有限，并且在意大利、西班牙、葡萄牙这些不久前还在执行《禁书目录》的国家，这项镇压政策的效果还是比较显著的。

如果这些国家逐渐在追求进步的竞赛中落后了，是不难找出其原因的。在这些国家里，大学生们不仅被剥夺了读外国课本的权利，而且被迫使用的国内书籍也是质量低劣的货色。

最糟糕的是，《禁书目录》挫伤了人们严肃认真地投入到文学和科学中去的积极性。因为没有一个有头脑的人愿意辛辛苦苦写出一本书，却被一个无能的检察官“修正”得体无完肤，或者

① 塔西佗，古罗马元老院议员，历史学家。

② 低地国家，指荷兰，比利时，卢森堡。

被宗教法庭那无知的书记官校订得面目全非。

因此，他宁愿去钓钓鱼，或是到酒馆里玩玩多米诺骨牌消磨时光。

或者，在对他自己和对自己的民族都非常绝望的情况下，坐下来写下唐吉诃德[①]的故事。

① 唐吉诃德，西班牙作家塞万提斯（Cervantes）所著同名小说及其主人公。

10

一般历书的写法与本书的写作

对于那些读腻了现代小说的人们，我极力推荐伊拉斯谟[①]的信件，那里边经常会有一些老生常谈式的警告，是一些比伊拉斯谟这位渊博的学者还胆怯的朋友写给他的。

“听说您在考虑写一本关于路德派之争的小册子，”某位大学教师写道，“请务必谨慎对待，因为您一不小心就会触犯教皇，他可是一心愿您平安无事。”

又或者：“一位刚从剑桥回来的朋友，告诉我您准备出版一本短文集。看在老天的分上，千万不要惹皇帝陛下不高兴，他会让你吃不了兜着走。”

一会儿是鲁汶[②]主教，一会儿是英格兰国王，一会儿是索邦神学院[③]教师，一会儿则是剑桥大学可怕的神学教授，这些人都需要小心伺候，否则作者就会失去收入，失去必要的官方保护，或落入宗教法庭的魔爪，葬命车轮。

如今，轮子（除了转运之用）已经沦为博物馆古董藏品之

---

① 伊拉斯谟（1466—1536），荷兰文艺复兴时期学者，罗马天主教神学家。他试图使古代的古典经文复兴，恢复基于《圣经》的朴素的基督教信仰，消除中世纪教的一些不当行为，他的作品包括《基督教骑士手册》和《愚人颂》。

② 鲁汶，比利时中部的一个城市。

③ 巴黎大学的前身。

列。宗教法庭也已关闭了好几百年，对献身于文学事业的人来说，官方保护已经没有什么实际价值了，而历史学家聚到一起时，几乎不会提到“收入”一词。

但是，一旦有传言说我要写一部“宽容的历史”，另一种劝告和建议便纷至沓来，进入我的蜗居陋室。

“哈佛大学已经拒绝了一黑人女学生入住宿舍，”哈佛的一个秘书官写道，“请一定要在您即将问世的书中提到这件令人遗憾的事情。”

再或者，“马萨诸塞州弗拉明戈市一位杂货店老板公开宣布信仰罗马天主教，地方三 K 党已经开始了对他的抵制，您一定想在写宽容的故事的时候，对此说上几句吧。”

如此等等。

毫无疑问，所有的这些事件都非常愚蠢、非常无聊，完全应该受到斥责。但是它们恐怕不属于有关宽容的著作的写作范畴。这些只是不良作风和缺乏高尚公共精神的体现。与官方的不宽容形式大不相同，官方的不宽容与教会和国家立法紧密结合，使迫害成了所有良民百姓的神圣职责。

正如贝奇霍特①所说，历史应该像伦勃朗②的蚀刻画。对那些选定的、最美好最重要的事物，应该用生动的光线来表现，而其余的部分，则隐没在黑暗中，无人可见。

现代不宽容精神也多次愚蠢地爆发过，新闻报道如实地记录了这一切，即使在这样的报道中，人们仍然能看到更加光明的未来。

因为已往被认做是不辩自明、用一句“一直如此”的话语一笔带过的事情，到了如今就成了激烈争辩的话题。对那些我们的父辈和祖辈认为是荒诞不经和不切实际的思想，我们身边经常会

---

① 贝奇霍特（1826—1877），英国经济学家，报纸编辑。

② 伦勃朗（1606—1669），荷兰巴洛克风格艺术家，西方历史上最伟大的画家之一。

有人挺身而出为之辩护，而且在与某些极其可恨的群氓思想的斗争中，他们通常能够大获全胜。

本书要力求简短。

我不想专写当铺老板的自私势利，优越的北欧人渐已削弱的自豪感，偏远地区福音传道者的愚昧无知，农民教士、巴尔干拉比的顽固偏执。这些有着糟糕思想的好人总在我们身边。

但只要没有国家的官方支持，他们就相对无害，而且在大多数文明国度，已经杜绝了这种可能。

在任何特定的社会环境，个人不宽容是一个非常讨厌的东西，它所带来的危害比麻疹、天花和饶舌的妇人加在一起还要大。但个人不宽容不会有它自己的刽子手。假如它担当起刽子手的职责，像偶尔会发生的那样，它就把自己置身于法律之外，理所应当地成为警察监督的对象。

个人不宽容不操控监狱，不能规定整个国家国民的思想、言论、以及吃喝住行。如果它试图这样做，它就会引起所有安分守己的百姓的巨大愤慨，以至新的法令就变成一纸空文，即使在哥伦比亚区都无法执行。

简而言之，在自由的国家里，个人不宽容只能以大多数公众的关注范围为限，不能超过这个限度。然而事实上，官方不宽容则是无所不能。

它不认可任何高于自己的权威。

它爱管闲事，对于由自己的专横跋扈造成的无辜受害者，从来不给任何形式的补偿，且不容分说。它通过借助神灵来支持自己的决定，然后着手解释上天的旨意，似乎解开存在之谜的钥匙，只归选举获胜的当权者独有。

如果在本书中“不宽容”一词只用于指代官方的不宽容，如果我对个人不宽容的注意力不够，还请见谅！

我一次只能做一件事情。

11

文艺复兴

美国有一个知识渊博的漫画家总是喜欢问自己这样一个问题：台球、纵横字谜、低音大提琴、衬衫、擦鞋垫是怎么看这个世界的呢？

然而我倒想知道，被命令去操作现代攻城炮的人到底是个什么样的心理。战争期间，有许多人执行了许多奇怪的任务，但是这世上有比开贝尔塔巨炮①更可笑的工作吗？

其他士兵都或多或少地知道自己在干什么。

一个飞行员可以根据迅速蔓延的火光判断他是否击中了煤气厂。

潜水指挥官在战斗几个小时后返回战场，可以根据水上的漂浮物的多寡来判断到底战果如何。

趴在战壕里的可怜虫，在意识到仅仅因为自己的坚持不懈，他至少守住了阵地时，也会感到心满意足。

甚至那攻击不可见物体的野战炮兵，也可以打电话问他那藏在七里之外的一棵枯树上的同伴，目标教堂塔楼是否有击垮的迹象，问他是不是应该换个角度再试上一次。

---

① 贝尔塔巨炮，第一次世界大战期间，德国人研制出的专门用于攻克堡垒的大炮。大炮长 7 米，直径 420 毫米，炮身连同炮车重达 120 吨，能将近 1 吨重的炮弹发射至 14.5 公里外。

但是那些操作巨型炮的弟兄们却都生活在自己那奇怪而不现实的世界里。即使有资深弹道学专家的帮助，他们也无法预见其高高兴兴地射出去的子弹的命运。有的可能精确击中了既定目标，有的落在某个火药厂的中间或是击中堡垒的中心。但也有可能击中了教堂、孤儿院，或者静静地躺在了河里或埋在了石坑里不造成任何破坏。

在我看来，作家和攻城炮手有许多相同之处。他们也控制着某种“重型大炮”。他们有可能用“文学”这颗炮弹，在人们最意想不到的地方引发一场革命或是酿成一场大火灾。然而更多的时候，他们也只是一些可怜的“哑弹”，静静地落到某块地里不造成任何危害，最终变成废铁，或者被人们铸成伞架和花盆。

的确，历史上没有哪一个时期如“文艺复兴”时期那样，在极短的时间内用掉那么多纸浆。

意大利半岛上的每一个托马索、里卡多、恩里克，条顿大平原上的每一个托马修斯博士、里卡都斯教授、多米尼斯·海因里都争先恐后出了自己的书，并且用那十二开的纸张印上至少一打，更不用提那模仿古希腊人写一些优美的十四行诗的托马西诺们，那乐于从罗马祖先那里学写颂歌的里卡蒂诺们，还有那不计其数的古硬币、雕塑作品、肖像画、图片、作家手稿、古盔甲的收藏爱好者。在近三百年时间里，这些人每天都忙于从古代的废墟中挖出他们所要的东西，并将其分类、整理、绘表、登记入册、归档然后编撰成册、最终付梓印刷，并且用的是对开本，书中还配上了最精美的铜版画和精致的木刻。

人们的这种求知热情，无疑对弗罗本、阿尔杜斯、埃提恩尼等家族的人以及其他新兴的印刷公司来说是大大有利可图的，他们靠着古藤堡[①]的发明（事实上这个发明彻底毁了古藤堡自身）发了大财。但是另一方面，文艺复兴的成果并没有对十五、十六世纪的作家们所生活的世界产生太大的影响。能够贡献出新思想

① 古藤堡，德国活版印刷的发明人。

的杰出人物，只是少数几个手握鹅毛笔的英雄，就像我们那些开大炮的朋友一样，有生之年很少有人会知道自己取得了多大的成功，也无法预料到其作品对社会造成了多大的损害。但是毕竟，他们摧毁了那横亘在进步道路上的种种障碍。我们应该永远感激他们，是他们彻底清除了众多精神垃圾，否则它们将继续阻碍我们思想的发展。

然而，严格说来，文艺复兴开始并非一次“向前看”的运动。它极端厌恶刚刚过去的一切，认为上一代人的作品是“野蛮之作”（或“哥特式野蛮”，因为哥特人和匈奴人同样声名狼藉）。它的主要兴趣则集中在浸透了神奇“古典精神”的艺术品上。

然而非要说文艺复兴为人的良心自由，为宽容的事业或为建立一个更美好的世界发出了重重的一击的话，那也不能说是出自领导人物的本意。

早在这之前，就曾有人质疑罗马的主教对波希米亚农民和英国自耕农的支配权：罗马主教有什么权力规定这些农民做祷告时用什么样的语言，应该以什么样的精神来解读耶稣的教诲，该为纵欲付出怎样的代价，该读什么书，该怎么样培育子女呢？他们公开对抗这个超级国家的强权，然而却被击得粉身碎骨。即使他们以民族事业的名义而战，还是终究难逃失败的命运。

伟大的约翰·胡斯[①]尚未熄灭的骨灰被耻辱地扔进了莱茵河，这显然是在警告世人：教皇的统治仍然是至高无上的。

威克利夫[②]的尸体也被刽子手给烧掉了，似乎是在昭示莱切斯特郡卑下的农民，枢密院和罗马教皇的统治甚至可以延伸到坟墓里。

很显然，公开的对抗是行不通的。

“传统”这座坚固的堡垒，是在一千五百多年的漫长岁月里，用无限的权力逐渐精心建立起来的，是无法攻破的。在这神圣的

① 约翰·胡斯，捷克宗教改革家和爱国者，最终被火刑烧死。

② 威克利夫，英国神学家，欧洲宗教改革运动的先驱。

堡垒里，从来不缺乏丑闻。三个教皇之间总是争战不断，个个都宣称自己是圣徒彼得的惟一合法继承人；罗马和阿维尼翁[①]的法庭腐败不堪，因为在他们的法庭上，法律不是用来被遵守的，而是专给有钱人违反的；修道士的生活糜烂败坏到极点；还有一群唯利是图的人，利用人们对炼狱与日俱增的恐怖心理，从那死了孩子的可怜父母手里敲诈大笔钱财，因为没有父母愿意让自己的孩子遭受炼狱之苦。尽管所有这一切大家都心知肚明，但是却从来没有真正意义上威胁到罗马教会的存在。

但是也有一些人对宗教事务毫无兴趣，对教皇或者主教也没有什么特别不满，然而他们无意间开了几炮，却最终导致这座古老的大厦轰然倒塌。

那个来自布拉格的“瘦弱而面容苍白的人”（指约翰·胡斯），有着高尚的基督教理想，却没有完成他应该完成的任务，反而由一群混杂的贫民百姓完成了。这些人别无他求，于生于死（最好是享尽天年）只为能诚心地做善事，做教会虔诚的子民。

他们来自欧洲的各个角落，代表了各行各业的人。要是有一个历史学家告诉他们在做什么事情的话，他们无疑会非常恼火。

以马可·波罗为例。

众所周知，他是一个伟大的旅行家，他一生中见过无数美妙绝伦的风光。然而，每当他向邻居们说起那如塔一般高的金灿灿的御座，那可以从波罗的海一直延伸到黑海的花岗岩城墙时，他们总是捧腹大笑并调侃地称他为“百万美元马可”，因为他们一辈子都局限在西方城市的狭小地域内，从未见识过什么大场面。

这个小个子也许有点束手无策，然而不管怎样，他在历史发展过程中扮演了一个非常重要的角色。他算不上什么作家，和他同一阶层、同时代的人一样，对文学也带有偏见。他们认为真正

① 阿维尼翁，坐落在巴黎与蓝色海岸之间，也是普罗旺斯省的必经之门。它是法国最美丽的城市之一，14 世纪时曾是教廷所在地，当时的宫殿一直保存到现在。

的绅士（甚至是一个对复式记账法再也熟悉不过的威尼斯绅士）应该舞刀弄剑而不是拨弄鹅毛笔。因此马可·波罗是不愿意成为作家的。然而一场战争使他进了热那亚的监狱。为了消磨监狱时光，他把他一生奇怪的经历说给和他同在一室服刑的一个可怜的小文人听。欧洲人也借此间接了解到了很多他们原本不知道的东西。

虽然马可·波罗头脑简单，坚信他在小亚细亚曾看到有座山被一个虔诚的圣徒移动了好几英里，以此向那些异教徒证明“虔诚的信仰有多大的力量”；他还轻易就相信了那时广为流传的关于“无头人”和“三脚鸡”的故事，但是他讲述的游历经历对教会地理学理论的颠覆，胜过此前一千二百多年里所发生的一切。

当然，马可·波罗直到死都是教会虔诚的信徒。如果有人试图将他和他差不多同时代的罗杰·培根相提并论，那他肯定会怒不可遏。因为培根是一个不折不扣的科学家，由于强烈的求知欲，他被迫十年未与写作沾边，并且“享受”十四年的牢狱之灾。

但是两个比较起来，马可·波罗还是更具危险性。

因为，随着培根追逐天上的彩虹，琢磨可能颠覆那个时代神圣思想的进化论的人恐怕十万人中也只有一个，而每一个稍微学了点 ABC 的普通百姓就可以从马可·波罗那里了解到，这个世界上还存在着连《旧约》的作者想都不曾想过的事物。

在这里，我并不是说在世界未曾获得丝毫自由之前，仅仅出版一本书就足以反叛传统《圣经》的权威。大众的启蒙教化，从来都是历经好几百年艰苦准备的结果。但是探险家、航海家以及旅行家们那通俗易懂的解释说明，人们都可以理解，这为贯穿于文艺复兴后期典型的怀疑精神的兴起起了重大的作用，并且有了这种怀疑精神，人们开始敢于说敢于写那些以前不敢碰触的话题。而就在不久之前，发表这些言论就足以使他们陷入宗教裁判所的魔爪。

以薄伽丘[①]的朋友们在他们“愉快”的流放生活的第一天听到的奇怪故事为例。故事是这样的，有人认为所有的宗教体制都对错参半。然而，如果真是这样，即所有的宗教制度都对错参半，那为什么还要凭那些既无法证实也无法否定的观点就判人绞刑呢?

了解著名学者洛伦佐·维拉的探索更是让人称奇。洛伦佐·维拉生前是罗马教会机构中受人尊崇的人物。在钻研拉丁文的过程中，他无可辩驳地证明了“君士坦丁大帝曾将罗马、意大利以及西部其他省份赠送给教皇西尔维斯特的”的说法（从这以后，历代教皇据此认为自己是整个欧洲的最高统领）完全是一场拙劣的骗局，那只是皇帝死后的几百年，由教廷里一个不知名的小官杜撰出来的。

再回到更加实际一点的问题上来。看看圣·奥古斯丁思想熏陶下的虔诚的基督教徒。奥古斯丁教导他们，谁相信在地球的另一端也有人存在，就是在亵渎神灵，是异端分子，这些卑贱的人是无法看到基督再次降临的，因此没有理由活在这世上。然而当1499年瓦斯科·达·伽马从他首次印度群岛远航归来，描述起他在地球另一端发现人口稠密的王国之时，这些虔诚的信徒又该怎么看待这一教义呢?

还有这样一些朴素的人们，他们总是被灌输这样的思想：我们的世界是一个平平的圆盘，而耶路撒冷则是宇宙的中心。然而，当小“维多利亚”号完成它的环球航行归来，告诉人们《旧约》中的地理学理论有很多相当严重的错误时，他们该相信谁呢?

在这里我重申，文艺复兴并非一个自觉钻研科学的时代。令人遗憾的是，它在精神领域也缺乏真正的兴趣。在这三百年间，任何事情都是被人类追求美和享乐的欲望所支配的。虽然教皇们

---

① 薄伽丘（1313—1375），意大利作家、人文学者，历史上最伟大的作家之一，其最著名的作品是《十日谈》。

通常会对一些臣民所持的邪恶的异端学说暴跳如雷，但是只要这些反叛者碰巧非常健谈或者懂点绘画、建筑的话，他们也会欣然邀请这些人共进晚餐。而那些对美德的狂热追求者，如撒沃那罗拉[①]和年轻的不可知论者则有牺牲其生命的危险。不可知论者很聪明，在他们的诗歌和散文中，用严厉的措辞而非平和的语言猛烈地冲击了基督教信仰的基本观点。

这里人们表露出的是对生活的新的向往，毫无疑问那里面涌动着一股强大的不满的暗流——对现行社会制度的不满，对全能的教会严酷束缚人类理性发展的不满。

从薄伽丘到伊拉斯谟，中间间隔了差不多两百年。在这两百年间，抄写工们和印刷工们从不得空闲。除了教会自身出版的书以外，很难找出一本重要著作不含沙射影地提到这个世界已经陷入无可救药困境，希腊、罗马的古老文明社会已不复存在，取而代之的是随着野蛮部落的入侵带来的混乱、无序的无政府状态，整个西方社会都已处在那些愚昧无知的僧侣的掌控之中。

和马基雅弗利[②]以及洛伦佐·美第奇[③]同时代的人对伦理道德并非那么特别感兴趣。他们都是讲究实际的人，最善于利用现实世界。表面上他们和教会和睦共处，因为他们知道那是一个非常强大而影响深远的机构，有可能对他们造成巨大的伤害。因此他们从不有意识地参加任何改革的尝试，也不对统治他们的制度提出质疑。

但是他们对于过去发生的事情那永不满足的好奇心，对新激情坚持不懈追求，那思想活跃的头脑，促使世人从笃信“我们知

---

① 撒沃那罗拉（1452—1498），意大利宗教改革家，主张重整社会道德，提倡虔诚修行生活。

② 马基雅弗利（1469—1527），意大利政治理论家，著有《君主论》，主张为达到政治目的可以不择手段。

③ 洛伦佐·美第奇（1449—1492），意大利银行家和政治家，文艺复兴时期艺术和学术的主要支持者。

道”到开始扪心自问“我们真的知道吗”。

这一声肺腑之言比彼特拉克[①]所有的十四行诗、拉斐尔[②]所有的作品更加值得后人纪念。

① 彼特拉克（1304—1347），意大利诗人和人文学者，被人认为是最早的现代诗人。

② 拉斐尔（1443—1520），意大利文艺复兴时期的作家。

12

宗教改革

现代心理学教会了人类很多有用的东西。其中之一便是，人类实际上在做任何事情时都很少只受某一个动机的驱使。不管是捐一百万美元给一所新建的大学，还是拒绝给流浪汉哪怕是一枚硬币；不管是我们宣称只有国外才有真正精神自由，还是发誓再也不离开美国的海岸半步；不管我们是否坚持将白的说成黑的、黑的说成白的，总有许多各种不同的原因促使我们做出这样那样的决定，并且我们的内心也深知这一点。但是如果我们真的把这些原因原原本本地说出来，那么通常都会落得个名誉扫地的下场。我们本能地选择所有动机中最体面的、最值得称道的，并稍加修饰一番，以迎合大众口味，接下来才公之于众——“这就是我为什么这样或那样做的原因”。

一再证明，这样做大多数时候可以愚弄到大多数人。然而，到目前为止，还没有一个人发现一种可以欺骗到他自己哪怕是几分钟的方法。

对这样一个让人尴尬的事实，我们都很清楚。因此，自从有了人类文明以来，人们就达成了默契，即在任何情况下都不要公开提及这一点。

然而私下我们怎么想，那则是我们自己的事。只要表面上表现得让人尊敬，我们就非常满意了，并高高兴兴地按照这样的原则行事：“你不拆穿我撒的谎，那我也不拆穿你的。”

然而人的天性是没有什么礼数可言的，它是这一通用行为准则的一个极大的例外。正因为此，天性难得进入神圣的文明社会之门。因为迄今为止，历史还只是少数人的消遣，所以可怜的缪斯女神克莱奥过着一种非常枯燥无聊的生活，特别是与她那些不如她受人尊敬的姐妹们相比，更显得无聊至极。因为她的姐妹们自古以来就可以唱歌、跳舞并且还应邀参加各种宴会等。这自然使得可怜的克莱奥[①]懊恼不已，因此她再三用她那微妙的方式实施了一些报复行为。

这绝对是人类天性的一种，但也是非常危险的一种，通常会浪费大量人的生命和财产。

因为每当这个老妇人告诉我们那存续了几个世纪的成套的谎言时，整个世界的和平与幸福就会被扰乱，我们的地球定会顷刻笼罩在遍地的战火浓烟之中。于是骑兵团开始四处横冲直撞，而长长的步兵部队也浩浩荡荡向前开进。这样，还没等战争结束，打仗的人完全返乡或者被抬进坟墓，整个国家就已满目荒凉，巨额的国库财产则早已消耗殆尽。

如前所述，我们同行的一些人开始慢慢认识到，历史不仅是一门科学也是一门艺术，因此是受亘古不变的自然规律支配的。然而迄今为止，人们只在化学实验和天文观测时遵循这些自然规律。所以，我们现在发起一些有益的科学大扫除，这将使我们的子孙后代受益无穷。

这也最终使我回到了我在本章开头提到的题目：宗教改革运动。

直到不久前，对于这场社会和精神大变革只有两种看法。要么全盘肯定，要么全盘否定。

坚持前一种观点的人认为，改革是那一群高贵的神学家们宗

① 克莱奥，希腊神话中的九位古老的女神之一，她们代表通过传统的音乐和舞蹈、即时的和流传的歌所表达出来的传说。她们是海林肯山的泉水的水仙。在罗马时代，人们认为每一位缪斯掌管一门艺术，而克莱奥掌管历史。

教热情的突然爆发。他们为罗马教皇独裁统治下的邪恶与唯利是图深感震惊，于是就建立起他们自己独立的教会。在那里，他们为那些真心实意想要做忠实基督教徒的人传授真正的信仰。

而那些仍然忠实于罗马的人则就不那么热衷于此了。

宗教改革，在那远在阿尔卑斯山另一边的学者们看来，只是那些可鄙的王公贵族们，为了摆脱婚姻、占有原本属于教会的财产而策划的受万人诅咒和谴责的阴谋。

一如既往，两方各有对错。

改革是众多动机各异的人共同作用的结果。并且直到最近，我们才真正认识到，其实宗教上的不满仅仅只在这场社会动荡中起了非常次要的作用。事实上，这场改革是一场不可避免的社会、经济大变革，只不过带有一些神学色彩罢了。

当然，比起告诉我们的后代，菲利普亲王[①]是一个诡计多端、肆无忌惮的政客，曾在对其他基督教徒发起的战争中，欣然接受异教的土耳其军队的援助，他们更容易相信他是个有道德的人、一个极其开明的君主，并对改革后的教义有极大的兴趣。结果，几百年来，我们的新教徒就把这个野心勃勃的伯爵塑造成了一个宽宏雅量的英雄，对他希望看到黑森家族取代自古以来掌权的宿敌哈不斯堡家族则只字不提。

另一方面，比起将教皇克莱蒙描绘成一个典型的美弟奇家族[②]（当时美第奇家族认为宗教改革只是那喝醉了酒的德国僧侣

---

① 菲利普亲王，这里指德意志新教领袖。16世纪20年代宗教改革运动席卷德国，他则站在路德一边，后来和德意志北部和东部的一些公爵结成防御联盟，并成为了这一尖角集团的领袖。曾因重婚罪受到皇帝的审判。

② 美第奇家族，出了三个教皇（利奥十世，克莱蒙七世及利奥十一世及两个法国皇后凯瑟琳·美第奇和玛丽·美第奇）的意大利贵族家庭。“大”科西莫（1389—1464）是这个家庭中第一个统治佛罗伦萨的人。“高贵的”洛伦左（1449—1492）是一位杰出的学者与艺术家的赞助人，受到其赞助的包括米开朗基罗和波提比利。

间的一场不体面的争吵，并且他还利用教会的权力为意大利祖国谋取更多的利益）的王公，把他写成是一个慈爱的牧羊人，一个不惜使出最后的力气阻止羊群（这里喻指他的教徒们）误入歧途的人则容易得多。因此，当我们看见这个富有传奇色彩的人物，笑意盈盈地出现在天主教的书籍中的时候，也无需感到惊奇了。

但是，这种故事也许在欧洲是必要的，然而我们这些在新大陆幸运地安居下来的人，则无须坚守我们那欧洲祖先们的错误看法，并大可以自由地得出一些自己的结论。

黑森家族的菲利普是路德的挚友和支持者，他有着强烈的政治野心，但并不能以此认为他的宗教信仰不够虔诚。

绝对不能下这样的结论。

当他在1529年那份著名的“抗议书”上签上名字的时候，他就和其他签上名字的人一样，知道自己将“暴露在这场猛烈血腥的暴风雨中”了，并且可能在恐怖的断头台上了结一生。

如果他并非一个有着非凡的勇气的人，那么他可能永远也扮演不了他实际扮演的角色。

然而，在这里我想说明的是：判断一个历史人物（或者任何我们的近邻）的功过，如果不深入考虑那些激发他去做什么事或者放弃做什么事的这样那样的动机的话，是非常困难的，甚至可以说几乎不可能。

法国有一句谚语：“了解一切就是宽恕一切。”这个说法似乎太简单了一点。我倒愿意做点补充：“了解一切就是理解一切。”在这里我们大可以把这定夺“宽恕”之事留给我们仁慈的主，多年来也只有他有宽恕别人的权力。

与此同时，我们自己可以尽力谦卑地去“理解”，能够做到这一点，对本身能力有限的人类来说则已足矣。

绕了半天，现在让我们再回到宗教改革运动上去吧。

据我对这场运动的“理解”，它主要是一种新的精神体现，是前三百年间政治、经济发展的结果，后来被称作“民族主义”，也因此，它成了那个五百年来一直统治欧洲所有国家的超级国家的不共戴天的敌人。

如果不曾有这样的同仇敌忾，那么要想德国、芬兰、丹麦、瑞典、法国、英国、挪威人紧密地联合成一体，形成足够的力量去推翻长期监禁他们的监狱高墙，则是永远不可能的事情。

如果这相互嫉妒、猜忌的各种权力实体，不曾暂时地被一个更加重要的理想，一个远比个人恩怨和抱负更重要的理想统一在一起的话，那么宗教改革运动也根本不可能取得成功。

那样，这场宗教改革只能退步成一系列小规模的地方起义，只需一群外国雇佣兵加上那么几个精力旺盛的宗教法官就可以轻而易举被镇压下去了。

并且改革的领导者则可能重遭胡斯的厄运。其追随者们可能也惨遭杀戮，正如之前韦尔多教派①和阿比尔教派②的人被残酷杀害一样。而教皇统治集团则不费吹灰之力获得了又一次胜利，随之而来的便是一个对“违反纪律”之人进行的施里克里克特式（意为恐怖）统治的时期。

尽管如此，这场伟大的改革也仅仅只能说是在很低程度上取得了成功。一旦取得胜利，曾经威胁所有反叛者生命安全的因素解除，新教徒的阵营就分裂成了无数敌对的小集团，并重犯他们的敌对势力在全盛时期犯下的错误，只是在规模上小得多罢了。

一个法国修道院院长（很遗憾我记不起他的名字了，但他绝对是一个明智的人）曾经说过，不管人类做了什么，我们必须学会去热爱它。

四百年后的今天，我们再次回顾那个充满希望，然而更多是失望的时代，想想那些为了一个从来不曾实现过的理想，在战场上、在断头台上无谓牺牲生命的男男女女；那为了自认为神圣的

---

① 韦尔多教派，原为12世纪起源于法国的宗教运动。现指流行于法意边境地区的瑞士基督教派。

② 阿比尔教派，12世纪和13世纪法国南部的新教徒教派成员，在中世纪宗教法庭活动期间作为异教派而遭到根除。

事物而做出牺牲的无数不知名的普通公民们；还有那试图争取一个更加自由而光明的世界，结果却一败涂地的新教主义运动，这一切都在使我们的博爱之心经受最严峻的考验。

坦白地说，新教主义运动，不仅带走了这个世界原本美好与高尚的东西，而且还带来了狭隘、仇恨以及丑陋的东西。它不但没有使人类历史向着简单而和谐的方向发展，而且还使其变得更加复杂、混乱不堪。然而，与其说这一切都是宗教改革的错，还不如说是大多数人固有的思维弱点造成的。

他们拒绝匆忙行事。

他们根本不可能跟上领导者们的步伐。

他们心中不乏美好的愿望，并且最终他们都会穿越那引领他们到达新的世界的桥梁。但是他们会等待适当的时机，并且尽可能多地保留先辈们留下来的传统。

结果，旨在建立基督教徒个人与上帝全新的关系、废除旧时代的偏见和腐败的宗教改革，被它那些忠实的追随者们背负的中世纪的包袱搅得混乱不堪，走到了进退两难的境地。并且很快它自身也整个地成为了那个它曾深恶痛绝的教皇制度的翻版。

这就是新教主义运动的重大悲剧，无法从它大多数追随者平庸的智慧中超脱出来。

也因此，欧洲北部和西部人们的改革并没有像预想的那样取得长足进展。

那个永远不会有错的人没有了，宗教改革又给世界带来了一本不会有错的可靠的书。

之前，由一个至高无上的统治者当权的局面不复存在了，又出现了许多小当权者，个个都以他们特有的方式实现这种至高无上的权力。

改革并没有明确地将基督教世界区分为两半，没有区分哪些属于基督教范畴，哪些不属于；哪些是虔诚的基督教徒，哪些是异端分子。它造成了不计其数各执己见的小集团的产生，这些小集团除了强烈的仇恨与自己持不同意见的人以外，没有任何共同之处。它没有建立起一个宽容、和谐的统治局面，而是效仿早期的教派，一旦获得权力，就用那无数的教义问答手册、教旨和忏悔书筑起一道坚固的防线，以巩固自己的统治，并且它还向那公然反对官方教义的人发起残酷的战争。

这一切无疑都太让人遗憾了。

但是，鉴于十六、十七世纪的思想发展水平，这也是不可避免的。

如果要形容像路德、加尔文这样的领袖的勇气的话，我认为只有一个词，一个让人生畏的词："胆大包天"。

一个朴素的多明我会[①]的僧侣，德国腹地偏远地带一所濒海大学的教授，居然大胆地烧掉了教皇印玺，并把自己的反叛观点钉在教会的大门上；一个羸弱的法国学者，竟成功地把一座瑞士小城变成了一个彻底反对罗马教皇权威的堡垒。这些人向我们展示了如此坚韧、刚毅的精神，是后世的人们无法比拟的。

这些勇敢的反叛者很快找到了朋友和支持者，那些所谓的朋友各自心怀鬼胎，而支持者则希望借此浑水摸鱼，好在这不是本书讨论的内容。

当这些人决定为了自己的道德心而拼死一搏的时候，他们是不可能预料到世界将发生什么的，也不会料到大多数北方国家会最终都聚集在他们的旗下。

但是，一旦他们陷入了自己制造的这场大漩涡中，就只能任凭洪流将其冲向任何地方。

很快，怎样使自己不被洪水淹没这个问题耗尽了他们所有的力量。那远在罗马的教皇最终认识到，这场可恶的动乱绝不仅仅是一些多明我会和奥古斯丁的僧侣间的一场争执，它是一个前法

---

① 多明我会，拉丁名OrdoDominicanorum，又译为道明会，亦称"布道兄弟会"。会士均披黑色斗篷，因此称为"黑衣修士"，以区别于方济各会的"灰衣修士"，加尔默罗会的"白衣修士"。天主教托钵修会的主要派别之一。

国牧师的阴谋。令他那些出资者高兴的是，他停止了他那宝贝教堂[①]的修建，转而召集了一个会议，讨论讨伐之事。教皇的敕书、宣布逐人出教的命令迅猛地传向四面八方。帝国军队也开始行动。那叛乱的领袖们已经无路可逃，只有背水一战了。

历史上，伟大人物们在极其激烈的斗争中失去分寸，这并不是第一次。路德就曾声称“焚烧异教徒是违背圣灵意志的”。然而就在几年以后，每当他看到那倒向再洗礼教派[②]的无道德的德国人和荷兰人时，他就会变得异常愤怒、仇恨，就好像失去了理智一般。

这个勇猛的改革者，在改革初期还坚持认为，人类不能将自身的逻辑强加于上帝。而最终，他却把那些明显比自己的观点有说服力的对手给烧死了。

今夕的异端变成明天反对异端者的死敌。

虽然加尔文和路德老是谈论黎明冲破黑暗，新的时代总会来临。然而在他们的有生之年，只能是中世纪忠实的子民。

对他们来说，宽容不曾也不可能是一种美德。只要他们没有容身之所一天，他们就会利用神圣的精神自由权利为借口，去攻击他们的敌人。然而一旦打赢了战争，这一曾经可靠的武器也随之被小心地堆放到新教废物间的角落里，和那些早已被新教徒们丢弃的，认为没有什么实际价值的好东西混杂在一起。它躺在那里，早已被人遗忘、忽略。直到很多年之后，有人在一个装满了各种陈旧说教、布道书的箱子后面发现了它，刮掉上面的斑斑锈迹，又一次拿起它投入到另一场战争中，只是这些人和那十六世纪早期的参战者在本质上已经截然不同了。

可是，新教徒革命运动对宽容的事业做出了巨大贡献。这并非宗教改革的直接结果，事实上它在这一方面收效甚微。但是宗

---

① 指罗马圣彼得大教堂。

② 再洗礼教派，又称重浸派、重洗派，是在欧洲的宗教改革运动发生时，从瑞士苏黎世的宗教改革家慈运理所领导的运动中分离而出的教派。

教改革的结果却间接地促进各方面的进步。

首先，它使普通民众熟悉了《圣经》。罗马教会从未明令禁止普通民众阅读《圣经》，但也从未鼓励过的这些“外行人”来研究这本神圣的书籍。然而现在，每一个正直的面包师，或是一个生产蜡烛的人都可以拥有一本《圣经》了。他们可以在作坊里细细品尝、阅读，可以从书中得出自己的观点看法，而无需担心被烧死在火刑柱上。

对《圣经》熟悉的结果是，消除了人们以前对未知神秘的事物的那种敬畏之情。就在宗教改革之后的两百年间，虔诚的新教徒还对他们从《旧约》上读到的东西，如“巴兰[①]的驴”、“约拿[②]的鲸”等坚信不疑。而那些胆大的人，即使会对一个逗号提出质疑（如质疑学识渊博的亚伯拉罕·柯莱鲁斯那“带启发性的”元音附点），也不会让他们那带着怀疑的窃笑让全社会的人都听到。并不是因为他们仍然害怕宗教裁判所，而是因为那新教的牧师会时不时地让人的生活非常地不愉快，并且如果受到一次牧师的公开谴责，所带来的经济后果虽然算不上是灾难，但也是非常严重的。

然而渐渐地，人们对《圣经》这本事实上只是记叙了一群牧羊人、商人民族史的书籍的反复研究，必然会带来路德、加尔文以及其他改革者从不曾预料到的后果。

我确信，如果他们预料到了，他们也会和天主教会一样憎恶希伯来人和希腊人，他们也会非常谨慎小心，不会让《圣经》落到世俗之人手中。因为，到了后来，越来越多的严谨的学生们开始鉴赏这本书，把它当作一本异常有趣的书来读。这本书中充满了那么多凶残、贪婪以及谋杀的故事、传说，读来令人毛骨悚然，以至于他们认为这本书不可能代表了神的旨意。从其内容的性质来看，它只能是出自一个仍然生活在一种半野蛮状态的人之

① 巴兰，《圣经》故事中的先知。

② 约拿，《圣经》故事人物，以色列的先知。

手。

当然，从那以后，许多人自然不会再把《圣经》中的教诲当作惟一的智慧源泉。并且一旦自由思考的障碍被解除，那被禁锢了几乎一千年的科学实验的潮流便可以沿着自然的渠道流淌了，而古希腊、罗马的哲学家们那被中断了两千多年的工作，也重新从被打断的地方被人重拾了起来。

其次，对于宽容这一事业更为重要的是，宗教改革将西欧和北欧从专政统治下解放出来。这种专政统治披着宗教的外衣，但事实上却是罗马帝国精神暴虐专制的一种延续。

可能我们信奉天主教的读者们难以同意这些观点。但他们也应该感激这一场不可避免的运动，因为它也为他们的信仰做出了有益的贡献。本来，天主教会的各种陋习已使它往日的圣名成为了贪婪和暴政的代名词，因此教会自身才千方百计地努力恢复往日的圣名。

并且她也确实取得了辉煌的成效。

十六世纪中期以后，梵蒂冈再也无法忍受博尔贾①家族了。教皇一如既往的由意大利人来担当，而且要改变这一传统几乎是不可能的。因为授权选举教皇的红衣主教如果是选了一个德国、法国或者其他国家的人来做教皇的话，那么罗马下层民众就会把罗马闹个天翻地覆。

选举新教皇要特别谨慎，只有最为德高望重的人才有希望被

① 博尔贾家族，一个意大利家族，起源于阿拉贡。当瓦伦西亚的红衣主教阿尔丰索·德·博尔贾当选为教皇嘉礼三世（CalixtusIII，1455—1458）时，一些亲属随同他来到罗马。他的侄子罗德里戈成为教皇亚历山大六世，罗德里戈的最有名的私生子是恺撒和琉克蕾齐娅；这些博尔贾族人后来的名声使得这一家族成为了贪婪和背信弃义的同义词。博尔贾家族的西班牙分支是圣弗朗西斯·博尔贾和秘鲁总督弗朗西斯科·博尔贾（FranciscoBorja，1581—1658）。这个家族的直系后裔——他们中的主要成员冠有甘迪亚公爵的头衔——在18世纪绝嗣。

选上。并且在那些忠诚的耶稣会[①]士的辅佐下，新上任的教皇开始进行彻底的大清理。

而天主赦罪符再也不许销售了。

修道士们被命研读（并且从此以后都遵循）修道院创始人定下的规矩。

那托钵僧人也从文明城市的街道上消失得无影无踪。

并且文艺复兴时期，人们漠不关心的态度已经不见了，反而都开始热切地追求一种圣洁的有价值的生活。他们竭尽全力做善事，诚心诚意地为那些无力承担生活重担的不幸的人服务。

尽管如此，大部分已经失去的领土还是无法收回来了。从地理上大致来看，欧洲北半部仍然信奉新教，而南部则保留了天主教。

但是当我们将宗教改革的成果用图表的形式表示出来，那么改革期间欧洲发生的变化就一目了然了。

中世纪曾有过一个无所不在的禁锢人们精神和智力的监狱。

新教运动推翻了这个旧式监狱，然而却利用其残余材料建立了自己的监狱。

因此在1517年以后，世界有了两个监狱。一个专属天主教，一个为新教独有。

至少，原计划是这样的。

但是，新教徒由于没有几个世纪的迫害和镇压的训练经历，没能建立起能够关押住其敌人的牢笼。

许多桀骜不驯的囚犯都从窗户、烟囱、地下室的门逃之夭夭了。

不久整座监狱就败落得不成样子了。

---

① 耶稣会，为天主教的主要修会之一，又称耶稣连队，1535年8月15日由西班牙罗耀拉的依纳爵（IgnacedeLoyola）为因应当时基督新教的宗教改革成立，获得罗马教廷教宗的许可。耶稣会最主要的任务是教育与传教，在欧洲兴办许多大学，培养出的学生除是耶稣会人才外，也活跃于政界与知识份子阶级，著名的如笛卡儿。

而这些异教徒们还趁着月色弄走了满满一车石头、横梁木以及铁棒，并在第二天一大早用这些东西修筑了一个自己的小堡垒。虽然它外观看起来，和一千多年前格里高列大帝和英诺森三世所修建的监狱差不多，但是它却缺少内在的威慑力。

然而刚刚准备投入使用，并且连新的规章制度都还没有来得及贴在门上公之于众，满腹怨言的理事们就进行了一场大规模的罢工。而他们的管理人，就是现在的牧师，丧失了他们过去用来维护秩序的权力（逐出教会，严刑拷打，执行死刑，没收犯人财产和流放），因此面对这一群意志坚决的“暴徒”，他们无计可施，只能站在一旁，任由这些暴徒们按照自己的神学喜好建立起自己的营地，宣扬那些恰好与他们当时的信仰相符合的教义。

这样的过程如此反复出现，以至于最终在不同的监狱之间形成了一个精神上的“无人地带”，在那里，好奇之人可以自由徜徉其间，正直的人则可以自由遐想而不受任何干扰。

这就是新教给宽容的事业做出的贡献。

它重建了人类的个人尊严。

13

伊拉斯谟

在写每一本书的过程中，作者都会有那么一段危机时期。有时候出现在书的前面几十页，也有时候在稿子几乎完成的时候才显现出来。事实上，一本没有经历过这样一个危机时期的书，就如从来没有出过疹子的孩子，很有可能是有问题的。

我写这一卷的危机就出现在几分钟前，因为现在我想到了这一点：在 1925 年写一本有关“宽容”这一主题的书，这种想法现在看来似乎荒谬不堪。而迄今为止所做的准备工作，看来只是浪费了大量宝贵的时间罢了。并且此时我有一种强烈的愿望将伯里、莱基、伏尔泰、蒙田、怀特的作品都通通烧掉，而把我自己写的作品用来做火引子。

该怎么解释这一切呢？

原因有很多。首先，作者如果过久专注中于某一主题，则不可避免地会产生一种厌倦情绪；其次，会担心这本书可能没有多大的实用价值；再者，创作者也会有这样的担心，即这本书会为那并不宽容的市民所利用，使他们轻而易举地从中找出一些作为依据来支持他们可耻的行径。

除了上述的原因之外（大多数严肃书籍都存在着这些问题），我现在还遇到了一个几乎无法克服的困难，即“体系”问题。

一个完整的故事必须有开头也有结尾。我的这本书是有了开始，然而它会有结尾吗？

我的意思是说：

我可以揭露以正义和公正为幌子，而实际上是专制的可怕罪行。

我能描写出专制被提升为一种重要的美德时，人们遭受痛苦的日子。

我可以公然对专制进行抨击和嘲笑，直到我所有的读者都一致齐呼："打倒这些该诅咒的祸害，让所有人都变得宽容起来吧。"

但是有一件事我毫无办法，我不知道怎样实现这一理想中的目标。我们的生活中不乏各种各样的手册、指南等，指导我们的行为。它们涉及的内容广泛，从"茶余饭后的谈资"到"怎样练口技"应有尽有。上周日，我读到一个函授课程的广告，上面的科目多达二百四十九个。并且举办方承诺，只需花上一小笔钱就可以参加学习，保证让你学有所成。但是迄今为止，还没有哪个许诺，可以开设一门在四十个课时里教你"怎样变得宽容"的课程。

甚至是那我们认为可以解开世界上很多谜底的历史，在面对这一问题的时候都束手无策。

是的，我们可以写出关于奴隶制、自由贸易、死刑或哥特式建筑的发展等大部头，因为它们都是具体而明确的事物。并且即使没有其它资料做参考，我们至少也可以写写提倡或者反对自由贸易、奴隶制、死刑、哥特式建筑等的男男女女们的生平事迹。从这些杰出的人物处理问题的方式、个人习惯、日常交往活动、对烟酒美食的喜好，甚至从他们穿的裤子等各个方面，我们至少可以就他们所积极支持或极端痛恨并极力申斥的那些观点得出一些结论。

但是，从不曾有人专门的致力于"宽容的事业"。而那些为这项伟大的事业热情工作的人也是出于偶然。他们有许多其他的追求，宽容只是他们所从事的其它工作的副产品。他们中有政治家、作家、国王、医生，也有平凡的工匠。也许当国王在治理国家的过程中，医生行医之时，或是工匠在雕刻时，偶尔也会赞誉宽容几句，但是争取宽容却不是他们事业的全部。他们对宽容的兴趣，恐怕就如他们对下棋或拉小提琴这样的事一样可有可无。并且因为他们各自属于某一特殊的群体（试想一下斯宾诺莎、腓特烈大帝、托马斯·杰弗逊、蒙田都是好朋友会是什么样子!），所以想在他们身上找到从事相同事业的人理应有的共同点是不可能的，不管是当兵的，搞测量的，还是拯救世界于罪恶中的人。

在这种情况下，作者很容易求助于那些名言、警句。在这个世界上，每一个两难局面都有其相应的一句警句对它起着暗示作用，使它得以解决。然而针对这一特殊的主题，即使《圣经》、莎士比亚、沃尔顿[①]甚至老贝恩汉姆都没有给我们留下任何提示。记忆中好像只有乔纳森·斯威夫特[②]的一席话似乎最接近这一问题，他说："世界上大多数人的宗教信仰足以让他们去恨别人，而不足以去爱别人。"然而，很遗憾，他这一席充满智慧的话却对我们走出当前的困境作用不大。因为世界上有那么一些人和其他人一样有崇高的信仰，然而他们仇恨起别人来却唯恐仇恨得不够；也有另外一些人，完全就没有信仰的宗教的意愿，却也对那些迷途的猫呀、狗呀，以及信奉基督教的人大发慈悲之心。

然而我不能就此罢休，我得自己去找出答案。经过反复的思考（虽然感觉不太确定）我在此想谈谈我认为正确的东西。

那为宽容而战的人，不管他们有多大的不同，但有一点是相同的，他们的信仰中也糅合了怀疑的精神。他们可能真的认为自己是正确的，但也决不会达到将那猜测当作绝对信念的地步。

在这个超级爱国主义的时代，这人人都信誓旦旦高呼以百分之百的热情投入这样那样的事情中去的时代，或许我们最好反思

① 沃尔顿（1593—1683），英格兰文学家。

② 乔纳森·斯威夫特（1667—1745），盎格鲁一爱尔兰讽刺作家，著名的英国散文大师，作品辛辣讽刺人类的愚昧与虚伪。以《格列佛游记》和《一只桶的故事》等作品闻名于世。

一下自然给我们的教训，它似乎对任何标准化的理想都有一种本能的反感。

那完全由人驯养的小猫、小狗真是傻得可以，它们可以傻到因为没有人将它们带离雨中而死去。那百分之百无杂质的铁，早已被一种称作“钢”的合成金属所代替；也没有哪个珠宝商曾试图铸造百分之百的纯金、纯银首饰；而不管多好的小提琴，都是用六至七种不同的木材制造而成；至于哪一顿全是玉米粥而无其他的午餐，哦，多谢，我可不想吃！

简言之，这世界上大多数有用的东西都是混合物而并非无任何杂质，我也看不出为什么信仰应该例外。我们的信仰、我们确信无疑的东西除非带有一定怀疑的“合金”，否则它就会如纯银制成的钟那样总是叮当作响，或者像黄铜制成的长号，发出的声音刺耳不堪。

正是对这一点的深刻领悟，使得拥护宽容的英雄有别于世界上其他的人。

就个人品质而言，他们信仰真诚，恪尽职守，拥有其他公认的美德，因此他们大多数都能经受住新教徒检察官们的审查。在这里我想更进一步说明一下：他们之中至少有半数以上的人，如果那有着特殊取向的道德心，不曾驱使他们公开与那独揽加封普通民众为圣人大权的机构公开为敌的话，就可以被列入圣人之列，光荣的活着或死去。

幸运的是，他们骨子里就是带着那么点神圣的怀疑精神。

他们明白（罗马人和希腊人早在他们之前就明白了）摆在面前的是个大问题，任何有理性的人绝不会指望能解决这一问题。一方面，他们可能希望或祈祷他们所选择的道路会最终使他们安全地到达目的地；另一方面，他们也绝不会认为那是惟一正确的选择，其他的道路就都行不通，而那让许多头脑简单之人钟情的迷人的岔道，是通往地狱的罪恶之路。

这些观点似乎完全和教义问答手册以及伦理道德教科书的观点相左。这些教科书鼓吹：一个完全被某种绝对信仰那圣洁的光辉照耀着的世界有多么完美多么好。也许是这样的吧。但是，在那圣洁的光辉最耀眼的几百年间，普通民众却说不上感到生活特别幸福、舒适。我并不是想在此提议来一次激进的改革，只是建议做一点改变，尝试一回另一种光辉，一种宽容行会的弟兄们用以审视世间万物的光辉。如果这行不通的话，我们总还是可以回到祖先发明的体制中去吧。但是，如果这光辉确实能够带来一个更加友善、包容的社会，一个鲜有被丑陋、贪婪、仇恨笼罩的社会的话，那么人们肯定收获颇丰，至于为其所付出的代价，我敢肯定是很少的。

以上只是我提的一个小建议，不管价值几何，现在我必须重新回到历史上去。

随着最后一个罗马人被埋葬，世界上最后一个“世界公民”（取其最广、最佳含义）也随之灰飞烟灭。一直到很久之后，世界再一次获得了安全和平的环境之时，那包容万物的人文主义精神，那在中古时期只有智慧超群的伟人们才拥有的特质，才再一次安然无恙地回到了世间。

如我们所见，这发生在文艺复兴时期。

重新兴起的商业贸易，为受极端贫困困扰的西方国家注入了新的资本。一批新的城市也发展起来。新的社会阶层开始投资艺术，花钱购买书籍，并慷慨捐资给那些紧跟繁荣时代发展的大学。也就是在那个时候，一些“人文主义”学科——胆敢将整个人类社会都作为它的实验对象的学科的忠实追随者，勇敢地站出来，反对那狭隘的经院主义哲学，并和旧时虔诚的信徒分道扬镳，因为这些信徒将他们对远古的智慧和语法的研究兴趣，当作是邪恶、肮脏的好奇心的表现。

关于这一群走在最前面的先驱者们的故事，将陆续在本书以后章节出现。而他们中则很少有人的声望盖过生性羞涩的伊拉斯谟。

虽然伊拉斯谟生性羞涩，他却参与当时所有影响巨大的文字大战。他凭着他对所有武器中最致命的一种——“幽默远程大炮”游刃有余的应用，往往使他的敌人闻风丧胆。

那装载着他智慧的芥子气导弹，射向了敌人的国土。而且这些伊拉斯谟式的炮弹是非常危险的。然而，乍一看，又觉得它们似乎不会构成什么威胁。它没有噼啪作响的导火线，看起来就像一种有趣的新型爆竹，让上帝保佑那将它们带回家并给孩子玩耍的人吧！它们的“毒气”必然会浸入这些幼小的心灵，并且这毒气影响如此持久、深远，以至于四百多年过去了，整个民族的人仍然无法摆脱它们的影响。

令人奇怪的是，这样一个人竟出生在北海东海岸上一个泥泞沉积、烦闷乏味的小镇上。在公元十五世纪时，这些大水浸润的土地还未能独立成一个殷实的共和国，只是组成了一些微不足道的小诸侯国，处于文明社会的边缘地带。它们的空气总是弥漫着一股鲱鱼——它们的主要出口产品的腥味儿。如果说这些诸侯国曾吸引过什么来访者的话，恐怕只有那些不幸船只触到暗礁失事而孤立无援的水手了。

然而正是这一段在如此恶劣环境下恐怖的成长经历，刺激了这个好奇的小孩奋勇抗争的激情，并最终获得自由，成为当时的风云人物之一。

从他出生那一刻起，周遭的一切总是和他过不去。他是一个私生子。而中世纪的人们与上帝和自然关系亲密、友好，所以对这样一个私生子是非常敏感的，其敏感程度远在你我之上。他们感到非常的遗憾，认为这样的事情是不应该发生的，并对此持极端反对态度。然而，除此之外，这些单纯的人也不会惩罚一个尚在摇篮中嗷嗷待哺的无助的婴儿，毕竟那也决然不是他的过错。惟一使伊拉斯谟因非正常出生而遭遇很大不便的，就是他那长着“泥巴”脑袋的父母亲，他们根本就没有办法处理自己造成的这一切，于是只好把孩子们丢给他们那不是笨蛋就是无赖的亲戚们代为抚养。

这些叔叔兼监护人根本不知道拿这两个小家伙怎么办，并且自从他们母亲死后，两个孩子就无家可归了。起初，他们被送到德温特[1]一所著名的学校上学，那里多数教师都是“共同生活兄弟会”[2] 的成员。但是从后来伊拉斯谟写的信件中我们可以看出，这些年轻人只在一种与字面意思截然不同的意义上“共同”。接着，这两兄弟被分开了，小一些的伊拉斯谟被送到了高达市[3]，并直接由拉丁学校的校长——三个指定的管理其微薄继承物的监护人之一监护。如果那所学校在伊拉斯谟时期和我四百多年以后看到的状况一样糟糕的话，那我只能对可怜的小伊拉斯谟表示深切的同情。然而，更糟糕的是，至此他的那些所谓的监护人们已将他所有继承的财产挥霍一空，并且为了逃避法律制裁(古老的荷兰的法庭对这样的案子是非常严厉的)，他们急急忙忙的把孩子送进施泰恩修道院，让他当上教士，并嘱咐他要感到知足，“因为这下他的前途有着落了”。

历史——一个神秘的大磨盘真是妙不可言，它最终将他这一段不堪回首的经历磨成了一些极具文学价值的东西。但是我是不愿提及这个敏锐的年轻人早年度过的那些糟糕透顶的年月的，因为那时他被迫生活在一群大字不识、满手老茧的粗鄙之人中间。并且在整个中世纪末期，大大小小的修道院足足一半的人都是这类人。

不过幸运的是，施泰恩修道院的纪律并不严厉，这使伊拉斯谟得以把大量的时间都花在那些拉丁文手稿上，这些手稿本来是前任修道院院长收集的，如今被静静堆放在图书馆的一个角落里，早已被人们遗忘。他不断地从这些手稿中汲取营养，直到最终把自己修炼成一个经典学说的活百科全书。这对他后来的发展起了巨大作用。即使后来他总是居无定所，很少有机会去图书馆

---

① 德温特，荷兰中部城市。

② 共同生活兄弟会，中世纪后期的一个修道团体，由格罗特（1340—1384）与拉德文（1350—1400）创办，着重于增进宗教生活热情，但并不立刻从事宗教工作。著名的哲学家库萨的尼古拉就曾经在该组织办的学校中求学。

③ 高达，荷兰西部城市。

查阅参考资料，但是他也可以直接从他的脑海中找出来。曾经看过他那十部对开本全集，或曾读过它们中的部分（如今生命真是太短暂了）的人，一定会对十五世纪的“经典巨著”赞不绝口！

当然，最终伊拉斯谟还是离开了那个古老的修道院。像他这样的人是不会受到环境的制约的。他们可以创造自己的环境，甚至是在最不可能的条件下。

从此以后，伊拉斯谟自由了，并孜孜不倦地寻求一个安静的工作场所，不受任何仰慕他而来的朋友的打扰。

在他生命的最后一刻，伴随着童年时代对“亲爱的上帝”的呼唤，他的灵魂滑入死亡的睡眠状态，也就是在这个时候他才可以享受到片刻“真正的悠闲”。对许许多多追随苏格拉底和芝诺①的有志之士来说，这一时刻是难得的佳境，很少有人可以得到它。

一旦哪个地方出现两个或多个以“贤才哲士”的名义聚集在一起，那里必定迟早会出现伊拉斯谟的身影。对于这样的游历经历已经被介绍过很多次了，在此我就不予赘述了。

他曾在巴黎学习，在那里他是一个穷困潦倒的学者，差点死于饥饿和寒冷。他也曾任教于剑桥大学，在巴塞尔出过书。他曾试图（结果是白费力气）在东正教的顽固堡垒——威名远扬的卢樊大学点燃启蒙主义的火花。他在伦敦待了很长时间，并获得了都灵大学的神学博士学位。他熟悉威尼斯的大运河，诅咒起希兰②糟糕的道路来就如诅咒隆巴蒂③的一样熟悉。罗马的天空、小道、图书馆在他的脑海中留下了如此深刻的印象，以至于那遗

① 芝诺，东罗马帝国皇帝。为了消除一性论造成的宗教摩擦，于482年发表题为《和谐》的布告，意图统一互相斗争的派系，然而却遭到了教皇菲利克斯二世否定，促成了东西教会的第一次大分裂。

② 希兰，荷兰南部省份。

③ 隆巴蒂，意大利北部的一个区。

忘河[1]的水也无法冲洗掉他对这座“圣城”的记忆。只要他同意移居威尼斯，他就可以获得一笔充足的年金；或者只要什么地方新开了一所大学，校方都恭敬地邀请他来担任任何一个他想担任的职务，或什么职务也不担任，只要他偶尔能光顾一下校园就可以了。

然而他却不为所动，毫不犹豫地拒绝接受任何这些邀请，因为接受就意味着久居和附庸。在世间万物中，他最想要的就是自由。他也喜欢舒适宜人的住所，讨厌陋室；也宁愿和幽默的同事共事，而不喜欢和那沉闷乏味的人待在一起；他知道勃艮地的上等红酒和亚平宁劣质红墨水的区别。但是，他更想按照自己的方式，自由自在地生活，然而如果他必须称某为“主人”，那么他就无法实现这一愿望。

他为自己选择的角色是一个地道的知识探照灯。不论时事的地平线上出现了什么新物体，伊拉斯谟就立即让他智慧的光芒照到那里，无情地剥去它们那让他痛恨无比的愚昧、无知的外衣，尽力使别人看到事情的真面目。

甚至在历史上最动乱不安的时期，他都可以做到这样，既巧妙地躲开愤怒的新教主义狂热分子，又避开了那宗教裁判所的火刑，而这也是他一身中最受人诋毁的一点。

我们的后辈人似乎一提起祖先的殉道，就非常感兴趣。

“为什么这个荷兰人不大胆地站出来支持路德，并和其他改革家并肩作战呢?”这个问题至少困扰了我们十二代有识之士。

我想说的是：“他为什么非得那样呢?”

他天性就不想通过暴力的方式来解决问题，他也从未认为自己是什么运动的领袖。他也绝对不会像有些人那样自以为是，教

---

① 遗忘河，希腊神话中，冥府中五条冥河之一。亡魂须饮此河之水以忘掉人间事。

唆世人们应该怎么样迎接千禧年[①]。此外，在他看来，我们没有必要在每次重整规划新的家园的时候，彻底摧毁旧的家园。不错，有些旧的房屋是急需修葺了，排污管道不好使，花园里也是堆满了过去住户留下的杂物、垃圾。然而只要房主们愿意立马花钱改进，并给他们一点时间去履行诺言，那么这一切都是可以得到改善的。除了这样，伊拉斯谟别无他求。虽然反对他的人轻蔑地称他为“折衷派”，他所做出的成就并不比那些不折不扣“激进派”少，或许还更多。因为就是这些“激进分子”的运动，造成了一个世界两种苛政的局面，而在以前至少人们可以只忍受一种暴政的压榨。

和其他所有真正伟大的人一样，他和制度从来就是势不两立的。他认为，拯救世界需要我们每个人的不懈努力。只要改造了每个独立个体，也就改造了整个世界。

因此他直接呼吁每一个普通公民联合起来，对当时社会的弊端进行猛烈攻击，而且他还用了非常巧妙的方法。

首先，他写了大量的信件。他写信给国王、皇帝、教皇、修道院长、骑士以及社会上的那些恶霸。他写给任何那些愿意接近他的人（这还是在回邮信封出现之前），并且只要他一提笔写信，他就至少可以洋洋洒洒写上个八大页。

接着，他校订了大量的经典文学读物。这些作品以前由于多次传抄，在抄的过程中错误百出，以至于到后来都完全失去了其原有的意义。正因为此，他不得不学习希腊语。他不止一次尝试学习这一被禁止的语言，这也是为什么那些虔诚的天主教徒坚持认为，他骨子里一定和真正的异教徒一样恶毒的原因。这听起来似乎十分荒谬可笑，可是事实上就是这样的。在十五世纪，虔诚

---

① 千禧年，又名千福年，其概念源于基督教教义。最早的涵义可延伸至犹太人对来世的期待。千禧年的教义载于《新约》中《启示录》的第二十章：千禧年是基督再度降临，撒旦被打入地狱，而殉道者复活并与基督共同统治千年的许诺，而到了千年的末期，撒旦会再度作乱，但最终归于失败，并接受最后的审判。

的天主教徒怎么也不曾梦想去学这一被严厉禁止的语言。这种语言名声不好，就如当今的俄语那样让人生厌。懂希腊语会给人带来各种各样的困境。它驱使人们去将他们手里声称是《福音书》原著真实再现的译本和原著进行对比。这还仅仅是个开始。接着他可能深入犹太人居住地区学习希伯来文法。而这则离公开反抗教会权威只一步之遥。而很长一段时间里，拥有一本稀奇古怪的有着弯弯曲曲文字的书籍，就被认为是有秘密的革命倾向的确凿证据。

为了查禁这些“违禁品”，教会当局常常会来个突然袭击，搜查人们的住所。而那些东马帝国以教授其母语为生的流亡者，也因此不得不一次又一次被迫离开这个他们借以避难的城市。

尽管受到多重阻碍，伊拉斯谟还是学会了希腊语。在校订西普理安①、克里索斯托②和其他教会神父的作品的时候，他加了一些注解，并在其中隐晦地表达了他对时事的评论和看法。而这些话如果单独作为一本小册子的主题，是不可能出版出来的。

这些顽皮注解的风格，在伊拉斯谟发明的另一种完全不同的文学形式中表现出来。这里我指的是伊拉斯谟自己收集整理成册的，供那时的孩子们学写高雅得体古文的希腊语、拉丁语谚语集。这些所谓的“格言集”充满了绝妙的评论，而在那极端保守的人士看来，那绝不是出自与教皇颇有交情的人的手笔。

最后，他自己也写了一本反映当时时代精神的奇怪的小册子。它本来只是写出来博得几个好友一笑，不经意间却成了伟大的文学经典，甚至作者自己开始也没有预料这一点。这本书叫做《愚蠢赞》，我们碰巧知道它是怎么样写成的。

那是在1515年，世界被一本小册子给震惊了。这本书写得如此巧妙，以至于人们无法识别它到底是在攻击那些修道士，还

---

① 西普理安（约200—258），拉丁神父，曾任迦太基主教，其著作《论恩宠》和一些书信是了解北非基督教的重要资料。

② 克里索斯托，古代基督教希腊教父。生于叙利亚境内安提阿。

是在为修道士的生活做辩护。这本书的首页没有署名，而那些对文学界了如指掌的人，意识到这反复的写作风格可能出自一个叫乌里希·冯·赫顿[1]的人之手。他们确实是猜中了。这个才华横溢的年轻人——桂冠诗人[2]、小镇上的超级流浪汉，在这本言语粗俗但不失诙谐的小册子的写作过程中所起的作用不小，而他自己也为此倍感自豪。当他听说托马斯·莫尔[3]——著名英国“新学”领袖对他的作品评价极高时，他便向伊拉斯谟写信，询问详细情况。

伊拉斯谟并非和赫顿是朋友。他的头脑条理非常清楚（这从他井然有序的生活方式可以看得出来），对那些邋遢的条顿骑士没什么好感。那些人白天为了启蒙事业，士气高昂地舞文弄墨、挥刀舞剑，夜晚就躲到附近的小酒馆里，在一杯杯啤酒中麻痹自己，借以忘掉这腐化堕落的时局。

然而赫顿是个独特的天才，伊拉斯谟谦恭地给他回了信。信中他说着说着，就极力称赞起他这个伦敦朋友的优点来，并描述了托马斯先生家其乐融融的家庭生活的画面，他描述得实在是太迷人了，感觉托马斯的家简直就成了各个家庭永恒的榜样。也就是在这封信中，伊拉斯谟提到了莫尔是一个极具幽默感的人，是莫尔使他有了写《愚蠢赞》这书的最初灵感。并且很有可能是受莫尔创作的善意的闹剧（里面描述了一个真正的诺亚方舟，上面有诺亚的儿子、儿媳，女儿、女婿、鸟、狗、私人动物园，以及

---

① 乌里希·冯·赫顿，德国诗人和人文学者。曾被授予桂冠诗人的称号。他热情鼓吹日耳曼爱国精神，热情支持马丁·路德的宗教改革运动。是《无名者信札》的主要作者，是一部攻击修道院制度的作品。

② 桂冠诗人，欧洲中古世纪，在皇帝的侍从队伍内也有诗人，他们的工作就是写下纪念某事或某节庆的诗歌，这种诗人在英国就称之为桂冠诗人，其职位由国王任命。

③ 托马斯·莫尔，文艺复兴时期英国空想社会主义者，以其名著《关于最完美的国家制度和乌托邦新岛的既有益又有趣的全书》而名垂史册。

业余剧团和小提琴乐队）的启发，写了这么一部令人开怀大笑的“荒唐书”，而他自己也和书一起永远留名历史。

说不清为什么，这本书让我想起木偶戏《庞奇与朱迪》。好几百年间，它一直是荷兰小孩子们惟一的娱乐。戏里面语言大抵都非常粗俗，但却总是保持着一种崇高、严肃的道德格调。剧中，那空灵声音的“死神”是剧中的主角，而其他演员则必须一个接一个的来到这个衣衫褴褛的英雄面前，向他告白一番。接着，他们便一个接一个的被一根巨大的木棒猛击一下，并被丢弃到一个假想的废物堆里，这一幕永远令下面的小观众们倍感开心。

在《愚蠢赞》中，那个时代整个的社会结构都被小心翼翼地拆开来剖析，而“愚蠢”则俨然一个彻悟的验尸官，站在公众旁边，对每个人都评论一番以示对公众的关爱，并且没有哪个人能逃脱他的评论。中世纪的主大街上所有的合适人物形象都给搜寻出来了。当然，那个时代老奸巨猾、沿街游说拯救世界的假说的修道士也包括在内。他们那粗俗的愚昧，那空洞浮夸的言论，都毫不留情地被拿来彻底地攻击了一番。

教皇和他的枢机、主教们，这些家里穷困潦倒的渔夫、木匠们的不适宜的继承人都入选在册，并且占据了整本书的好几个章节。

然而伊拉斯谟塑造的“愚人”形象和一般幽默文学作品中“木偶”相比，有更加丰富的人物性格。在这整本小书中，伊拉斯谟（事实上他写的任何作品）都在宣扬他自己的“福音书”，我们可以将其称之为“宽容的哲学”。

伊拉斯谟主张自己活，也让别人活；坚持拥护神的法律之精神，而不在原著的句逗上纠缠不休；真正将宗教当成一种道德体系而非一种统治方式。这一切使得顽固的天主教徒和新教徒们对他进行了猛烈抨击，斥责他是“不敬神的恶棍”，是所有宗教的敌人。他虽没有公开“诽谤基督”，却将这种意图隐藏在了这本巧妙的小书那滑稽可笑的辞藻中。

人们对他的攻击一直持续到他去世，但没有任何效果。这个长着个长长的尖鼻子的小个子一直活到了七十岁，然而要知道在那个时代，如果有谁敢在权威文本加上或者略去哪怕是一个词也会有被绞死的危险。他公开宣称对做大众英雄毫无兴趣。他也不期望凭借剑或者火绳钩枪得到什么东西。他心里很清楚这一点：如果一场微不足道的神学纷争演变成一场国际性的宗教战争，那么整个世界局势也就非常危险了。

因此，他如同一只巨大的海狸，不分昼夜地修筑理性和真知的大坝，希望它能够堵住仍在不断强大的愚昧无知和偏执的洪流。

然而，他失败了。因为从日耳曼山脉和阿尔卑斯山脉飞流直下的仇恨和邪恶的洪流是没有办法阻挡的，并且在他死后没几年，他的作品便被这洪流给彻底冲走了。

但是他在那些作品上花了如此多心血，以至于那些书籍的残片被冲刷到后代的岸边后，被那些无法被击败的乐观主义者发现了，认为它们还是非常好的材料，总有一天可以用来建造一座大坝，一座能真正挡住洪水的大坝。

伊拉斯谟于 1536 年 7 月永远地离开了人世。

他到死也一直保持着那独有的幽默感。他最终死在了他的出版商的家里。

14

拉伯雷

巨大社会的变革总会造就一些奇怪的同伴。

伊拉斯谟的名字可以堂而皇之地印在一本受人尊敬，并可供一家老小阅读欣赏的书上。然而如果在公共场所提起拉伯雷[①]，则被看成是有伤大雅。确实，这个人很危险，以至于国家都通过了法律禁止我们天真的儿童读到他那些“邪恶”的作品。并且在很多州，他的作品只有从胆大的书贩子那里才能弄到。

当然，这还只是那些骗人的贵族统治者们，利用恐怖统治强加于我们的荒唐事之一。

首先，对二十世纪的普通民众来说，拉伯雷的作品读起来就如同读《七个尖角阁》和《弃儿汤姆·琼斯的历史》那样乏味，能够耐着性子将那冗长繁琐的第一章读完的都没几个。

其次，在他的作品中似乎并没有什么寓意。拉伯雷用的不过是当时的通俗语言，只是我们今天已经不怎么使用了。然而在那一片碧蓝的田园时代，那百分之九十的人口都靠土地为生的时

① 拉伯雷（约1493—1553），法国作家，以辛辣讽刺的作品著称。其作品宣扬个人自由，对知识和生活充满热情，是文艺复兴时期人文主义充满获利的代表。拉伯雷在里昂从事医疗工作，还重印了古希腊医生希波克拉底的《格言》。

代，“铁锹”[①] 就是“铁锹”，而“母狗”也不会被理解成“贵妇狗”。

人们反对这个出色的外科医生的作品，并不在于他那丰富但有些过于直率的语言，而是比这更深刻得多。这是因为，许多杰出人物，在面对那拒绝被生活打败的人的观点时都会感到恐惧。

在我看来，人类可以分为两大类：一种是对生活说“是”的人，另一种则是对生活说“不”的人。前一种人接受生活，勇敢地和生活做斗争，并充分利用命运的赐予。

第二种人也接受生活（他们又怎能不接受呢?），但是对命运的馈赠他们常常嗤之以鼻、抱怨不休。就好比一个未成年的孩子那样，本想要一只小狗或一台玩具火车，结果家里又给他生了个小弟弟。

一方面，那对生活说“是”的同胞们，愿意接受那整天闷闷不乐的邻居对自己的评价，并处处宽容相待，即使这些人使其悲伤蔓延到整个大地，或因为对生活感到绝望而到处修建起可怕的纪念碑的举动也从不加以阻挠。另一方面，那对生活说“不”弟兄们则很少给予和前者相同的待遇。

实际上，如果“不派”有办法的话，他们会立即将“是派”从这个星球上彻底清除。

然而，要做到这一点并非易事。因此，为了满足他们灵魂深处的嫉妒之心，他们对那些主张“世界属于生者而非死者”的人不断地进行迫害。

拉伯雷医生就属于前一种人。他的病人或者他的思想向往过墓地。无疑，这很让人遗憾。但是不可能我们所有人都去做掘墓者。这个世界应该多有几个波洛尼厄斯[②]式的人物，不然活在一个充满哈姆雷特式人物的世界里将是多么恐怖啊！

---

① 英语中“spade”这个词还有扑克牌“黑桃”的意思，“lady－dog”则既有“母狗”也有“贵妇狗”之意。

② 波洛尼厄斯，《哈姆雷特》剧中的多嘴大臣，是个乐天派。

至于拉伯雷的一生则没有什么特别神秘之处。在他的朋友们所写的书中遗漏的内容，在其敌人写的作品中都可以找到，因此我们可以对他一生的经历有一个相当准确的了解。

拉伯雷属于紧跟伊拉斯谟出生的一代人，但他同时也生活在一个仍为僧侣、修女、执事和无数托钵僧们所控制的世界。他生于芝农，父亲不是药剂师就是酮剂[①]商（这在15世纪分别是两个不同的职业），因此有足够的钱把孩子送到好的学校读书。在那里年轻的弗朗索瓦结识了当地著名的杜贝拉·德朗家族的后裔。那些孩子和他们的父亲一样有写作的天赋，偶尔也能打仗。他们“老于世故”——这个词语常常被曲解，我这里取其褒义。他们是国王的忠实仆从，担任很多社会要职。他们有的成为主教、有的成为枢机、有的则是大使；他们翻译古典作品，编撰步兵、炮兵操练手册，并十分出色地完成了贵族该做的事情。然而在那个时代，一个贵族头衔给人带来的不是欢娱的生活，而是无尽的责任和义务。

然而从杜贝拉·德朗家族后来对拉伯雷的友谊可以看出，他并非只是陪他们饮酒作乐的一名食客。因为在他人生坎坷起落之时，他都得到过他那旧时同窗的帮助和支持。不管什么时候他和他的上级发生了纠纷，杜贝拉·德朗家族都会为他敞开大门，为他排忧解难；并且如果偶尔法兰西这片土地容不下这个直言不讳的道德学家的话，那么杜贝拉·德朗家总会有那么一个人恰好要出国，并急需一个既懂点医术又熟悉拉丁文的学者做秘书。

这个细节可是非同小可。有很多次，我们博学多才的大夫的职业生涯将突然以痛苦告终的时候，他那颇具影响力的朋友就会将他从那怒火中烧的索帮神学院和愤怒的加尔文教徒手中解救出来。那些加尔文教徒对他感到非常失望，因为本来他们早已把他看成了他们中的一分子，然而他却百般嘲笑加尔文教的教主，认为他狂热、偏见、残忍，和他以前在枫迪南和马尔塞斯那三杯酒

① 医用用语。

下肚，就将神圣、圣洁什么的完全抛之脑后的同僚别无两样。

迄今为止，在这两个敌人中，索帮神学院更具威胁。加尔文可以随心所欲地大发雷霆，然而这只限于瑞士这个小城。出了瑞士，他的闪电就如烟花爆竹，并没有多大威力。

而索帮神学院就不同了。它和牛津大学一道坚定地站在东正教和旧说一边，一旦有人胆敢质疑它的权威，它绝不会对这些人手下留情。并且，法国国王和他的刽子手也总是热心的给予合作。

唉！拉伯雷一毕业就被人给盯上了。并不是因为他喜欢喝上等美酒，也不是他喜欢讲他那些僧侣同伴的笑话。他做的事比这更糟，他无可救药地迷上了学习希腊语。

这消息一传到他所在的修道院，上级们就决定搜查他的房间。在房里，他们果真搜到了很多禁书，其中有一本《荷马史诗》、一本《新约》，还有一本希罗多德[①]的书。

这可是个可怕的发现。虽然他的那些朋友权力巨大，也是费尽周折才使他摆脱此劫。

这个时期是教会发展的一个非同寻常的时期。

我在前面提到过，最初，修道院是社会文明先驱。不论是僧侣还是修女为了教会的利益都做出了不可估量的贡献。也不止一个教皇曾经预料到，一个修道院的势力发展过于强大是十分危险的。然而，和很多时候一样，明明所有人都知道该对其采取措施了，然而最终却什么也没做，任其越发壮大。

在新教徒中似乎有这样一个说法，认为天主教会是一个稳定的机构。由少数傲慢的独裁者自动、平稳地操纵着，不应该出现这样的内讧。只有那些由普通人组建的机构内部才总是发生这样的事情。

然而，事情并非如此。

之所以会有这种想法，有可能是对某一措辞的误解造成的。

---

① 希罗多德（公元前484—前425），古希腊历史学家，被称为历史学之父。

一个极端热爱民主的世界，很容易就被一个“一贯正确”的人的观点给吓唬住了。

因此也就产生这样一种流行的说法：“一个庞大的组织，如果只是一个人说了算，而其他人只需跪在地上高呼‘阿门’表示服从的话，那么要管理起来就非常容易。”

对一个在新教国家长大的人来说，要对这个错综复杂的问题形成一个正确、公正的认识是非常不容易的。然而如果我没说错的话，罗马教宗的“一贯正确”的言论就如美国宪法的修正案一样，少得可怜。

此外，不经过彻底全面地商讨是绝对不可能达成如此重要的决议的。并且通常是在最终做出决定前的那场争论，会彻底动摇整个教会体制。因此，这样得出的最终决议是绝对“准确无误的”，就像我们的宪法修正案不会有错一样。因为它们是最终决议，一旦被写进了国家的最高法律，那么其他任何争论都是没有意义的，必须得就此罢休。

如果有人声称，要统治美国是一件非常容易的事，因为如果万一出现了什么紧急状况，所有的人都会坚定地拥护宪法，那么他就大错特错了。那无异于在说，所有极端虔诚的天主教徒在有关信仰的重要问题上，都承认教皇的绝对权威。他们就如绵羊般温驯，心甘情愿放弃表达自己观点的任何权利。

如果这是真的话，那么居住在拉特兰教堂和梵蒂冈教堂的人就大可以高枕无忧了。然而如果对最近一千五百多年的历史稍加研究就会发现，事实恰好相反。那些拥护宗教改革的人，常常会在他们的作品中反映，罗马当局对路德、加尔文、茨温利①强烈谴责的那些罪恶全然不知晓。然而由于过于热衷于追求美好的事业，他们自身才是不知道事情的真相，或者看问题有失公正。

① 茨温利（1478—1534），瑞士宗教改革家。

这些人，如爱德里安六世[①]、克莱门特七世[②]，很清楚他们的教会在很多方面存在着致命的问题。然而能够指出丹麦王国腐化堕落的现状是一回事，要挽救这一局面却是另一回事。连那可怜兮兮的哈姆雷特最终都能意识到这一点。

不幸的哈姆雷特王子并不是这种幻想——即通过一个正直的人的无私努力，几百年的混乱统治会在一夜之间灰飞烟灭。

也有许多明智的俄国人知道，统治他们帝国的旧官僚机构已经腐败不堪、效率低下，对国家安全造成了巨大的威胁。

他们也曾付出巨大努力，推行改革，然而最终都以失败告终。

那曾经有那么一刻思考过这个问题的普通美国人，又有多少能看到这一点：建立民主政体而不是代议制政体（如共和政体的发起者所希望的那样）最终会导致社会陷入一系列混乱状态中。

可是，即使看到这一点，又能怎样呢?

这些问题最终引起公众注意的时候，已经变得极其复杂了，几乎没有什么办法可以解决，除非发生一场社会动乱。然而社会动乱是非常可怕的事情，因而大多数人都力求避免它发生。他们认为，与其走极端，不如对旧的体制做一番补救，并祈求奇迹发生，让它再次运转起来。

由许多宗教教派建立和维持的专横的宗教、社会独裁统治秩序，是中世纪末期最臭名昭著的罪恶之一。

历史上很多次，军队和军队的总司令一起逃跑。恕我直言，这种局势完全不受教皇控制。他们惟一能做的就是稳住自身阵脚，改善组织内部管理，同时尽力安抚那些他们共同的敌人——托钵僧不满的人。

---

① 爱德里安六世（1459—1523），1522—1523年为教皇，是唯一当选为教皇的荷兰人。

② 克莱门特七世，瑞士籍伪教皇，1378—1394年在位。为历时40年的西方教会大分裂时期的第一代伪教宗。

伊拉斯谟就是频频受到教皇袒护的学者之一。任凭卢樊[①]怎么发怒，多明我教会如何暴跳如雷，罗马总是岿然不动，宣布“由这个老头子去吧”，谁要是不听命令，谁就要受到严厉的惩罚。

有了上述的介绍，我们就不会感到惊讶：头脑灵活但桀骜不驯的拉伯雷，经常在他的上级要降罪于他的关键时刻得到罗马教廷的帮助；并且在他的研究受到无休止的干扰而无法进行下去、生活不堪忍受的时候，顺利得到教廷许可离开修道院。

因此，他长长地舒了一口气，掸掉脚上马尔塞斯的尘土，转而前往蒙彼利埃[②]、里昂学习医学课程。

他真可谓是智慧超群的天才！不到两年的时间，这个昔日本笃会[③]的僧人就成为了里昂城市医院的主治医生。在他获得这些荣誉、头衔之后不久，他那不安分的灵魂又开始寻求新的目标。他并非要放弃那些药粉、药丸，只是在研究解剖学（这绝对是一项新研究，其危险程度和研究希腊语不相上下）之外，他也开始摆弄起文学来。

位于罗纳河峡谷中心地带的里昂市，对关注纯文学的人来说是个理想之地。而且离意大利不远。人们只需轻松地走上几天，就可以到达普罗旺斯。虽然在那里，古代的行吟诗人曾遭到宗教裁判所的百般迫害，但是那伟大古老的文学传统还未丧失殆尽。此外，里昂的印刷技术也以质量上乘而远近闻名，而那里的书店里，各种最新出版的书籍、刊物应有尽有。

---

① 卢樊大学，比利时中部的天主教大学，比利时最著名的大学。

② 蒙彼利埃，法国南部城市。

③ 本笃会是天主教隐修会之一，又译本尼狄克派。529 年由贵族出身的意大利人本笃所创。他定会规，规定会士不可婚娶，不可有私财，一切服从长上，称此为“发三愿”。本笃会会士每日必须按时进经堂诵经，咏唱“大日课”，余暇时从事各种劳动。会规要求祈祷不忘工作，视游手好闲为罪恶。后来该会规成为天主教修会制度的范本。

当地一名大印刷商塞巴斯蒂安·格里菲斯，需要一个人编辑中世纪经典作品文集，理所当然他想到了我们这位新来的医生兼学者。他雇佣了拉伯雷为他做这件事。拉伯雷先是整理了加朗[①]和希波克拉底[②]那博大精深的医学论文、著述，紧接着又整理历书和小集子。就是在这样看似不起眼的开端中，产生了这部大部头，它使编辑者成为了当时最受读者欢迎的作家之一。

拉伯雷追求新奇的天赋，使他成为一个成功的医生和小说家。他做了许多以前少有人敢做的事情，开始用普通人民的语言写作。他打破千年来的传统，因为传统写作条例规定学者写书必须用普通民众不懂的语言，而他偏偏就反其道而行之。他用法语写作，并且还用的是1532年间民间通用的不加任何修饰的方言。

关于拉伯雷脑海里何时何地，是怎样构思出那两个他心爱的英雄人物巨人伽冈杜亚和庞大固埃的，我就不得而知了，我倒愿意留给那些研究文学的专家们去定夺。有可能，他们本是异教的神灵，靠着他们的本性，经受住了一千五百多年的宗教迫害和鄙视。

也有可能是拉伯雷在一阵狂喜中突然冒出的灵感使他塑造这两个人物。

不管是什么促使他写这两个人物，拉伯雷都给各个民族带来了巨大的欢乐。而且对于一个作家来说，不可能获得比“他的作品大大增多了人们的笑声”更高的赞誉了。然而，他的作品却也绝非那现代意义上庸俗的幽默书籍。它们有其深刻的一面，通过对那些造成16世纪上半叶不计其数人间惨剧的教会恐怖统治者的讽刺性描写，为宽容的事业打出了勇敢的一击。

拉伯雷也是一个训练有素的神学家，能巧妙地避免用一些直

---

① 加朗，公元2世纪古罗马名医。他继承和发展古希腊名医希波克拉底的体液说提出的关于人类气质类型的理论。

② 希波克拉底（约公元前460—约前377）古希腊著名医生，被尊为“医学之父”。

白的语言来进行攻击，因为那可能使他陷入困境。他的原则是：一个不用蹲监狱的快乐的幽默家胜过一打高墙里境遇悲惨的改革家。因而他总是克制自己，不用过于直白的语言来表达自己极不正统的观点。

但是，他的敌人也非常清楚他想干什么。索邦神学院明确地谴责他写的书，而巴黎国会则将他的书列入黑名单上，没收并烧毁一切在其辖区内查处的任何一本他写的书。但是，尽管刽子手们迫不及待要销毁这些书（他们是当时官方指定的有权销毁书籍的人），拉伯雷的这本《巨人传》仍然不失为畅销的经典作品。在近四百年以来，它不断地给那些善于从混合了善意的幽默和讽刺智慧的作品中获得乐趣的人以启发。并且它还总是激怒那些固执地认为“真理女神”，一旦嘴角挂着笑，就绝非什么好女人的人。

至于作者自己，他以前是，现在仍然是“靠一本书走天下的人”。他的朋友杜贝拉家族自始至终都对他非常忠诚。然而，拉伯雷一身行为都十分谨慎，虽然他那“十恶不赦”的作品是在这些权贵朋友的“特殊关照下”才得以出版，但是他从来都是和他们保持一个礼貌的距离。

他冒险去了一回罗马，在那里他非但没有遇到任何麻烦还受到了那里的人的热忱的欢迎。公元 1550 年，他回到法国并定居在默顿，三年以后离开人世。

然而我们无法计算这个人到底给世界带来了多么大的影响。毕竟，他是一个人而不是一股电流或一桶汽油。

人们都说他非常有破坏性。

也许是这样的吧。

但是在那迫切需要一支摧毁旧社会的队伍的时代，他真的很具破坏性。而这样的队伍，也恰恰需要伊拉斯谟和拉伯雷这样的人来领导。

而那将要出现的新大厦和旧的并没有什么实质性区别，它们一样丑陋，看起来不舒服，但是这也是无人能够预见的。

不管怎样，这是下一代的错误。

他们才是应该受到责备的人。

他们本来遇见了这么一个新的开端，要知道不是每一个人都可以遇见这样的良机的。

然而他们却没有抓住这个机会，不过还是愿我们仁慈的主宽容这些错失良机的人吧。

15

旧东西新招牌

那些最伟大的现代诗人们将这个世界看作一个巨大的海洋，许多船只航行其中。这些船只相互碰撞时就会演奏出“美妙的乐章”，我们称之为历史。

出于个人目的，我在此借助了海涅[①]笔下“海洋”这个比喻。我们小时候都喜欢把石头丢进池塘里，觉得那非常有趣。丢到池子里的石头溅起漂亮的水花，荡起层层涟漪然后四散开来，那真是漂亮极了。我们就可以制作一个由坚果壳和火柴盒组成的舰队，要是能弄到一些砖头（通常都可以找到），就可以将其扔进水中，让这个脆弱的舰队模型经受这人造暴风雨的洗礼。当然，扔砖块也不能用力过猛，否则那些靠水太近的孩子一不留神就会失去平衡，失足落入水中，再也没有办法回家吃晚餐了。

在成人世界里，人们也玩着类似的游戏，但是他造成的危害要大得多，甚至可以说是灾难。

四周宁静祥和，阳光明媚，人们欢快地滑水嬉戏。突然一个莽撞、调皮的男孩凑了过来，手里拿着一块大石头（天知道他从什么地方弄到了这么块石头!）。人们还没来得及阻止，他就举起了石头丢进了池塘的正中间。人群一下骚乱起来，有人抱怨不

① 海涅（1797—1856），德国诗人。代表作有《诗集》、《新诗集》、《德国，一个冬天的童话》，论集《论德国的宗教和历史》和《论浪漫派》。

已，问是谁干的；有人则说应该严惩这个乱扔石头的家伙；还有人说道："噢，放过他吧！"也有人，可能是嫉妒一个小毛孩就引起人们这么大的关注，也趁机趟一回浑水，顺手抓起手边没用的物件就扔进了水里，溅得人们满身是水。这样一来，人群更加躁动不安，人们你推我攘，大打出手，最后还有一些人弄得头破血流。

亚历山大[①]就是这样一个莽撞、调皮的男孩。

特洛伊美丽迷人的海伦[②]，也是这样一个坏女人。人类历史上这样的人可以说比比皆是。

然而，迄今为止最冒天下之大不韪者，要数那些故意玩这种把戏的恶徒，他们把麻木不仁的一潭精神死水当作游戏场。因此，所有正义的人对他们都恨之入骨，并且一旦他们不幸被捕，肯定会遭到最严厉的惩处，对此我丝毫不以为怪。

想想四百年来，这些卑鄙小人对社会造成的破坏吧！

他们中不乏主张复辟旧时代的人。因为中世纪森严的护城河倒映出了一个色彩和结构都十分和谐的社会。虽然它并不完美，但是人们就是喜爱它。人们喜欢看到自家房屋的红砖墙和高大庄严的天主教塔楼那阴森的灰色浑然一体的景象，那高高的塔楼正俯瞰着他们的灵魂。

然而随着文艺复兴的到来，一夜之间一切都变了。并且这还只是个开始。因为正当可怜的市民们刚从震惊中回过神来的时候，那个可恶的日耳曼教士又出现在他们面前，载来满满一车专门备好的砖头，一骨碌全倒入了罗马教皇的环礁湖中心。那也是太过分了，难怪整个世界历经三百多年才从震惊中回过神来。

---

① 亚历山大大帝（公元前356—前323），马其顿王国国王。希腊语为"人类的守护者"。他统一了因敌对交战而分裂的希腊诸城邦，又征服了波斯、埃及和许多王国，直至印度边界。

② 特洛伊的海伦，希腊传说中的美女，原是斯巴达国王墨涅拉俄斯的妻子，后被特洛伊国王的二儿子帕里斯拐走，因而引发特洛伊战争。

研究这一时期的老一辈历史学家们，都常常会陷入这样一个小小的误区。他们对这场动乱做了一些研究，认为它由一个共同原因造成，只是有人称它为“文艺复兴”，有人称其为“宗教改革”罢了。

如今我们有了更加深刻的认识。

文艺复兴运动和宗教改革都是为了一个共同的目标。只是为完成这个最终目标，它们各自采用的方式截然不同，这就是为什么人文主义者和新教徒们时常意见不合，甚至互相为敌的原因。

他们都主张人的权利高于一切。在中世纪时期，个人完全被社会淹没。他们不能像聪明的约翰·迪[①]那样惬意的生活，可以来去自如，随心所欲做买卖或者去任何一个自己中意的教堂（或者一个也不去，这要看他的口味）。他从出生直至生命的最后一刻，都是严格按照一本僵硬刻板的小册子来生活的，内容无所不包，从经济生活到精神礼节。这本书教导他说：人的身体只是随意从大地母亲那里借来的破旧外壳，除了暂时寄存一下永恒的灵魂以外，没有任何价值。

书中还说，这个世界只是通向辉煌未来的中转站，人们应该轻视它。就如本要去纽约的旅客忽略沿途的昆士城[②]和哈利法克斯[③]那样。

至此，约翰在这个世上活得非常快乐，因为这是他惟一知道的世界。然而现在他却遇到了两位美丽的教母——文艺复兴和宗教革命，她们对他说道：“起来吧，我高贵的市民，从现在起你自由了！”

然而当约翰问道：“有了自由能做什么呢？”得到的答案却大

① 约翰·迪（JohnDoe），这个名字常常和理查德·罗（RichardRoe）一起出现，最初是不成文法诉讼中假想的原、被告的名字。现在法律中常用它们指身份不明的一方，且更常用约翰·迪这个名字。这里仅仅作为假想人名。

② 昆士城，南非城市。

③ 哈利法克斯，加拿大诺瓦斯科蒂亚省首府，一个海港城市。

相径庭了。

“有了自由你可以追求美。”文艺复兴答道。

“有了自由你可以探求真理。”宗教革命劝告他道。

“有了自由你可以去探究过去那完全受人类控制的时代；去实现那些诗人、画家、雕刻家及建筑师们未曾实现的理想；将整个宇宙当作你的实验室，去探索它所有的秘密。”文艺复兴许诺道。

“有了自由你可以认真研读神的旨意，从而使你的灵魂得到拯救、你的罪恶得到宽恕。”宗教革命警告说。

说完这些他们转身离去，给可怜的约翰·迪奥留下了“自由”。然而“自由”并没有使他得到解脱，反而使他感到拥有自由的日子比以前备受奴役的日子更加窘迫，让人不知所措。

说是不幸也好，幸运也好，文艺复兴很快就和已确立的社会秩序言归于好、相安无事了。菲迪亚斯[①]和贺瑞斯[②]的继承人发现，对神的信仰和遵守教规完全是两码事。如果有人想创作异教的图画或是创作异教色彩的诗歌，只要他谨记，把赫库力斯说成是施洗约翰，把赫拉说成是圣母玛丽亚，那么他就不必担忧遭到处罚。

这就如游客去印度旅游，如果自觉遵守那些对他们来说毫无意义的法律，就可以进入那里的庙宇自由地观光，也不至于引起什么不必要的纠纷。

然而在路德忠实的追随者们看来，那些最微不足道的细节也是非常重要的。在《申命记》[③] 中，弄错一个逗号可能就意味着被流放，或者在《启示录》中弄错一个句号，就会立即招来杀身之祸。

对这些以严肃认真的态度来看待自身宗教信仰的人来说，文

---

① 菲迪亚斯，希腊古典时代雕塑家、建筑家、画家。

② 贺瑞斯，罗马抒情诗人、讽刺作家。

③ 《申命记》，《圣经·旧约》第五卷，一般认为是摩西作品。

艺复兴的轻易妥协完全就是懦弱无能的表现。

结果，文艺复兴和宗教改革从此分道扬镳，彼此再也没有碰过头了。

于是，宗教改革便独自反抗那个世界。它用正义将自己武装起来，随时准备保卫自己最神圣的东西。

起初，起义军队里全部都是德国人。他们英勇无畏地战斗，承受战争的苦难。然而北方民族的相互猜忌和互不信任成了他们致命的祸根，并很快削弱了他们的力量，最后他们不得不被迫停战。然而局面有所转机，这时路德站在一旁，让加尔文这个天才式人物来出谋献策，并且这些政策最终引领军队取得了胜利。

早就应该这样做了。

在那所伊拉斯谟度过了很多并不愉快时日的法国大学里，有一个长着一脸浓密胡须的年轻的西班牙人，腿有点跛（那是高卢人开枪袭击的杰作），他梦想有一天可以领导一支主的军队，彻底铲除世上的异教徒。

狂热者只能由狂热者才能击败。

而只有那真正坚忍不拔的人，如加尔文，才能挫败罗耀拉[①]的险恶计划。

私下里，我非常庆幸我没有生活在十六世纪的日内瓦。同时我也衷心地感激十六世纪曾有过这样一个日内瓦的存在。

没有它，二十世纪的世界，人们不会活得那么自在，而像我这样的人则有可能在蹲监狱。

这场光荣战斗中的英雄，著名的约翰·加尔文，比路德年轻几岁。出生日期：1509 年 7 月 10 日。出生地：法国北部城市诺

---

① 伊纳爵·罗耀拉（约 1491—1556），天主教耶稣会创始人。出身于西班牙北部巴克斯山区吉普斯夸省罗耀城一贵族家庭。十四岁父母双亡。未成年即接受教会剪发礼。后从军，1521 年被法军炮弹击伤右腿，终身伤残。他于 1528—1535 年在巴黎大学深造，在此期间邀集一批同道，创建了耶稣会。耶稣会在反宗教改革中起了重要作用。

杨。出身：法国中产阶级。父亲：低级教士。母亲：酒馆老板的女儿。子女：5男2女。早期教育特征和品质：节约、简朴但不吝啬，做任何事情都有条不紊，珍惜时间，讲究效率。

约翰是家里的老二，家里一心要他从事神职工作。其父亲有很多有权势的朋友，因此最终把他弄进了一个比较好的教区。不满十三岁，他就已经在他家乡的一个大教堂任了个一官半职。虽然薪俸不多却也有了非常稳定的收入。他用这些钱去了巴黎某个不错的学校学习。他那时是个非常出众的年轻小伙儿，每一个和他有过接触的人都说："留意这个年轻人！"

十六世纪的法国教育体系，要培养好这样一个小孩还是不成什么问题的，完全可以使他的天赋充分发挥出来。十九岁的时候，约翰就获准传教了，看来他将来成为一个正式的主祭完全不成问题。

但是，家里一共有五个儿子两个女儿。在教会谋求升迁太慢，在法律部门机会更多一些。此外，那是一个宗教狂热时期，未来总是不那么确定。他的一个远房亲戚，一个叫皮埃尔·奥里维坦的人刚好把《圣经》翻译成了法语。约翰在巴黎读书期间，很多时候都和他的这个表兄弟待在一起。然而一家子同时有两个异教徒，在当时是绝对不允许的。因此约翰整理行囊来到了奥尔良，在那里他做了一个老律师的学徒，主要学习诉讼、法庭辩护和起草法律文书。

在巴黎发生的事情在这里重演。不到一年，约翰成了一名教师，负责指导那些学习不太勤奋的同学的法学原理课程。并且很快他就把该学的都学到了，可以自己开展法律业务了。他的父亲则热切盼望有一天，儿子也可以和那些在法庭上一辩百金、神气十足地驾着四轮马车去贡比涅①参见国王的大律师们分庭抗礼。

然而这一切梦想都不可能实现了。因为加尔文并未从事与法律有关的职业。

---

① 贡比涅，法国中北部城市。

相反他重操旧业，干起了神职工作。他卖掉了所有的法律文摘、法令全书等，继续致力于收集神学方面的著作。他非常严肃认真地开展这项工作，这后来使他成为了近两千年来最重要的历史人物之一。

然而，他学习罗马法律的那几年时光，几乎在他日后所有的活动中都打上了深深的烙印。他绝不会凭感情来处理问题。他洞察万物，而且极其深刻。请读他写给他那些落入天主教手中的追随者们的信件吧。那些人被判处用煤火慢慢烤死的酷刑，但是在遭受这样无助的痛苦的情况下，他们还把加尔文写的这些信看作是人间最美的佳作。因为在信中，加尔文对人的心理把握得非常细致入微，以至于这些追随者在快死的时候嘴里还在默默地念叨着他的名字，尽管正是这个人的学说使他们陷入了这万劫不复之地。

加尔文并非像他的敌人说的那样，是个没有良心的人。生活对于他来说是一种神圣的职责。

他是如此拼命地要忠实于自己的灵魂和他所信仰的神灵，以至于在他的学说接受人类情感的试金石的检验之前，他必须首先把每一个疑问都归结为一些基本的信仰和教条。

当教皇庇护四世[①]听闻其死讯后，评论道："这个异教徒之所以有这么大的影响力，在于他对金钱毫无兴趣。"如果尊敬的教皇陛下对他的这一番赞扬是不带任何个人恩怨色彩的话，那他说的话就是对的。加尔文一生都是一个极其贫穷的人，并且还拒绝拿最后一个季度的薪俸，"因为疾病，他不可能还像以前那样挣到那笔钱"。

但是他的力量却表现在别的方面。

他只有一个信念，他一生中都有一股无比强大的力量，推动着他为这个信念进行孜孜不倦的探求：认清《圣经》中展现的真正的神。他最终得出一个似乎能够抵抗所有的争论和反对意见的

① 教皇庇护四世，罗马教皇 1499—1565 年在位。

结论，并将其纳入了自己的人生法则中。在那以后，他就执意按照自己的意愿行事，对他做出的决定所产生的后果毫不关心，变得顽固无比，谁也无法征服。

然而，他的这种品质在许多年以后才显现出来。在他有了这样的信念后的头十年里，他别无选择，首先得全力解决最基本的生存问题。

无论是巴黎大学“新学术”的一次短暂的胜利、希腊语词尾的变化、希伯来语中的不规则动词，还是其他被禁止的知识成果都影响平平。当出现甚至连最高学府的校长的思想，似乎都受到了这些来自德国的有害新教条的侵蚀时，就有必要采取措施来清理学校的这些用现代医学的话叫做“思想携带者”的人了。据说加尔文就给了那校长[①]他许多最具煽动性的讲稿，也因此被列入了嫌疑人名单之首。他的房屋遭到查抄，论文也没收了，更有命令传来要将其逮捕。

他在得知此消息后，便躲到一个朋友家去了。

但是学术风暴从来不会持续太久。同时，加尔文要在罗马教会里任职也已经不可能了，是时候做一个明确的选择了。

1534 年，加尔文抛弃了以前的信仰。几乎与此同时，在远远高于法国都城的蒙马特区的山冈上，罗耀拉伙同他的学生们正庄严宣誓，并且这些誓言很快被纳入了耶稣会的会规。

于是他们都离开了巴黎。

罗耀拉决心东进，然而一想到他第一次对圣地攻击的失败，他便原路返回了罗马，并开始了一系列让他名扬（也许是臭名）四海的事业。

约翰则不同。他的“神学王国”是不受时空限制的。他四处漫游，希望能找到一块净土，并在那里读书、思考、心平气和地阐释自己的观点并以此度过余生。

---

① 1533 年，加尔文的挚友尼古拉斯·科布任巴黎大学校长，加尔文帮助他起草就职演讲词时，强调宗教改革是大势所趋，被法国王室认为是异端。

在前往斯特拉斯堡的途中，不巧碰上查尔斯五世和弗朗西斯科一世的战争爆发。因此他改为沿瑞士西部绕道而行。在日内瓦，约翰受到了法雷尔[①]的欢迎。当时法雷尔是法国宗教改革的领军人物之一，是所有宗教法庭和教会监狱通缉的首要逃犯。他张开双臂迎接约翰，告诉他在这个小小的公国内也可以实现他们的理想，并请求他能留在此地。加尔文考虑了一段时间，后来就答应留在那里了。

因为战争的缘故，他们决定将新天国建在阿尔卑斯山脚下。

世界还真是奇妙。

哥伦布航行本来是想去印度群岛，却意外地发现了新大陆。

加尔文，本来是想寻找一个供他安静思考、学习，度过余生的地方，却阴差阳错地闯进了这个三流的瑞士小城，并把它变成了一个精神之都，那里的人们不久就将绝大部分受天主教绝对权威统治的领域变成了一个巨大的新教帝国。

人们为什么还需要读小说呢？历史本来就是一部丰富多彩的小说，里面的故事应有尽有。

加尔文家里的那本《圣经》是否保存完好我们不得而知。如果它还在的话，那么第六章中记载但以理[②]事迹的那一页肯定磨损得比较厉害。这个法国的改革家是一个谦虚之人，然而他也常常从那个忠贞不渝侍奉上帝的仆人的故事中寻求安慰。这个忠心耿耿的仆人曾被扔进了狮子笼，最终他的清白救了他一命，未被迫害致死。

日内瓦不是巴比伦，它是一个可敬的城市，居住着很多令人尊敬的瑞士织布工。他们对待生活非常严肃认真，却也抵不上如今固守圣彼得堡教堂讲道坛的新宗教首领来得严肃。

不仅如此，那里还有个尼布甲尼撒，就是当时的一个撒沃伊

---

① 法雷尔，法国宗教改革家，生于加普。1509 年在巴黎大学学习，后任多种神职。为逃避当时对宗教改革者的迫害，前往了瑞士。1532 年赴日内瓦。

② 但以理，《圣经》故事人物。以色列著名先知。

公爵[①]。就是在和撒沃伊家族没完没了的争论的过程中，阿罗布热人[②]的后裔们决定联合瑞士其他州，参与到宗教改革运动中去。因此日内瓦和威登堡结盟，就如一场互利互惠的婚姻，是利益驱使他们结合，而非双方真有什么爱慕之情。

“日内瓦推行新教了!”这消息一经传出，那近五十种五花八门的教义、信条的狂热信徒便成群结队地涌进了莱蒙湖[③]畔。他们个个情绪高昂、精力无限，宣讲一些迄今为止普通人可以想到的最怪诞的教条、学说。

加尔文极端厌恶这些业余的“先知”。他充分意识到了这些热心有余，但是没有得到正确引导的人可能造成的危害，因此休养数月之后，加尔文要做的第一件事情，就是把他期望新教民应该怎样把握对与错的界限这一问题，尽可能精确简短地写下来，散发给他们。这样，就没有人会援引那老掉牙的借口——“我不知道有这些法则啊!”为自己辩护了。因此，他和他的朋友法雷尔亲自对所有日内瓦公民每十人一批进行分批检查，只给予那些发誓完全忠诚于这个奇怪的宗教法则的人完全的公民权利。

接着，他为年轻的一代人，写了个深奥的教义问答集。

再后来，他则极力说服市政会，将那些顽固坚持错误观点的人驱逐出城。

在为进一步行动扫清障碍了以后，他开始沿着《出埃及记》和《申命记》中政治经济学家们的思路，建立一个属于自己的王

① 撒沃伊家族是一个意大利皇族，1416 年在神圣罗马帝国皇帝的支持下首次获得公爵领地。1536 年，撒沃伊公爵对日内瓦的统治权被终止，法国国王弗朗西斯一世接管了萨沃伊家族的全部领地。

② 阿罗布热人，古代高卢凯尔特人部落。生活在今天法国－瑞士边境，包括日内瓦。

③ 莱蒙湖，即日内瓦湖。欧洲最大的湖泊，横跨瑞士－法国边境一带，面积约 583 平方公里。

国。和其他伟大的改革家一样，加尔文更像一个古代犹太人而不是一个现代基督教徒。他嘴上说信仰耶稣，对其敬仰无比，而心却倒向了圣人摩西那一边。

当然，这是人在感情上遭受到巨大压力时通常都会出现的现象。那些卑微的拿撒勒木工对仇恨、冲突都有自己的看法，并且态度非常明确、坚定，他们的观点和那两千多年来不论是国家还是个人用以完成某个目标的暴力手段之间根本没有相同之处可言。

因此，战争一俟爆发，在所有与此相关的人都默许的情况下，我们暂且将《福音书》撂在一旁，高高兴兴地在鲜血、炮声隆隆中摸爬滚打，以《旧约》中“以牙还牙，以眼还眼”的哲学为导向，无休止地争战下去。

宗教改革就是一场真正的战争，一场极其残酷的战争。在这场战争中，没有人可以奢求饶命，也很少有人被饶命。因此加尔文的王国，俨然一个武装阵地，在那里所有个人自由都一点点地被压制了，对此我们也无需感到震惊。

当然，这一切都是伴随着极大反对声音的。1538 年，加尔文统领的王国里，要求自由的声音空前高涨，因此他也被迫离开了此地。但是在 1541 年，他的拥护者们再次得势。在一片钟声和他的支持者“和撒那！和撒那……”的赞美声中，加尔文再次回到了他那罗纳河上的根据地。从此加尔文实际上成了日内瓦没有国王头衔的国王，并在随后的二十三年里致力于建立一个完美的神权政府，这是自以西结①和以斯拉统治时期以来，就从世界上销声匿迹的一种政治统治形式。

根据《牛津简明英语词典》，“训练”一词的意思是：“把……置于控制下；把……培养得顺从、有次序；训练。”这极其精确地表述了加尔文梦想中的整个“神权政治”体制的精神实质。

① 以色列先知。《圣经·旧约》中有一卷《以西结书》，传为先知以西结所做，共四十八章。

和大多数德国人一样，路德算是一个感伤主义者。因此，对他来说，仅仅一本《圣经》就足以指引一个人的生命走向永恒。

然而这样的说法，对法国的改革者们来说似乎太过模糊，这不合他们的胃口。或许《圣经》真的就是人生道路上的希望之光，然而这条道路太长、太黑，充满了太多的诱惑，往往会使人们在前进的途中忘记自己真正的目的地。

但是，加尔文就不会误入歧途，他是个例外。他对所有的陷阱、诱惑了如指掌，是不会为任何诱惑所打败的。即使他偶尔会偏离正轨，在岔路口徘徊不止，那每周一次的教士例会也会很快将他带回现实，使他重新担当起他的职责。在这个会议上，各个知名教士都应邀聚集在一起，自由批判彼此。因此加尔文成了那些诚心诚意渴望得到救赎的人的典范。

爬过山的人都有这个感觉，即专业的导游有时候就是一个专断独行者。在爬山途中，他们会不时提醒哪个地方一堆乱石很危险，或是某个地方看起来宜人的雪原事实上危机四伏等等。因此，无论走到哪里，他们都控制着整个团队，命令他们该做什么，不该做什么，应该怎么做等。并且对那胆敢不听招呼的莽撞的游客，往往都是严厉训斥，毫不留情。

加尔文统领的理想王国的牧师们，对他们的职权就有这样认识的。对那些失足的人，他们总是愿意伸出援手，询问他们是否需要帮助。然而如果有人蓄意偏离正轨，离开群体的话，那么那只曾经提供帮助的手就会收回去了，并立马变成拳头，以迅雷不及掩耳之势给他们以极其严厉的惩罚。

在其他一些组织中，教士们也期望拥有类似的权力。但是统治当局，由于非常害怕自身失去特权，几乎不允许教士们和法庭、刽子手争夺这些特权。加尔文非常明白这一点，因此他只是在其管辖范围内，建立了这种事实上凌驾于原有法律制度之上的教会训诫制度。

改革大战开始以来，在所有奇怪的历史误解中最流行的一种，并且最让人感到震惊的一种要数那认为“法国人（与他比邻的德国截然相反）是热爱自由的民族，并且极端憎恨任何形式的管制”的看法了。几个世纪以来，法国一直处于官僚体制的统治之下，这个体制比战前的普鲁士[①]的统治体制更加复杂，并且效率非常低下。政府官员基本不准时上班。他们工作清闲，穿着讲究，每天衣领也总是洁白无瑕，并且还经常一起抽劣质香烟。要不然的话他们就去管闲事，像东部的那个共和国的官员一样让人厌恶至极。然而普通民众，对他们的这些粗俗的行为也听之任之，这样的事情发生在这个生性反叛的民族身上，还真是让人吃惊不小。

加尔文，就从他拥护中央集权这一点来看，算得上是一个典型的法国人。具体说来，他几乎掌握了拿破仑之所以取得成功的全部秘诀。但和伟大的拿破仑不同，他个人完全没有什么野心。他只是一个极端严肃的人，胃口不大，也没有什么幽默感。

他在《旧约》中翻来覆去寻找他心中的那个耶和华。接着，他命令日内瓦的人民接受他对这段犹太历史的解读，把它当成上帝直接旨意的体现。

几乎是一夜之间，罗纳河上的这个欢乐的城市变成了一个到处都是愁容满面、不信仰神灵的罪人的聚集地。一个由六名牧师和十二名长者组成的城市宗教裁判所，不分昼夜地对市民的个人言论严加看管。一旦有人被疑有信仰那“被严厉禁止的异教”的倾向的话，就会被传讯到教会法官面前，严加审问，让其解释他们是从什么地方，通过什么途径弄到这些给他们灌输“邪恶”思想，使他们误入歧途的书籍。如果罪犯对他的行为表现出悔改之意，就会免于惩罚，只需被强制进主日学校[②]学习就可以了。然而，万一有人非常顽固地坚持自己的观点，不思悔改的话，那么他就必须在二十四小时之内离开这个城市，并且永远都不准再踏

① 普鲁士，位于北欧，1701 年起成为王国，1871 年成立了统一的德意志帝国。

② 主日学校，基督教教会最初为了向儿童灌输宗教思想，在星期天开办的儿童班，后来对象则扩大于各年龄人士。

进日内瓦共和国。

然而，并不仅仅是缺乏信仰正统宗教的意愿，会使人遭到宗教法庭的抓捕。如果有人在邻近小镇玩上一上午的滚木球（就是现在的保龄球），一经被发现（事实上，这样的事情总是会被发现），就会受到严厉的训诫。讲不合传统宗教胃口的笑话，不管起没起到作用，都会被看作是恶劣之举。如果有人敢在婚礼上大开玩笑，那他就足以招来一场牢狱之灾。

渐渐地，这个新天国就到处充斥着各种律法、布告、教皇手谕、法令等，规定什么事可以做，什么事不能做。生活变得极端的纷繁复杂，很大程度上失去了其原有的滋味。

要跳舞，不行！唱歌，不行！打牌，不行！赌博，当然更不行！要开生日派对，没门！摆摊子，做买卖也别想。丝绸、锦缎以及一切表面光鲜、华丽的东西都不允许。惟一让做的事情就是去教会做祷告，去学习新的教条学说。因为加尔文是一个有着积极上进思想的人。

然而这各种“禁止”标志可以防止人们犯罪，却难以迫使其接受它们所规定的美德。美德只能是来自心底的领悟。于是各种各样最好的学校、一流的大学在日内瓦建立起来了，并鼓励人们一切形式的学习。此外他们也建立了一些相当有趣的集体生活形式，吸引人们那过剩的精力，从而使普通民众完全忘记自己所受的苦难和约束。然而，如果加尔文的学说完全缺乏人情味的话，它不会长久地存在下来，也不会在近三百年的历史中起到如此关键的作用。不过这些都应该属于一本政治思想发展史的研究范畴。然而在此，我们感兴趣的是，日内瓦到底为宽容做了什么这个问题。结论是，实行了新教的罗马丝毫也不比实行天主教的罗马好到什么地方去。

在前面的章节里，我已经列举了当时一些可以减轻罪孽的情况。然而在一个经历了圣巴托罗缪日大屠杀[①]和许多荷兰城市被夷为平地等残酷事件，却对其无能为力的世界里，期望有一方（往往是力量比较薄弱的一方）能展现那等同于自取灭亡的美德，那简直就是不切实际的。

然而，这并不能开脱加尔文协助、煽动法庭杀害格鲁特和塞尔维特[②]的罪名。

对于前者，加尔文会借口说，他怀疑格鲁特很有可能曾煽动过市民暴动，是某个试图推翻加尔文教派的政党成员之一。然而塞尔维特几乎不可能对日内瓦的安全造成什么威胁。

因为照现代护照规则来说，塞尔维特只是“暂时过境”。本来如果再有二十四小时，他就可以逃离开了。然而他误了船，也因此丢了自己的性命，这也真是骇人听闻。

麦格尔·塞维图，可能说迈克·塞尔维特大家更为熟悉，是西班牙人。其父亲是一个非常让人尊敬的公证人（这在当时欧洲是一个半法律性质的职业，而不能简单的认为只是一个手里掌握着压印机，在见到某人签名后，压个印子再收取一定费用的人），并且要塞尔维特也从事与法律有关的职业。于是他被送到图卢兹[③]大学学习。那个时候比较幸福，所有的课程都用拉丁文教授。并且学术也是国际性的，因此只要你握了拉丁语的词尾变化和几十种动词的变化规律，就等于掌握了开启世界知识之门的钥匙。

在这所法国大学里面，塞尔维特结识了一个叫做胡安·德·昆塔纳的人，这个人后来成了国王查理五世的忏悔神甫。

在中世纪的时候，一个国王的加冕礼和当今的国际展览会很

---

① 圣巴托罗缪日大屠杀，1572 年 8 月 23 日从巴黎开始的屠杀法国胡格诺派教徒事件，发生于 8 月 24 日圣巴托罗缪日前夜，故名。

② 塞尔维特（1511—1533），西班牙医学家，神学家，出生于西班牙北部纳瓦尔的都城。

③ 图卢兹，法国南部城市。

相似。1530年查理在博洛尼亚[①]加冕为王，昆塔纳让他的这个朋友迈克尔做了他的贴身秘书。也就是在那时，这个聪明的西班牙小伙子大开了眼界。和那个时候许多的年轻人一样，对什么事情都无比好奇。在接下来的十年里，他广泛涉足了许多学科，如医学、天文学、占星学、希伯来文、希腊文，最要命的是他还尝试了神学。他是一个非常能干的医生，在从事神学研究的过程中，他还突然产生了血液循环的想法。这在他所著的数本反对“三位一体说”的书中的第一本第十五章有所记载。然而，没有一个审查过塞尔维特著作的人曾注意到他这一历史上最重要的发现，这也表明了十六世纪神学思想的片面性。

如果塞尔维特自始至终都坚持从事医疗事业，那么他完全可以平和安详地寿终正寝。

然而，他再怎么也无法使自己对那个时代棘手的问题不闻不问，任其发展。他和里昂的那些印刷所联系，针对各种问题发表自己的观点，著书立说，并付梓印刷。

当今社会，一个慷慨大方的百万富翁，有能耐使某所大学从原来的“三位一体大学”更名为某种时下非常受欢迎的香烟的品牌名，而不遭到任何反对。有媒介则评论“有丁古斯[②]先生这样慷慨大方的人难道不是一件大好事吗”。因此公众也随声附和，高呼“阿门”。

在当今这个已不会为任何亵渎神明的言语而感到震惊的世界，要对过去那个仅仅由于某一个居民被疑说了一些诋毁“三位一体”的话，就会使整个社会卷入一片恐慌的时期，进行描写则并非易事。但是，除非我们能够充分认识到这一事实，否则我们将永远也无法体会到塞尔维特在16世纪上半叶给那些“虔诚的基督徒”造成了怎样的恐慌。

可是他也绝非什么激进分子。

---

① 博洛尼亚，意大利城市。

② 丁古斯，原指一种叫不出名或一时忘了名称的东西，用在此有诙谐含意。

他可以说就是我们今天所称的自由主义者。

他抵制“三位一体说”中那些为新教徒和天主教徒都信奉的陈旧的学说。他笃信自己的观点是正确的（有人会说，他是太天真），这也导致他犯了一个非常严重的错误——写信给加尔文，要求加尔文允许他到日内瓦和他当面会谈，对整个问题进行彻底讨论。

然而，他没有得到任何邀请。

并且，他无论如何也是不会接受邀请的。

里昂宗教法庭的法官已经介入此事，塞尔维特被关进了监狱。这个法官从一封私人信件中风闻了这个西班牙人的亵渎之举。那封信是日内瓦的一个居民，受加尔文的指使，写给他在里昂的堂兄的。

很快，情况变得更加对他不利了，因为他们又发现了很多塞尔维特的手稿，也是加尔文秘密提供的。看起来似乎在加尔文眼里，谁来绞死这个可怜的人并不重要，只要他被绞死即可。而这些宗教法官们总是对他们神圣的职责疏忽大意，塞尔维特逃跑了。

开始，他试图赶到西班牙的前线阵地。但是要穿越法国南部到达那里，这么远的路程，对一个知名人物来说似乎太过危险，因此他决定沿日内瓦、米兰、那不勒斯和地中海绕道而行。

1553 年 8 月，一个周六的傍晚，他到达了日内瓦。他本来准备找一艘船过到湖的对面去的，然而因为是在安息日前夕，船只不能出航，人们告诉他必须等到星期一才可以坐船。

第二天就是周日了。因为不论是本地居民还是外地人，如果不参加礼拜都是有罪的，因此塞尔维特去了教堂。然而有人认出了他，他立即就被捕了。至于他们凭什么将他送进监狱，也没有个明确的说法。塞尔维特是西班牙国民，也没有被控触犯任何日内瓦的法律。然而他信奉自由主义，是一个亵渎神灵的人，胆敢按自己的观点对三位一体论进行解读。他这样的人想要用法律来保护自己，简直是荒谬可笑。一个普通的罪犯倒还可以，而一个异教徒就别做梦了！不由分说，他被关进了一间脏乱潮湿的洞穴里面，钱财也被没收了。两天以后他被带上法庭，法官要求回答列在一张单子上的三十八个不同问题。

这次法庭审判持续了两个月零十二天。

最终他被判犯了“动摇基督教根基的异教徒”罪名。在审判期间，他在回答问题时激怒了法官们。本来像他这种案子，特别是犯罪当事人又是外国人，应该被永久驱逐出日内瓦的。然而对塞尔维特的判决却是一个例外，他没有被驱逐出境，而是被判活活烧死的酷刑。

与此同时，法国的法官也对这个逃犯的案子重新开庭审理。宗教裁判所的官员们得出的判决结果和他们的新教同僚们一样，也判处塞尔维特死刑。并派遣地方司法长官去日内瓦，要求日内瓦将罪犯交予他押解回法国。

然而这个请求被毫不客气地拒绝了。

加尔文自己可以执行这个火刑。

走向刑场的那一段路真是恐怖，一路上牧师们都还喋喋不休地说教着，伴着这个异教徒走完人生最后的路。那痛苦一直持续了半个多小时还未结束，直到围观的群众出于对这个可怜的殉教者的同情，扔了一捆刚采的柴火到那熊熊燃烧的火焰上才告一段落。对那些很关注此类事情的人来说，这可能很有趣。不过这里我还是省去，不加描述为好。因为在那样一个宗教狂热如此恣意横行的时代，一次死刑又算得了什么呢？

然而塞尔维特的案子却有点独特，它所带来的影响是非常可怕的。因为它清楚地揭示了这样一个残忍的事实，那些一直以来高呼“保留自己观点权利”的新教徒，只不过是披着新教外衣的天主教徒罢了。他们和他们的敌人一样思想狭隘，对那些和他们持有不同意见的人同样残忍无比。他们只不过是在伺机建立自己的恐怖统治。

这样的指控是非常严重的。那可不是仅仅耸耸肩，不以为然地说一句“不然，你以为该怎么样”就能一了百了的。

我们掌握了大量关于这次审判的资料，并对当时其他人对这次死刑执行的看法有个详细的了解。读这些东西，真是让人倍感震惊。加尔文确实曾一时大发慈悲，建议不对塞尔维特执行火刑，转而改为斩首。塞尔维特对他大加感谢，并进一步提出另一个方案——他想请求释放。他坚持认为（似乎他总是在理），这个法庭对他没有司法权。他说他仅仅是一个追求真理的老实人，因此有权要求他的对手加尔文博士出庭，和他公开辩论。

然而，加尔文是不会去听这些的。

他曾发过誓，这个异教徒，一旦落入他的手中，就别想活着出去。而且他绝对是说到做到的。即使有规定，没有其宿敌宗教裁判所的合作他就不能给塞尔维特定罪，那也是丝毫不会影响他的决定的。甚至，如果教皇阁下刚好掌握了可以加重这个不幸的西班牙人罪名的文件的话，他就会不惜和教皇联合。

更糟糕的还在后面。

在塞尔维特要被处死的那天早上，他要求见加尔文一面。加尔文也来到了黑暗、脏乱不堪的地牢。

在这种场合，他至少可以表现得宽容一点，或者说表现得有更有人性一点的。

然而，他没有。

他站在这个一小时后就会见到上帝、诉说冤情的人面前，和他争论起来。他争得口沫四溅，脸色铁青，并大发雷霆。在争论中，对于什么怜悯、慈善、仁慈等他只字未提。言语中只有恶毒和仇恨：“你这个顽固的恶棍，你活该受此酷刑，快点被烧死吧！下地狱去吧！”

这都是发生在许多年前的事情了。

塞尔维特死了。

再多的雕像、纪念碑也无法让他复活了。

加尔文也死了。

一千卷诅咒也不会打扰到坟墓中的他了。

那些人都死了。那在审判过程中激动得直打颤，惟恐这个亵渎神灵的恶棍再次逃脱的极端狂热的宗教改革家们死了；那坚决支持教会的人，在死刑执行后大唱赞美之歌，高兴地写信相互转告“向日内瓦致敬！总算做了该做的事”的人也死了。

所有的人都死了。或许，我们也最好是忘记他们。

惟一一件事我们需要牢记。

宽容就好比自由。

并不是你祈求它，你就会得到它。除非永远保持关注和警惕，否则你也难以保住它。

为了将来我们的子孙中出现的塞尔维特式的人物，让我们好好记住这一点吧。

16

再洗礼教徒[①]

每一代人中都会出现一些怪物。

我们这一代人有“赤党分子”。

我们的父辈有那些社会主义者。

我们的爷爷辈有莫利·马圭尔[②]。

我们曾祖辈中出现了雅各宾派[③]。

而我们那三百年前的祖先们的境况也好不到什么地方去。

他们那时代出现了再洗礼教徒。

十六世纪最受欢迎的《历史概要》是一本“世界史”或编年史。作者是居住在乌尔姆[④]的肥皂生产商、禁酒主义者、作家塞巴斯蒂安·弗兰克，他于1534年出版了此书。

塞巴斯蒂安对再洗礼教徒有所了解。他本身就和一个再洗礼教徒的女儿结了婚。他并非赞成他们的观点，因为他是一个坚定的自由思想者。他曾这样描述再洗礼教：“再洗礼教只是教它的

① 再洗礼教徒，较早的新教派别，诞生于胡司宗教战争时期的捷克。它认为天主教在婴儿出生时做的洗礼是违背人本身的意志的，因而是无效的，要求信徒在入教时重新洗礼。

② 莫利·马圭尔，美国宾夕法尼亚州矿工的秘密组织。

③ 雅各宾派，法国大革命时期的资产阶级激进派。

④ 乌尔姆，德国南部城市。

教徒们要学会爱，要有信仰，要学会忍耐一切肉体的磨难；要谦卑地忍耐任何艰难困苦，真心地给予彼此帮助；他们以兄弟相称，认为所有财物都可共享。”

如果这些都是真的，那么这些拥有好品质的人，竟然在近乎一百年的时间里一直被人像捕猎野兽般四处追杀，并遭受几百年以来最残忍的刑罚，这难道不是很奇怪的事吗？

那的确是事出有因，要明白个中道理，我们首先得了解宗教改革的一些事实。

宗教改革事实上什么问题也没有解决。

它不仅没有摧毁原有的监狱，而且还给世界增添了另一个监狱。只不过世界以前是教皇说了算，现在是《圣经》说了算，并且它建立起（或者试图建立）一个黑袍牧师的统治秩序，代替原有的白袍牧师的统治。

经历了半个世纪的争斗和流血牺牲却得到这样一个结果，人民内心深感绝望。因为他们本期望会迎来一个社会公平、宗教信仰自由的新时期，而从来没有想到会再次陷入一个经济上受束缚、精神上受到残酷迫害的地狱。

他们本来做好了冒一切危险的准备。然而事与愿违，现在他们被夹在一个夹缝中，不得不拼命挣扎来摆脱这两难境地。

他们当时的处境非常危险。他们离开了原有教会，摈弃旧的宗教信仰。他们的道德心又不允许他们加入新的教会。当权者则以为他们已经死了。然而，他们却真真切切地活着，还呼吸着。他们深信他们是上天的宠儿。既然如此，他们有责任勇敢地活下去，或许有一天他们就会把这个世界从愚昧和邪恶中拯救出来。

不管用了什么方法，他们最终还是活了下来。

既然旧有的团体被粉碎，那就组建新的团体，选举新的领导者。

但是又有哪个有理智的人会愿意来领导这些卑微的狂热分子呢？

结果，能未卜先知的修鞋匠和沉浸在幻想中的歇斯底里的接生婆分别担任起男先知和女先知。他们做祷告，鼓吹新教义的好处，甚至胡言乱语，以至于他们的集结场所，时时传出一阵阵高呼“和撒纳！和撒纳!”① 的声音，那声音震耳欲聋，似乎连房梁都快给震下来了。而此时乡村里的法警们也迫于无奈开始留心这不体面的骚乱。

接着，有好几个男人和女人被送进了监狱。而他们那高高在上、无所不能的市镇议员们则把这漂亮地称之为“调查”。

这些人不去天主教教堂做礼拜，也不信奉新教。那就请他们解释一下他们是什么人，他们的信仰何在。

说句公道话，这些市镇议员的处境真的很尴尬。因为这些囚犯，对自身宗教信仰毫不含糊，非常坚定，是所有异教徒中最难对付的一批人。即便是那些令人尊敬的改革家们，都不免落入俗套，认为为了生活得舒适、有自尊一点，适时做出一些让步也无可厚非。

真正的再洗礼教徒完全不同，他们自有才干。他们对所有妥协措施都非常厌恶。耶稣曾教导他的追随者道：“别人打你的左脸，你把右脸也给他打；那些挥刀弄剑之人最终会死在刀剑之下。”而对再洗礼教徒来说，这无异于告诫他们不要使用暴力解决问题。他们并不愿意听别人唠叨，说什么“情况因环境变化而变化；虽然反对战争，可是这是一场不同性质的战争，因而要是扔点炸弹、鱼雷什么的，上帝也不会怪罪的”。

神谕就是神谕，它就是一切。

因此，这些人拒绝应征入伍，拒绝拿起武器。并且万一，当他们因为其所宣扬的“反战论”（因为他们的敌人认为这实际上是基督教的东西）而被逮捕的时候，他们会坦然地面对自己的宿命，嘴里不断默默念叨《马太福音》第二十六章第五十二节的经文，直到死亡结束他们的痛苦。

反对战争只是他们那些奇怪计划中的一小部分。耶稣曾说

---

① 和撒纳，赞美上帝的声音。

过："天国和恺撒统治的帝国截然不同，它们不可能和谐共存，也不应该和谐共存。"这些话再清楚明白不过了。自此以后，所有虔诚的再洗礼教徒都不再参与政事。他们拒绝担任任何公职，并将他们所有的时间都用来阅读和研究《圣经》，而不是像其他人那样，将时间浪费在无聊的政事中。

耶稣也曾告诫他的门徒不要卷入不顾颜面的争吵中去。于是，这些再洗礼教徒宁愿牺牲他们一切的合法财产，也不会向法院提出任何异议。

他们还有很多其他奇怪的特点，这些特点将他们和整个世界隔离开来。然而他们这些怪异的特点却引起了那些愚笨而又自得其乐的邻里对他们的怀疑和憎恨，因为这些邻里总是将他们的虔诚和那条听起来不错的教义"待人宽容，人亦宽容以报"混为一谈。

即便是如此，再洗礼教徒和浸信会①教徒以及其他非国教派的人一样，只要能成功避免朋友的中伤，他们也最终会找到方法调和与权威当局的矛盾。

毋庸置疑，许多虔诚的布尔什维克主义者深爱着他们的无产阶级同胞，并且只要他们还活着，他们就会将全部精力都用于建立一个更美好、更幸福的世界。但是，一个普通的人在听到"布尔什维克"这几个字的时候，他只会想到莫斯科和一小撮文化恶棍的恐怖统治，以及那挤满无辜民众的监狱，还有那满脸带着鄙夷之色的刽子手，他们正嘲笑那些可怜的将要被处死的受害者。这一幅画面所展示给人们的还是稍微有失偏颇的。然而俄国在那七年间发生了那么多神秘的为人所不齿的事情，人们会产生这样的想法是再自然不过了。

那十七世纪虔诚善良、爱好和平的再洗礼教徒也遭遇了类似的困境。作为一个教派，他们被怀疑涉嫌许多奇怪的罪名，而且

① 浸信会，又称浸礼会，基督新教主要宗派之一。十七世纪上半叶产生于英国以及在荷兰的英国流亡者中。当时属清教徒中的独立派。

指控他们的人有充分的理由。首先，他们笃信《圣经》，根深蒂固、毫不动摇。当然，光凭这一点根本不能说他们犯了什么罪。但是请听我把话说完。这些再洗礼教徒可以不带任何偏见地去阅读、研究《圣经》，但是如果他们中有人特别偏爱《启示录》，那他就有危险了。

这本书直到十五世纪还被人指责是一本“伪造的经文”，但对那生活在感情大动荡时期的人们却有吸引力。那些被流放到帕莫斯岛上①的人所说的话，只有那被人四处猎杀的可怜人才听得懂。当他再也无法忍受那被流放的无能为力的现状的时候，他内心的愤怒便爆发出来，歇斯底里地发出对现代巴比伦的预言，于是所有的再洗礼教教徒都一齐高呼“阿门”，并祈祷新的理想之国快快来临。

意志薄弱之人在强烈的刺激之下失去控制也不是第一次了。并且几乎每一次对再洗礼教徒进行迫害都会引发一场突然的暴力式的宗教狂热。不管是男人还是女人都会在大街上裸奔，高呼世界末日来临，他们全然地沉湎于这些诡异的行为，不惜牺牲一切，以期神灵的愤怒得到安抚。老女巫们则趁机混入其他教派的宗教仪式上，嘴里尖声叫喊“魔鬼来了”，故意破坏他们的仪式。

当然，类似这种苦恼（程度较轻）时常会发生在我们的身边。就是随便读读报纸，你都经常会读到此类令人心痛的报道：如在俄亥俄州、爱荷华抑或是佛罗里达州的某个偏远的山村里，某个女人用一把切肉刀宰了自己的丈夫，仅仅因为“天使告诉她要这样做”；或者某个父亲亲手杀死了他的妻子和八个孩子，只为他听到了七只号角②的声音。然而这些事件是极为罕见的，当地警察不费吹灰之力就将其处理了，他们对共和国生存和安全并

① 帕莫斯岛上，爱琴海上的一个小岛，在土耳其和克里特之间。《启示录》传为使徒约翰被放逐此岛时所作。

② 《启示录》中描绘的世界末日的五组景象，即七印、七号角、七异兆、七碗，以及基督与恶魔争战。

不构成什么威胁。

但是1534年在美丽的小镇明斯特[①]发生的一件事的性质却截然不同。在那里，一个严格信奉再洗礼教的新天国宣告成立了。

整个北欧的人民一想到那一年的初春，就不寒而栗。

这其中的罪魁是一个相貌英俊的年轻裁缝，名叫詹·比克斯宗，在历史上也称为"莱顿的约翰"，因为他从小就在拥有勤劳人民的小城市里长大，整个童年都是在古老而宁静的莱茵河畔度过的。像那个时候所有的学徒一样，他总是到处奔波、游历，学习他所从事的职业所需的所有本领。

他会读点书，写点字，偶尔也能写出个剧本来。他从来就没有受到过真正的教育。但也从来不会像其他人那样，因为自己不体面的社会地位和贫乏的知识而备感谦卑。他相貌英俊，而且脸皮很厚，像一只孔雀般爱慕虚荣。

在离开英国和德国许多年以后，他回到了生他养他的故土，并且开了一家裁缝店。与此同时，他也开始涉足于宗教事务，这标志着他那不平凡生涯的开始，因为他成了托马斯·芒泽尔的信徒。

这个芒泽尔，本是个面包师，但是却非常有名。他是再洗礼教的三个先知之一。1521年的时候，这三个先知突然就出现在威登堡[②]，企图向路德指出怎样才能找到真正拯救世界的方法。他们这个意图固然是好的，然而他们的努力却得不到别人的赏识。不仅如此，他们还被无情地驱逐出新教的根据地，勒令不许再踏进萨克森公爵们管辖之地一步。

---

① 明斯特，德国城市，地处广袤的北德平原腹地，属下撒克森州。面积19.3平方公里，今多有驻军，因而有"军营城市"之称。

② 威登堡，是位于德国柏林附近的一座小城。这个小镇之所以非常有名，因为这就是罗德马丁在天主教堂大门张帖95条天主教罪状的地方；而马丁·路德本人也葬身该地。

到了1534年，再洗礼教徒已经被挫败了无数次，各种情况都对他们非常不利，因此他们决定破釜沉舟来一次最后的努力。

而他们选择威斯特伐利亚[①]的明斯特作为最后的实验地，这也并不值得惊讶。当时，弗兰兹·范·瓦德克是这座城市的公爵兼主教，他是一个性格粗鄙的酒鬼，并且他还公开和许多女子同居。从他十六岁起，就是这副德行了，他那放荡不羁的私生活很为人所不齿，也因此得罪了所有正派人士。当新教开始在小镇盛行时，他也不得不妥协。然而，因为长期以来，人们就认为他是一个不折不扣的骗子，毫无诚信可言，因此尽管他和新教徒签订了《和平友好条约》，新教徒们还是没有什么安全感，而没有安全感的生活是非常不舒服的。于是，明斯特的居民一直处于激动、亢奋的状态，等待着大选的到来。但是结果确实让人吃惊不小，政权落入了这些再洗礼教徒的手中，主席也成了一个叫伯纳德·尼普多林克的人，这个人白天是布匹商，晚上就是一个不折不扣的先知。

而主教则只瞥了一眼这些新的市镇议员，便落荒而逃了。

这个时候，约翰出现了。他以詹·马希斯的使徒的身份出现在明斯特。马希斯是哈勒姆[②]的一个面包师，他自己开创了一个教派，被人尊为圣人。当约翰听说再洗礼教徒的事迹时，他便留下来，祝贺他们的胜利，并帮助他们清除旧教残余。如果这次不彻底清除的话，再洗礼教就会前功尽弃，因此他们的意志非常坚决。他们将教堂变成采石厂。他们查抄了修道院，让那些无家可归的人在里面居住。并且所有书籍除了《圣经》以外都予以公开的焚烧。在运动到达高潮时，那些拒绝接受再洗礼教的人则被关押到主教管辖下的集中营，在那里他们或是被斩首，或是被淹死，理由是他们是异教徒，杀死他们不会带来什么损失。

这所有的一切还只是序曲。

---

① 威斯特伐利亚，德意志联邦共和国西北部一地区。

② 哈勒姆，荷兰西部城市。

恐怖的事情还在后面。

这时，四面八方信仰各种新教义、新信条的上层教士们都急匆匆地涌入了明斯特——新耶路撒冷。在那里，一些相信自己有责任促进社会进步的人加入了他们的行列，这些人都是情绪激昂而虔诚的市民，然而一俟谈到政治和治国就如同婴儿般，什么也不懂。

对明斯特的围攻整整持续了五个月，在这一时期，几乎每种新兴的治国方案、计划、系统等都在这里做了尝试。每一个羽翼初丰的先知都曾在议会讲坛上挥斥方遒了一番。

当然，这样一个到处充斥着亡命之徒、瘟疫和饥饿的城市，是不适合实施社会学家们的理论的。加上各个小集团、小派别之间无休止的争战，削弱了各派领导所做出的一切努力。在这个危急关头，只有裁缝约翰挺身而出。

他一生中那短暂的辉煌时刻到来了。

在那个到处都是饿得奄奄一息的人和痛哭流涕、无家可归的孩子的地方，任何事情都是有可能发生的。约翰将他在《旧约》中学到的那一整套神权政体组织理论毫厘不差地引进到这个地方。他把明斯特的公民分成十二个以色列部族，加冕自己为国王。他本已经和先知尼布多林克的女儿成婚。现在他又娶了他以前的师傅约翰·马希兹的遗孀为妻。接着他还效仿所罗门①封了几个妃子。于是一场可怕的闹剧就此登场。

约翰整天都坐在城市中间大卫王的宝座上面，其他人则分站在国王的两旁，听皇家法庭的教士宣读最新的法令。这一切来得如此迅猛，是因为这座城市的命运越来越令人绝望，人们急需一个强有力的统治来拯救这座城市。

然而，约翰天生是一个乐观主义者，笃信一纸法令的无限威力，从不怀疑。

---

① 所罗门（？—932），以色列国王，在位期间，发展贸易，以武力维持其统治，使犹太达到鼎盛，以智慧著称。

一俟有人抱怨说很饿，约翰就许诺会解决此事。并且立马签订了法令，命令将所有社会财富在穷人和富人之间平均分配；并且将所有的街道都改造成蔬菜园，普天之下不论贫富都一起享用所有食物。

开始，法令的执行也还不错。但是，不久就有人揭发说有些富人藏匿了部分财产。于是，一边安慰这些人不要担心，一边又下了一道命令，规定任何人如果触犯法律，一经发现，立即做斩首处理。这里要说一句的是，约翰这可不是虚张声势，因为，这个以前的裁缝，当今的国王，剑法也了得，和他当初使用剪刀的功夫不相上下，经常自己亲自将那违法者斩首。

接下来的一段时期，人们如同进入了幻觉，陷入各种宗教狂热之中。不管白天还是黑夜，千千万万男男女女都簇拥在市场，等待加百利[①]天使吹响号角。

再后来，可以说是一个非常恐怖的时期了。因为，这个嗜血成性的先知竟然亲自割了他的一个皇后的喉咙。

这必将遭到报应。很快，有两个市民在非常绝望的情况下，打开城门把主教的军队迎了进来，于是先知也被他们的军队给活捉并被关进了铁笼子。不仅如此，他还被拖到威斯特法轮郊区的各大集市游行示众，最终被折磨死了。

这一段历史实在是怪异，它使那些虔诚的、思想单纯的人对此感到恐怖无比。

也是从那一刻起，所有的再洗礼教徒都被判为违法之徒。那些得以逃脱明斯特大屠杀的再洗礼教领导者，也像兔子般被猎人穷追不舍，并且一旦被抓住便就地正法。每一个神职人员、牧师都愤怒地谴责再洗礼教徒。他们恶毒地诅咒他们，抨击他们是共产主义者、叛徒、暴乱分子，企图颠覆现有的社会秩序，比恶狼和疯狗更不值得人们的同情。

历史上对异教徒的打击很少有这么成功的。作为一个教派，

---

① 加百利，《圣经》七大天使之一，上帝传送好消息给人类的使者。

再洗礼教已经走到了尽头。然而，奇怪的是，他们很多观点被保留了下来，为其他教派所用，并被融入到了各种各样的宗教和哲学体系中。他们受到人们的推崇，成为每一个人的精神生活和智力传承的重要组成部分。

陈述这样的事情是件易事，然而要解释其中的原因就不那么容易了。

几乎毫无例外，再洗礼教徒都属于那认为甚至连墨水也是不必要的奢侈品的阶层。

因此，连他们的历史都是由那认为这个教派是一种极其有害的宗教派别的激进主义人士记载下来的。直到现在，在历经一个世纪之后，我们才开始明白这些卑微的农夫、工匠们的思想，在形成和发展更加趋于理性和宽容的基督教教规、教义中所起的巨大作用。

然而思想就像闪电那样，我们永远也无法知晓它下一刻会袭击哪个地方。然而如果暴风雨降临在锡耶纳①的上空，那么明斯特安装的避雷针还会起作用吗？

---

① 锡耶纳，意大利城市，是与佛罗伦萨齐名的托斯卡纳的古都。小城的历史已经超过1000年。在锡耶纳市和锡耶纳大学之间几乎没有人和界限，是一座大学城。

17

索齐尼一家

在意大利，宗教改革从来就没有成功过，也不可能成功。首先，南部的人对他们的宗教信仰并不严肃，更不会为之而战；其次，由于靠近罗马这个有着大大小小的宗教裁判所的中心城市，如果有人沉迷于发表个人观点则是非常危险的，那代价高昂，他们也消受不起。

但是，遍布于意大利半岛的成千上万的人道主义者当中，必然有一些“害群之马”，他们更推崇亚里士多德而不是圣克里索斯托。这些好心的人，本来有很多机会可以发泄他们那过于旺盛的精力，例如，他们可以去俱乐部、咖啡屋或者各种各样的体面文雅的沙龙坐坐，在那里男男女女聚在一起，相互发表一下自己的高见，发泄一下情绪就可以了，同时也不会颠覆帝国的权威。这样不是乐在其中，心灵又得到了慰藉吗？更进一步说，生活整个不就是一场妥协吗？它一直是一场妥协，将来也永远都是一场妥协。

为什么稍微听到一点关于人的信仰的事情人们就会激动万分呢？

有了前面的一番介绍，读者就不会期望下面两位将要登场的英雄会和夸夸其谈及硝烟炮火等有什么关联了。他们两个本都是谈吐斯文的绅士，并且把自己该做的事情做得体体面面，让人感觉很愉快。

最后，在推翻长期压迫世界的教条式独裁统治的运动中，他们比那些大声叫嚣的改革者们作出了更大的贡献。世界上就是有些有趣的事情，人们是怎么也无法预知的。然而，它们的确是发生了。我们也会对此表示感激，然而至于它到底是怎样发生的——唉——我们是无法完全明白的！

这两个在理性的园地里默默耕耘的人都叫索齐尼。

他俩是叔侄。

也不知道什么原因，叔叔莱利奥·弗朗切斯科在写他的名字时只写一个“Z”（Sozini），而侄子福斯托·保罗写名字时用的是两个“Z”（Sozzini）。但是，他们的拉丁名索齐尼（Socinius）比其意大利名索兹尼（Sozzini）更让人熟知，至于其间的细节我在这里就不多说了，留给我们的文法学家和词源学家去考证吧。

说到这两个人的影响，叔叔则远远比不上侄子。因此，这里我先说说叔叔，再来谈侄子。

莱利奥·弗朗切斯科是锡耶纳人，他的家族成员都是银行家或法官。因此，家里也理所当然要他将来也做法官，于是他进了博洛尼亚大学[①]学习。和那个时代的许多人一样，他开始涉足神学，不再潜心学习法律，转而学习希腊语、希伯来语以及阿拉伯语，并最终成为了一个（那时像他那样的人都是这样）崇尚理性的神秘主义者——曾经相当了解这个世界，但却从未真正了解这个世界。这听起来似乎很复杂，但明白我的意思的人，无需我进一步解释就自然能明白，而不明白的人，任凭我说什么，也是不会明白的。

然而，他的父亲认为这个儿子可能在文学界有所成就。于是他给了儿子一张支票，让他走出家门，到外面去开拓自己的眼界，增长见识，因此莱利奥离开了锡耶纳。在随后的十年里，他

① 博洛尼亚大学，该大学在意大利。

到过了很多地方，从威尼斯到日内瓦，日内瓦到苏黎世[①]，苏黎世到威登堡，又从威登堡到了伦敦，伦敦又到布拉格、再后来到了维也纳和克拉科夫[②]。每到一个小镇或村庄，他都会待上几个月甚至几年，期望能碰到一些有趣的人，从而了解一些新奇而有趣的事情。那个时代，宗教是人们不厌其烦的谈资，就如当今人们谈论生意那样乐此不疲。因此莱利奥肯定是收集到了许多新奇的观点和看法，并且通过留心观察和倾听，他很快对地中海和波罗的海沿岸国家的每一种宗教异端的情况了如指掌。

然而当他带着满脑子学问来到日内瓦时，虽然受到了礼貌的接待，但是似乎不那么热情、诚恳。加尔文暗淡的眼神落在了这个来自意大利的访客身上，怀疑重重。这个气度非凡的意大利年轻人有着殷实的家庭背景，并非如塞尔维特那样是一个无依无靠的穷困潦倒的流浪汉。但是，据说他却是一个青睐塞尔维特学说的人。这一点，就让人感到很是不安。因为加尔文原本以为，是否信奉"三位一体说"这一问题，早在烧死这个西班牙异教徒的时候就已经圆满解决了。然而事实恰好相反！塞尔维特被焚烧的命运早已成为马德里[③]、斯德哥尔摩[④]等地的人们热议的话题，并且世界上所有思想严肃的人都站在了"反三位一体"说的一方。不仅如此，这些人还充分应用古腾堡那"可恶"的发明，来

① 苏黎世，位于苏黎世河畔，是瑞士最大的城市，苏黎世州首府。有两千年的历史，是由罗马人在此设立税卡而得名。

② 克拉科夫，波兰南部一城市。克拉科夫是波兰第三大城市，历史上波兰的故都。文艺复兴时期，波兰是欧洲东部最繁荣、最强大的国家。由于能够从立陶宛和俄罗斯那里接触到蒙古和中原文化的先进知识，波兰在很长时间内保持着欧洲最先进的国家的美誉。而克拉科夫则是欧洲文化和科学的中心。著名的天文学家哥白尼就曾在克拉科夫大学接受教育。

③ 马德里，西班牙首都，地处伊比利半岛中心。它位于梅赛塔高原上，有四百多年的历史，人口超过三百万。

④ 斯德哥尔摩，瑞典首都，是北欧第二大城市，位于梅拉伦湖与波罗的海的交汇处，由 14 个岛屿组成。素有"北方威尼斯"之称。

传播他们的观点，并且由于离日内瓦足够远，没有什么后顾之忧，因此他们在言辞上对日内瓦的抨击是毫不客气的。

没过多久，一本内容高深、渊博的小册子面世了。里面汇集了历代教会神父所说的、所写的有关怎样迫害和惩罚异端分子的一切资料。这本小册子在那些“仇恨神灵”（如加尔文所言），或者是自称“仇恨加尔文”的人当中引起了巨大反响，并很快销售一空。加尔文公开表示要和写这本小册子的作者“单独谈谈”。然而，这个聪明的作者早就预料到这一点，所以在书页上并未署名。

据说这个人叫做塞巴斯蒂安·卡特斯里奥，曾是日内瓦的一位中学老师，他对各种各样出格的神学观点都采取中庸态度，使得加尔文对他极端仇恨，然而蒙田却非常赞同。但是，没有人能证明这一点，这只是传闻而已。但是，只要有人带头，那么其他人就会紧跟其后。

因此，加尔文对这个索齐尼虽然略显冷淡，但也还不失客气。他向其建议说，巴塞尔[①]温润的天气，比萨瓦湿润的天气更适合锡耶纳人，并且在索齐尼开始动身前往著名的伊拉斯谟堡垒的时候，加尔文还衷心地祝愿他能平安地到达那里。

然而，令加尔文感到欣慰的是，这个索齐尼家族的后裔后来引起了宗教裁判所的怀疑。可怜的索齐尼所有的财产都被裁判所剥夺殆尽，并且很快他就发高烧病倒了，最终在苏黎世去世了，年仅三十七岁。

他这突如其来的死亡让加尔文统治下的日内瓦很是幸灾乐祸了一番，然而好景不长。

因为，索齐尼身后除了有一个遗孀和几大箱手稿之外，还有一个侄子。他的这个侄儿不仅继承了他叔叔的那些未曾出版的手稿，而且很快也成为一个塞尔维特迷，比起他的叔叔是有过之而

① 巴塞尔，瑞士城市，邻近德国、法国和瑞士三国，是欧洲最有吸引力和保存最完好的古老城市。

无不及，很快他也名声大震。

在他年轻的时候，福斯托·索齐尼和老索齐尼一样游历过许多地方。他的祖父给他留下一小笔财产。他直到近五十岁的时候才成婚，这使他得以把所有的时间都花在了他最热衷的神学研究上。

曾经有那么一段时间，他似乎在里昂做生意。

至于他是做什么生意的，我也不得而知，但是似乎就是做这些具体物品的买卖而非精神消费品的经历使他坚定了他的这个看法：通过消灭竞争对手等不正当手段获利事实上是非常少的，或是在看到别人做生意做得比自己好就大发脾气这也是不值得的。并且他在有生之年对此常识始终都保持着一个清醒的认识。而且那时的账房也非常重视这一点，然而在宗教学校的课程中却难觅其踪影。

公元 1563 年，福斯托返回意大利。在回国途中，他拜访了日内瓦。似乎他并不曾对当地主教表现出半点尊敬之意，并且当时的加尔文早已重病缠身，又一个索齐尼家族的人的来访让他更加的不安。

在随后的十二年里，索齐尼效劳于一个叫伊莎贝拉·德·梅第奇的女人。但在 1576 年这个可怜的女人，才过了几天幸福的婚姻生活便被她的丈夫保罗·奥尔西尼谋杀了。索齐尼也因而辞职，永远地离开了意大利转去了巴塞尔。在那里他将《旧约·诗篇》翻译成了意大利方言，并写了一本关于耶稣基督的书籍。

从他所写的文章来看，福斯托是一个非常谨慎、小心的人。首先他耳背得厉害，这样的人本来就比较谨慎。

其次，他主要靠阿尔卑斯山脉另一侧的几处地产获得钱财，并且托斯卡纳①的权贵们也暗示他：一个被疑与“路德教”有染的人，最好不要太大张旗鼓地研究那些为宗教裁判所厌恶的事情。因此，他在写作中用了许多笔名，并且在付梓印刷之前，他

① 托斯卡纳，意大利北部地区。

会请许多朋友们都先翻看一遍，直到他们认为比较安全时才出版。

因此，他的书未被列入在禁书之列。并且，他的那本《耶稣的生活》还一路传到了特兰西瓦尼亚[①]，落到了另外一个思想自由的意大利人手里。这个人是私人医生，为一些嫁给了波兰和特兰西瓦尼亚贵族的米兰和佛罗伦萨女士效劳。

特兰西瓦尼亚当时是欧洲大陆的“远东”地带。一直到十二世纪初，它还是一片荒野地带，它也曾是德国转移过量人口的方便之地。那些勤劳的撒克逊[②]农夫将这块肥沃的土地变成了一个繁荣而井然有序的小国，那里有城市、学校甚至还有一所大学，然而它仍然远离旅行和贸易等的交通要道。因此，这对那些出于这种或那种原因，希望有沼泽和山脉将他们与宗教裁判所忠实的追随者隔开的人来说，是一个理想的居住之地。

至于波兰，这个不幸的国家几个世纪以来总是和反动主义、大国沙文主义联系在一起。因此，当我在这里告知读者，在十六世纪上半期，那里曾是一个真正的庇护所，专为欧洲各地那些由于其宗教信仰的原因而遭到迫害的人提供救助，许多读者对此肯定会吃惊不小。

这种出乎意料的局面，完全符合典型的波兰风格。

波兰共和国长期以来，在整个欧洲大陆上是管理最为混乱的国家，这一点众所周知。然而，那时候对于高层教士到底失职到什么程度是没有一个清楚的认识的，因为那时西方国家教会中出现那种放荡不羁的主教、酩酊大醉的乡村牧师已是一种通病，是再普通不过的事。

然而，十五世纪下半叶，从波兰到德国大学学习的学生开始

---

① 特兰西瓦尼亚，中世纪时特兰西瓦尼亚曾是一个公国。十一世纪末，并入匈牙利王国。1867年后，成为奥匈帝国的属领。第一次世界大战后，奥匈帝国瓦解，根据《凡尔赛条约》为罗马尼亚所领有。

② 撒克逊，日耳曼民族的一支。最早居住于波罗的海沿岸。

迅速增长，这立刻引起威登堡和莱比锡当局的高度重视。他们开始追究是什么原因使然。结果发现原来是原本隶属于波兰教会的克拉科夫学院，由于疏于管理而江河日下，以致后来走到了完全无法为继的地步。因此可怜的波兰人迫于无奈，只有要么不再继续深造，要么到国外接受高等教育。而后来，由于当时德国的大学普遍受到新教的影响，都纷纷推崇新教，这自然而然吸引了不少从华沙、拉多姆①以及琴斯托霍瓦②来的有志的年轻人跟风到此学习。

并且，在他们回到家乡后，个个都已是羽翼丰满的路德教教徒了。

在宗教改革的最初阶段，国王、贵族、教士要扑灭这些风行的“异端邪说”还是很容易的。但是要采取这样的举措，共和国的统治阶级就必须联合在一个明确而共同的指导方针下。这明显是行不通的，因为依据这个奇怪国家的一项神圣传统，即哪怕只有一票反对都足以颠覆一部法律，尽管国会中其他成员都支持它。

当跟着这个威登堡（指路德）教授信教还可以附带得到一些经济上的收益——包括没收所有教会的财产获得收益的时候（如不久以后发生的那样），那居住在波罗的海和黑海沿岸的博莱斯瓦夫家族，弗瓦迪斯瓦夫家族，以及其他的一些骑士、伯爵、男爵、王公贵族、公爵等人便下定决心信仰这一教派，因为信仰它也就意味着他们的钱袋会跟着胀得鼓鼓的。

然而这些人对教会财产的恶意争夺促成了波兰历史上几个著名的“过渡时期”的形成，自古以来波兰人就一直利用这些“过渡期”来延缓清账日期的到来。在这一时期，政府当局都处于瘫

① 拉多姆，波兰中东部城市，在华沙南约 90 公里，拉多姆省首府。十二世纪起长期为贸易通道，现仍为重要的交通枢纽，华沙－克拉科夫铁路上的大站。

② 琴斯托霍瓦，波兰中南部省分。1975 年设立，面积 6.182 平方公里（2387 平方里）。大部为工业化地区。

痪状态，而新教徒则恰好利用了这一时机，在不到一年的时间里，他们就在这个王国各个地方都建立起了自己的教堂。

然而，由于新教牧师之间无休止的神学争端使广大农民又倒向了天主教堂的怀抱，波兰再一次成为天主教最坚固的堡垒之一。然而在十六世纪下半叶，波兰共和国享有完全的宗教自由。当西欧的天主教和新教开始宣战消灭再洗礼教的时候，战争中的幸存者必然会向东边逃逸，并最终在维斯瓦河[①]畔安顿下来。也就是在那个时候，布兰德拉塔医生得到了索齐尼那本写耶稣基督的书，并表示想结识其作者。

乔治·布兰德拉塔是意大利人，他是一名内科医生，非常有才干。他毕业于蒙彼利埃[②]大学，在医治妇科病方面成就卓著。但是从本质上看，他是一个不折不扣的无耻之徒，而且是一个聪明的无耻之徒。和他那个时候所有的医生一样（如拉伯雷和塞尔维特），他既是一个神经科医学专家也是一个神学家，并且游刃有余地在这两种角色间转换。举个例子，他曾成功地治好了波兰皇后波娜·斯福尔扎（国王西吉斯蒙德的遗孀）的病。那时皇后偏执地认为那些怀疑“三位一体说”的人是极端错误的，但病好以后她对自己曾有这种错误的看法非常懊恼，并且在那以后就只处决那些信奉“三位一体说”的人。

唉，这个善良的皇后后来死了，是被她的一个情夫给谋杀的。但是她的两个女儿都嫁给了当地的贵族。布兰德拉塔作为她们的医疗顾问也随之去她们去的地方，并且对那地方的政治产生了较大影响。他非常清楚，当时这个国家发生内战的时机已经成熟，并且除非尽快采取措施结束那无休止的宗教纷争，内战将很

---

① 维斯瓦河，波兰最长的河流，向北汇入波罗的海的格旦斯克湾。

② 蒙彼利埃，位于朗格多克平原中部。在中世纪时期，当古罗马城市不断衰落时，蒙彼利埃却以惊人的速度发展繁荣起来。起初只是一个庄园，但在几个世纪内，它就迅速成为一座经济文化发达的重要城市。尽管经历短暂的衰落时期，但蒙彼利埃仍然保持并发展了其朗格多克南部省首府的地位。

快爆发。因此，他开始致力于说服两个敌对教派暂弃前嫌，签订一个停战协定。但是要达到此目的，他不能单枪匹马地上阵，他需要一个更善于斡旋这些宗教纷争的人。他一时来了灵感，想到了《耶稣的生活》一书的作者，他是再合适不过的人选了。

于是他给索齐尼写了一封信，请求他东进。

然而不幸的是当索齐尼到达特兰西瓦尼亚时，布兰德拉塔由于自身私生活不检点而闹出丑闻，造成了非常不好的社会影响，因此这个意大利医生只好引咎辞职，去了什么地方也无人知晓。尽管如此，索齐尼还是留在了这个偏远的地方，和一个波兰女子结了婚，并于 1604 年客死于此。

然而后来看来，他人生中最后这二十年是他一生中最为有趣的时期。因为这二十年里，他才明确地表明了他关于“宽容”这一问题的看法。

我们可以从这本《拉克问答集》小册子中看出他的这些观点。这本集子是索齐尼为那些期望世界美好、结束宗教争端的人们写的一个共同章程。

十六世纪后半期是一个问答教学法、信仰声明、教义、信条盛行的时期，德国人、瑞士人、法国人、荷兰人以及丹麦人都在写这些东西。但是这些印刷粗糙的小册子无论到达什么地方，它所传达给人们的都是这样一个恐怖的信念——即只有收录在它里面的那些用大写的“T”表示真理的才是真正的“真理”，而那些庄严宣誓支持真正真理的权贵们，则有责任和义务对那些顽固地坚持另外一种形式的“真理”（它们只能用小写的“t”表示，因此表明这些是低级的伪真理）的人处以剑刺、绞刑、火刑等极刑。

而索齐尼教派的信仰声明体现的精神实质则完全不同。它一开始就直截了当地声明：任何签订本文件的人都无意和任何人争论。

并且它还进一步解释道：“许多虔诚信教的人们都抱怨，迄今为止，市面上出版的和各个教堂待出版的名目繁多的问答集、信仰声明都是罪恶的种子，因为它们无一例外的将自身法则强加于人，并视那些和自己持不同意见的人为异教徒，他们的抱怨是有充分的理由的。”

因此，它郑重声明，索齐尼教派绝不会因为宗教信仰的原因而排斥、压迫任何人，并转而扩大到普通的人性方面，呼吁道：

“让每一个人都自由地选择他自己的信仰，因为《新约》中就是这样说的，而且早期的教会也是这样做的。我苦难的兄弟们，我们又是谁呢？又有什么权力去熄灭上帝在他人心中点燃的神圣之火呢？我们中又有谁有权独占《圣经》呢？我们何不牢记耶稣基督就是我们惟一的上帝，而我们彼此是兄弟，没有人有权去操纵他人的灵魂。不排除我们兄弟中有一些人比其他人更有学识，但是在自由和基督的关系上，我们所有人都是平等的！”

这简直是太精彩了，而且是说在三百年前。然而无论是索齐尼教派还是其他新教派，都不会希望长久深陷在世界的这一极端混乱时期。于是反宗教改革运动就这样轰轰烈烈地开始了。

成千上万耶稣教会的教士开始一股脑儿地涌向这些沦丧省份布道。然而，他们一边努力工作，一边新教徒内部却发生了争执。很快在东前线的人又退回到了罗马教一边。现在游览欧洲文明这些偏远之地的游客们几乎不会猜到，曾几何时，那里是人们思想最进步和最自由的前沿阵地；他们也不会想到就在这幽静的立陶宛①山脉之间，曾经有一个村庄，第一次将“宽容体系”真正地付诸实施。

受好奇心驱使，不久前的一个清晨，我走进了图书馆，翻阅了当今年轻人们学习中最常用的教科书目录，发现没有一本书提到过索齐尼教派或索齐尼。它们都从社会民主主义者跳到了汉诺威的索菲亚，又从索别斯基跳跃到了索格蒂亚娜。其中也不乏伟

---

① 立陶宛，位于波罗的海东岸。面积6.52万平方公里，人口350万。13世纪形成立陶宛民族。14－15世纪，立陶宛大公国的领土大部在西俄罗斯、乌克兰和白俄罗斯。1928年2月独立。

大的宗教改革领袖，如奥科兰帕迪乌斯[1]以及其他相对次要的人物等。

只有其中一本书提到了这两个伟大的锡耶纳人道主义者，而且还不是专门写他们的，只是在写到路德和加尔文事迹的时候附带地说了一下。

我知道预言未来是非常危险的，但是我还是禁不住猜想在三百年以后，这一切都会得到改变，索齐尼叔侄的事迹会独享一个章节，而那传统的宗教改革英雄则下降到次要地位，有可能只在书的末页有所提及了。

索齐尼一家的名字即使出现在脚注里，也一定会非常引人注目。

① 奥科兰帕迪乌斯（1482—1531），德国学者和布道家，领导了瑞士巴赛尔的宗教改革。

18

蒙　田

在中世纪，人们常说城市的空气有利于自由的发展。

这并不假。

那时，躲在高高的石墙后的人，可以大胆地表达对男爵和牧师们的鄙视而不会受到任何的惩罚。

在那以后不久，整个欧洲大陆的社会环境得以大大改观，为国际贸易的再次发展提供了条件，与此同时，一种新的历史现象开始彰显。

用三个词来说就是："商业促进宽容。"

你可以在一周内的任何一天特别是在周日的时候，在我国的任何地方证实这一点。

俄亥俄州的温斯堡可以容忍三 K 党[①]，纽约却不能。如果纽约也于某个时候发动一场大规模的驱逐犹太人、天主教徒和其他所有外国人的运动的话，那么整个华尔街就会陷入一片恐慌之中。这场骚乱足以毁掉整个城市，而无任何重建的希望。

---

① 三 K 党，美国最悠久、最庞大的恐怖主义组织。Ku－Klux 二字来源于希腊文 KuKloo，意为集会。Klan 是种族。因三个字头都是 K，故称三 K 党。又称白色联盟和无形帝国。三 K 党的纲领表面上是"拥护宪法"，"维持法律和秩序"，"信仰基督"，实际上提倡"人种区别"，散布种族主义，主张剥夺黑人的基本权利。通过绑架、私刑、集体屠杀等非法恐怖手段迫害黑人或思想开明人士。

中世纪后半期就出现了这样的情况。当时莫斯科是一个比较小的伯爵领地，可以对异教徒大发淫威。但诺夫哥罗德，这个国际贸易中心，则必须非常谨慎小心，以免冒犯了这些瑞典、挪威、德国、弗兰德[①]的商人，而把他们赶到威斯比[②]去了。

一个纯农业国，可以毫无大碍地用一套完善的火刑来款待那些农民异教徒。但是，如果威尼斯人或者热那亚人、布鲁赫[③]人在其领土上也发起一场异教徒大屠杀，那么那些外国的商铺就会立刻撤离他们的领土，随之而来的资金撤离会让这些城市顷刻破产。

有些地方，如西班牙、罗马教皇管辖区、哈布斯堡[④]家族的一些领地等，天生就不知道吸取经验教训，他们总是受情感驱使去行事，并且还自豪地称他们那是“忠于自己的信仰”。于是他们无情地将那些有“真正信仰”的敌人驱逐出其领地。结果，他们要么自取灭亡，要么沦为第七等骑士的小国[⑤]。

然而，商业国家或者城市通常都是受那些尊重已有事实，深知自己利益所在的人来统治管理的。这些人在精神信仰方面保持一个中立的态度，因而那些在其统治范围内的天主教徒、新教徒、犹太人、中国人就可以安安心心地在那里做买卖，并仍旧忠实于自己特有的宗教信仰。

威尼斯颁布了一个反对加尔文的法律，但是那只不过是做做样子罢了。因为“十人内阁”向下面的执行警察仔细地解释过

---

① 弗兰德，历史上西北欧的一个地区。

② 威斯比，瑞典东南部港口城市，在哥特兰岛西岸。

③ 布鲁赫，比利时西北部城市。

④ 哈布斯堡王朝，又称奥地利王朝，因1020年斯特拉斯堡主教维纳尔和德拉波特伯爵在今瑞士阿尔高州建哈布斯堡而得名。13—20世纪初，统治与控制范围包括今西欧、中欧大多数国家。

⑤ 封建等级分为7等。一等是国王，二等是教会大贵族，三等是世俗大贵族，第七等则是骑士。

了，让他们不要太把这部法律当回事，除非有异教徒企图攻占圣·马可教堂，并把它变成自己的集结地，否则就别太管他们，让他们保留自认为适合他们的信仰。

他们在阿姆斯特丹的好友做法也相仿。每个周日，牧师们都会严厉谴责那些“罗马天主教徒[①]”（scarletwoman）的罪恶。然而就在附近街区，那些可怕的天主教徒们则在某个不起眼的小屋里悄悄地做着弥撒，而当时新教的警察局长则站在外面，以防那些过分热衷于“日内瓦教义问答集”的崇拜者破坏这一原本禁止的集会，吓跑了那些让他们有利可图的法国、意大利人。

这丝毫不能说明威尼斯或者阿姆斯特丹的人民大众不再是他们各自教会忠实的教民了。他们仍然和从前一样，是虔诚的天主教徒或新教徒。但是他们牢记这一点：十多个来自汉堡[②]、吕贝克[③]、里斯本的可以为他们带来利润的异教徒，比十来个来自罗马、日内瓦的衣衫褴褛的教士可要好得多。他们实际上也是这样做的。

将蒙田开明的思想和自由主义观点（这两者并非总是完全相同）和他做鲱鱼生意的父亲和爷爷、以及有着西班牙和犹太人血统的母亲联系在一起似乎有些牵强附会。然而在我看来，这些做生意的前辈对其观点的形成产生了很大的影响。作为士兵和政治家，他一生对宗教狂热主义和偏执主义都极端厌恶，我想这一切都源于这波尔多[④]的主要码头边上，这个做鱼买卖的小店。

如果我当着蒙田的面说这些话，他大概不会感激我。因为，当他出生的时候，他们家早年做贩鱼买卖的历史早已经从家族铭牌上抹去了，看不到一点痕迹。

---

① 指异教徒的罗马天主教（极端派新教徒骂罗马天主教的话），源自《圣经》。

② 汉堡，德国西北部一城市。

③ 吕贝克，德国西北一城市。

④ 波尔多，法国城市，孟德斯鸠和蒙田的故乡。与葡萄酒密不可分，特等“波尔多红葡萄酒”被列为世界“葡萄酒皇后”。

他的父亲得到这个儿子如获至宝，并且不惜花重金将他培养成一个绅士。在他才刚学会走路，他的父亲就给他请了许多家庭教师，给他可怜的小脑袋瓜不断灌输拉丁文、希腊文。六岁的时候，他就被送到了中学读书。十三岁的时候，开始学习法律。因此不到二十岁的时候，他就正式成为了波尔多市镇委员会的一员。

接着他参了军，后来又在法庭供职了一段时间。直到三十八岁他父亲过世，他停止手头一切的工作。在他一生的最后的二十一年里，除了有一段时间勉为其难地涉足了政治外，其余所有的时间都和他的那些马儿、狗儿以及他的书相依相伴，并也从中学到了很多东西。

蒙田是那个时代了不起的人物，但也免不了有些缺点。他，这鱼贩子的孙子，有些喜好和怪癖，而他自己却认为他的这些怪癖是真正的有教养的绅士的作为，他一直抱有这样的想法不能释怀。直到临终，他还坚持说自己算不上是一个真正的作家，他称自己是一个乡野绅士，只是偶尔在某个烦闷的冬日里，匆匆写点有些许哲学色彩的观点，聊以打发时间罢了。这当然是无稽之谈。如果有那么个人曾将他整个的心，他的灵魂、美德和罪恶等所有的一切都写进自己的书中的话，那他就成了可以和不朽的达安泰[①]比邻而居的快乐绅士了。

因为这心、这灵魂、这美德和罪恶是一位非常有雅量、有涵养、和蔼可亲的人的心、灵魂、美德和罪恶，所以蒙田的作品远远超出了文学的范畴。这些作品合在一起构成了一部真实的生活哲学，它以人们的常识和日常礼仪为基础。

蒙田生来就是一个天主教徒，一直到死都是。在他年轻的时候，他曾是“天主教贵族联盟”的积极分子。这个联盟由一群法国贵族组成，旨在将加尔文教驱逐出法国。

然而在1572年8月那具有决定意义的一天，当他听到教皇

① 达安泰，大仲马小仲马《三个火枪手》中的主人公。

格雷戈里十三世，高兴地庆祝他成功地谋杀了三千名法国新教徒的消息的时候[①]，他便永远地离开了教会，但也绝对没有加入到另一教派去。然而，为了他的那些邻居们不至于饶舌，他还得继续参加某些重大的仪式。但是在圣巴托罗缪血腥[②]屠杀之夜之后，他写的那些篇章就如同马可·奥勒留[③]、爱比克泰德[④]或者说许多其他希腊、罗马哲学家的一样好。在一篇令人难忘的名为《论道德心的自由》的文章中，他说话的语气就如伯里克利[⑤]同时代的人，而非凯瑟琳·德·美第奇女王[⑥]陛下的一个忠实的仆役，他以“叛教者尤里安”一生的经历为例，来说明一个真正宽容的政治家应该做出什么样的业绩。

那篇文章非常的简短，只有区区五页纸，读者可以在第二本书的第十九部分找到。

蒙田见过很多顽固得无可救药的新教徒和天主教徒，他们极力鼓吹绝对自由，事实上按当时的情况，这种绝对的自由只会导致新一轮内战。但是在条件许可之下，即无论新教徒还是天主教

---

① 指圣巴托罗缪大屠杀。教皇格雷戈里十三世听到惨案消息，在罗马大唱赞美诗祝贺。

② 1572—1585 年。这一阶段以著名的“圣巴托罗缪之夜”开始。1572 年 8 月 23—24 日夜间，胡格诺派的重要人物正聚集巴黎，庆祝其领袖波旁家族的亨利的婚礼。亨利·吉斯（吉斯公爵之子）以巴黎各教堂钟声为号，率军队发动突然袭击，杀死胡格诺教徒 2000 多人。由于 24 日正值圣巴托罗缪节，因此这一血腥的夜晚在历史上被称为“圣巴托罗缪之夜”。

③ 马可·奥勒留（121—180），罗马皇帝兼斯多葛派哲学家。

④ 爱比克泰德，公元前一世纪时的希腊斯多噶派哲学家、教师。

⑤ 伯里克利（约公元前 495—前 429），雅典执政官。在波西战争以后，他领导重建雅典。他的时代也被称为伯里克利时代，是雅典最辉煌的时代，产生了苏格拉底、柏拉图等一批知名思想家。

⑥ 凯瑟琳·德·美第奇（1519—1589），法国皇后。在天主教和新教胡格诺派之间三十年的战斗中，她是一支主要的政治力量，同时是圣巴托罗缪大屠杀的煽动者。

徒，都不再枕着匕首和手枪睡觉的时候，那么一个明智的政府就应该尽量避免去干涉个人的道德心，并且允许每一个国民以各自最能抵达心灵幸福的方式来爱上帝。

蒙田并不是惟一，也不是第一个想到这一观点并敢于公开表达它的法国人。早在1560年，麦克·德·豪皮塔尔，女皇陛下凯瑟琳·德·美第奇政府前部长，曾先后从六所意大利大学（因为这他还被疑与再洗礼教有染）毕业，他就曾提出这样的建议，即对异教徒只能从言语上进行攻击。他提出这一让人吃惊的观点理由是"道德心就是道德心，是不会因为任何武力而发生改变的"。两年以后，他还促成了皇家《宽容法令》[①] 的颁布，《法令》规定：胡格诺教徒[②]有权利集会，召开宗教会议讨论自己的宗教事务，总的说来成为了一个独立、自由的教派，而不仅仅是忍气吞声的小教派。

让·保丹，法国巴黎的一个律师，是一个非常让人尊敬的公民（这个人捍卫个人财产权利，反对托马斯·莫尔的《乌托邦》[③] 一书中表现出的共产主义倾向），他也同样说过类似的话，认为君主无权用武力驱使他的国民信仰这个教派或者那个教派。

但是不管是部长们的演讲，还是那些政治哲学家们用拉丁语写的论文，都未曾成为畅销书籍。然而蒙田的书却大有市场，人们读他的书，并把它们翻译成各种各样的语言出版。社会的文明人士也常常聚集在一起，对他和他的书进行有益的讨论，并且这样的状况一直持续了三百年之久。

正是因为他的业余身份，以及他坚持为了写作的乐趣而写作

---

① 1598年法国国王亨利四世为结束胡格诺派和天主教之间的战争，在南特颁布的宗教宽容法令。

② 胡格诺派是法国加尔文派新教徒的别称。是16世纪欧洲宗教改革运动中兴起于法国并长期遭受迫害的新教教派。

③ 《乌托邦》，作者在书中既批判了旧世界，又描述了一个新世界——乌托邦。

且别无其他企图的写作精神，使他的作品受到人们喜爱。否则人们也决不会想到去买或者向别人借一本正式归类于“哲学”范畴的书。

19

阿米尼斯

争取宽容的斗争，也是那“有组织的社会”和那些智力超群，精力旺盛的个人之间自古就有的冲突的构成部分。“有组织的社会”一直以来都认为，“集体”的持久安全高于一切。而“这些智力、精力超群的个人”则认为，世界迄今为止取得的成就都是靠个人的努力而非集体的努力得来的（集体在其本质上则对一切形式的革新都持怀疑态度），因此，他们认为实现个人的权力远比实现集体的权力重要得多。

如果我们接受这些前提，就会得出这样的结论：即一个国家的宽容程度和这个国家大多数居民享受个人自由程度是成正比的。

过去，有那么一个开明的统治者曾告诫他的臣民说：“我坚信‘施人以宽容，人定宽待己’这一原则，我希望我所爱的国民们都要宽容地对待他人，否则将自食其果。”

当然，在这样的情况下，热心的市民们也只有乖乖地听命于国王，毫不迟疑地贮存一些政府特制的、上面刻有“宽容第一”字样的圆形小徽章。

然而，国民们的这一突然转变，只是迫于国王陛下手下的刽子手们的威慑力，所以是难以持久的。只有在君主一边威胁，一边伴随在日常执政过程中逐渐实施系统的智力教育的情况下才能奏效。

这样的事情碰巧在十六世纪后半期的荷兰共和国发生了。

首先，这个国家是由几千个半独立的小镇和村庄构成的，而且国内居民大多都是渔夫、水手和商贩。这三种人都一定程度上习惯了自由独立的行动，他们赖以为生的职业决定了他们不管做什么决定都是速战速决，并且通常都是根据自己的实际情况来判断日常事务。

我在这里并不是说，他们就一个个的比世界上其他地方的人聪明或者宽宏大量多少。但是他们勤奋、意志坚决，把他们的国家建设成为了整个北欧、西欧富饶的捕鱼、采集之地。他们懂得，赚天主教教徒的钱和新教徒的钱都是赚钱；他们喜欢和一个买东西付现金的土耳其人而不是要求赊账六个月的长老制会员打交道。因此，在这样一个国家试行“宽容”是非常理想的，因为他们有这样的国民，更重要的是，那时时间也非常理想，真是天时、地利、人和一应俱全。

“沉默者”威廉[①]恰好印证了那句古老的格言——想要统治世界的人首先要了解世界。威廉原本是一个非常时髦、富裕的年轻人。作为他那个时代最伟大的君主的机要秘书，他有着令人艳羡的社会地位。他挥金如土，把大把大把的钱都花在那些浮华的晚宴、舞会上，并且还和那时好几个有名的女继承人结过婚。总之他每天都过着奢华的生活，从来不曾担心过明天将会发生什么。他也并非什么勤学、认真的人，赛马比那些宗教小册子更能引起他的兴趣。

基督教改革导致的社会动乱局面，起初并未引起他的注意。他认为那只不过是又一场劳资纠纷，这种事稍微用点小伎俩，再出动几个强壮的警察，事情就很容易摆平了。

然而，当他真正明白在君主和国民之间发生的这次改革的真正性质的时候，这个贵族气派十足的人突然之间就转变成了一个

① “沉默者”威廉，指威廉一世（1533—1584），领导荷兰反抗西班牙国王，被西班牙刺客暗杀。

才能卓著的领袖人物，尽管事实上，不管从哪一方面来看，他将领军的事业在那个年代都已经是一项没落的事业。于是他的宫殿、马匹、金器、庄园都立即被卖掉了（或者干脆直接被没收掉了）。这个来自布鲁塞尔的当年不羁的浪荡公子成了哈布斯堡王朝最强劲的敌人。

尽管命运多变，却并没有影响到威廉的个人性格。他在非常富裕的时候是哲学家，身居租来的几间小屋，甚至连星期六洗衣服的钱都付不起的时候，他还不失为一个哲学家。一如往昔他竭力挫败枢机主教企图修建大量绞刑架来处决那些新教徒的计划一样，他也千方百计地阻止那些过激的加尔文派教徒绞死天主教徒。

然而他的这一努力几乎没有成功的希望。

已经有两到三万人被处死了，宗教裁判所的监狱里已经装满了新的待处决的人；遥远的西班牙还在招募新的军队来粉碎这暴乱，以防其蔓延到帝国的其他地方。

对于那些为了自己的生存而抗争的人们，要说服他们去热爱那些绞死他们一家老小的人简直是天方夜谭。然而威廉却以身作则，对曾反对他的人宽宏大量、以德报怨，用他的实际行动，向他的追随者们说明了一个有德行的人怎样大义凛然地超越那古老的摩西律法——以牙还牙，以眼还眼。

在这一场争取公众相互宽容的运动中，他得到了一个知名人士的支持。这个叫迪克·科恩海特的人长眠于高达[①]的教堂，至今你还可以读到一篇简短的《墓志铭》，上面记录了他一生的功德。科恩海特出生于一个殷实之家，年轻的时候游历过许多国家，获得了许多有关德国、西班牙、法国的一手资料。并且在他回国后，他就爱上了一个穷得叮当响的女孩。而他那谨慎的父亲坚决反对这场婚姻，但儿子仍一意孤行地和这女子结了婚。于是父亲则像他的祖宗在这种情况下做的那样，严厉地批判儿子不守

---

① 高达，荷兰西部城市。

孝道，并无情地剥夺了他的财产继承权。

这给科恩海特的生活带来了极大的不便，因此年纪轻轻的他不得不出去自谋生路。然而他是一个小有才能的人，很快学到一门手艺，成了一名铜艺雕刻师。

唉！“一朝荷兰人，永远做牧师。”当白天过去夜晚降临，他便匆匆地放下手里的刻刀，拿起鹅毛笔把白天发生的事情写成文章。他写东西的风格按现在看来绝对算不上是“有趣”。但是他的书包含了许多能够引起人们共鸣的常识，这与伊拉斯谟写书的风格完全不同。也就是这些书，使他结识了很多朋友，特别是“沉默者”威廉。威廉对他评价极高，认为他非常有才干，特雇佣他为机要顾问。

如今，威廉身陷进了一场奇怪的论战中。国王菲利普[①]在教皇的支持和煽动下，声称要不惜一切代价帮助人们摆脱“人类的敌人”也就是他自己的敌人——威廉，并许诺如果有人愿意去荷兰杀死这个恶魔般的异教徒，那他就可以得到25000个金币，拥有贵族头衔，并且一切罪名都予以赦免。而威廉，在五次遭到谋杀之后，也感觉到是时候编写一些小册子来反驳国王菲利普的指责了，科恩海特则理所当然地协助他完成此事。

要想哈不斯堡王朝仅仅就因为这几本小册子就变得宽容起来，简直是不可能的事情。然而整个世界都在关注着威廉和菲利普之间的这场决斗，因此那些小册子也随之被翻译成各种语言，人们相互传看，对许多问题展开了有益的讨论，并且也开始公开谈论那些以前他们只敢私下里谈论的问题了。

然而不幸的是，这场争论并没有持续多久就宣告结束了。1584年7月9日，一个年轻的法国天主教徒获得了菲利普许诺的那25000金币的奖赏，六年以后，在还没有来得及完成将伊拉斯谟的作品翻译成荷兰方言的工作的情况下，科恩海特就愤然离世了。

---

① 指西班牙国王菲利普二世。

在随后的20多年里，这里到处充满了硝烟、战火，尽管那些神学家对其严厉谴责也无济于事。当敌人最终被驱逐出新生共和国的时候，再也没有像威廉这样的人来主持国家的内部事务了。而战时迫于西班牙雇佣兵压力，勉强维系友好关系的大大小小的教派也开始了新的相互攻击。

当然，他们得找个借口来引发这样的争执。然而又有谁曾经听说过神学家没有不满的呢？

当时的莱顿大学[①]有两个意见不和的教授。这也没有什么稀奇或不正常的。然而当获悉这两个教授是在“意志的自由”这个问题上意见相左的时候，那问题就有点严重了。这时普通民众也立刻兴致勃勃地参与到这个问题的讨论中来，不到半个月的时间里，整个国家就分裂成了两个敌对的阵营。

一边是阿米尼斯的支持者。

一边是戈马鲁斯的追随者。

后者虽然出生在荷兰，但是一生是在德国度过的，是德国教育体制下的佼佼者。他在学术上可以说是非常成功的，然而对普通常识却一窍不通。他头脑精通深奥的希伯来诗体论，但是心脏却随着对阿拉米语[②]的句法规则而跳动。

而他的对手阿米尼斯则和他完全不同。他出生在荷兰小城奥德瓦特，离施泰因修道院不远，伊拉斯谟就曾在这个修道院度过了他那不幸的童年。当他还是个小孩的时候，他就得到了一个邻居——马尔堡大学的著名数学家、天文学教授的青睐。这个人名叫鲁道夫·斯纳刘斯，他将阿米尼斯带回了德国，让他受到了很好的教育。然而，阿米尼斯第一次放假回到家乡的时候，却发现自己的家乡遭到西班牙人的洗劫，而他所有的亲人都被杀害了。

---

① 莱顿大学，荷兰最古老的大学，建于1575年。分布于莱顿市的各区，拥有8个学院，154个系，是一所综合性大学。

② 阿拉米语，从公元前七世纪到公元七世纪，在西亚地区广泛使用的一种闪米特语。

看起来他的前途一片渺茫，然而幸运的是，一些善良的富人在听到这个孤儿的悲惨境遇后都慷慨解囊，送他去莱顿大学学习神学。在那里，他学习非常刻苦，六年以后他就已经把该学的东西都学到了，并开始寻找新的学习领域。

那个时候，成绩优异的学生总会找到愿意为他们的前途买单的人。很快，阿米尼斯就得到了阿姆斯特丹几个行会开具的介绍信，他怀揣着介绍信，高兴地南下去寻找更好的深造机会。

作为一个受人尊敬的圣职候选人，他首先去了日内瓦。那时，加尔文已经不在人世，但是，他的得力助手、学识渊博的贝扎继承了他的事业，成了看管神圣羊群的牧羊人（喻指纯洁众生之人）。贝扎是追猎异端的老手，他那灵敏的鼻子立即就从这个年轻的荷兰人的学说中嗅出了拉姆主义的味道，阿米尼斯的日内瓦之行就此中断。

“拉姆主义”这个词对现在的人来说毫无意义。但是在三百年前，它可是一个非常危险的宗教创新，熟知弥尔顿文集的人都非常清楚这一点。它是由一个叫皮埃尔·德拉·拉姆的法国人发明的。在还是学生的时候，德拉·拉姆实在无法忍受那些教授们过时的教学法，为了表达心中的不满，他选择了一个令人瞠目结舌的题目《亚里士多德所教一切理论都是全盘错误的》作为他博士论文的研究主题。

不用说，这一主题自然是得不到老师的认可的。他后来陆续在他所写的几本学术书籍中，清楚地阐释了他的这一观点，接着他的死期也不远了。他成了圣巴托罗缪大屠杀的第一批遇难者之一。

然而他的书，那些“讨厌的”书是不会随着它们的作者被杀也消失殆尽的，它们被完好保存了下来。并且随着书籍的流传，拉姆那奇妙的逻辑思维体系也在北欧和西欧大受欢迎。那些真正虔诚的人们相信“拉姆主义”是通向地狱的敲门砖，因而他们建议阿米尼斯去瑞士的巴塞尔，因为那个城市自从处于古怪的伊拉斯谟的支配下起，自由主义者在那里就合法了。

得到了这样的警告，阿米尼斯于是转而北上，并在北进途中他做出了一个非同寻常的决定。他大胆地潜入了敌方的领地，并在那里的帕多瓦[①]大学学习了几个学期，后来还去了罗马。这使他在1587年回国后成了同胞们眼中的危险分子。然而，他似乎并没有长出奇怪的犄角和尾巴来，于是渐渐地他又赢得同胞的信任，并且还获准接任阿姆斯特丹牧师一职。

在担任牧师这一职务时，阿米尼斯勤勤恳恳地工作，并且在爆发的多次瘟疫中，英勇抵抗，赢得了英雄的荣誉。很快大家都对这位英雄人物表达出由衷的尊重，并委托他组织重建阿姆斯特丹的公共教育体系。于是在1603年，在人们一片依依不舍的叹息声中，他离开了都城应邀去了莱顿大学成为了一个资深的神学教授。

如果他事先知道等待在莱顿大学的是什么的话，我敢肯定他绝不会去那里的。当他到达莱顿大学的时候，堕落后预定论者和堕落前预定论者之间的争战已经达到白热化。

阿米尼斯的性格和他所受的教育，使他成为了一个堕落后预定论者。他也曾想以平常心公正地对待他那主张堕落前预定论的同事戈马鲁斯，可是，唉，前预定论者和后预定论者的理论水火不容，来不得半点妥协。阿米尼斯无奈大声宣布自己就是一个不折不扣的堕落后预定论者。

当然，你会问我什么是堕落后预定论者和堕落前预定论者。我不知道也无法知晓。但是据我所知，这场争论由来已久。争论双方的一方，如阿米尼斯认为人在一定程度上是有其自由意志的，能够开创自己的命运；而另一方如索芙克勒斯[②]、加尔文、戈马鲁斯等则认为人的命运早在他出生前许久就已经是注定了，因此我们的命运取决于造物主丢掷神骰子的那一刻。

---

① 帕多瓦，意大利北部城市。

② 索芙克勒斯（约公元前496—前406），古希腊剧作家。代表作有《安提戈涅》、《俄狄浦斯王》、《俄狄浦斯在科洛诺斯》。

截止1600年，整个北欧大多数人都是堕落前预定论者。他们喜欢听那些诅咒除了他们以外的所有人都将被永久的毁灭、不得翻身的布道；而那少数胆敢宣扬善意、仁慈的牧师们则立即被打为犯罪分子，就如那心软的医生，不愿给人开那非常苦口却能治病的良药，结果反而好心办了坏事，害死了病人。

在莱顿那些整天嚼舌的老妪们发现阿米尼斯是一个堕落后预定论者之后，人们立马就认为他没什么用了。这个可怜的人，在那些他以前的朋友、支持者们如洪流般的谩骂声中愤然离世。在十七世纪的时候，堕落后预定论和堕落前预定论派都涉足了政治领域，最终堕落前预定论者在选举中获胜，随之堕落后预定论者就被打为影响国家公共秩序的敌人，是国家的叛徒。

然而就在这场荒谬的争论结束之前，继“沉默者”威廉后，负责组织、创建共和国的奥尔登巴纳维特被发现遇害，死时身首异处；而格劳修斯[①]，凭着一贯的中立态度，一度成为了第一个提倡公平的国际法律体系的人，现在却成了瑞典女皇法庭下的一名食客。至此，“沉默者”威廉所做的一切努力都付之东流。

但是加尔文教并没有获得其预想的成功。

荷兰共和国只是一个名誉上的共和国。事实上它还是一个商人、银行家们的俱乐部，仍处于几百个势力雄厚的家族的支配下。这些绅士们对诸如平等、友爱等毫无兴趣可言，但是却尊重法律和社会秩序。他们认可并支持国教。每到周日，他们都会热心的去那粉刷得白白的教堂（那里原本是天主教教堂，现在成了新教的布道大厅）做礼拜。等到了周一，如果教士们来拜访这些尊贵的市长大人或是镇议会议员，向他们抱怨这抱怨那，或者控告什么人的话，那么他们则总是以“在开会”为理由，搪塞这些“可敬”的教士。但是如果牧师们坚持，并教唆（通常情况都是这样的）那些虔诚的教民去市政厅示威的话，官员们则会颇显风

① 格劳修斯（1583—1645），尼德兰法学家、人文学者和政治家。他的法律著作为现代国家法奠定了基础。

范，屈尊收下教士们写得工工整整的建议书、请愿书等。然而随着最后一个穿着黑袍的请愿者离去，他们则立刻紧闭大门，而刚刚收到的这些请愿书成为了他们点燃烟枪的引子。

因为他们一直信奉一句非常实用的老话："一次就已经足够多了。"由于他们实在是害怕内战那几年中发生的事情再一次发生，因此他们要坚决制止任何形式的宗教狂热势头进一步发展以防患于未然。

但是子孙后代对这些刻在纪念碑上的贵族却不以为然。毋庸置疑，他们将整个国家都当作他们的私人财产，在国家利益和个人利益之间总是分不太清楚。他们缺乏帝国统治者应有的远见，总是贪图蝇头小利，进而因小失大。但是他们至少做了一件事值得我们发自内心的称赞，那就是他们把国家变成了一个国际思想交流地，在这里形形色色持不同观点的人都可以畅所欲言，想他们所想，写他们所写。

我在这里并不想描绘一幅过于理想的画面。因为各地的镇议会议员们也会迫于教士们的压力，不得不镇压一些秘密结社的天主教徒的行动，没收某个反对声音极大的异教徒印发的那些小册子。但是总的来说，只要你不爬上集市中心的讲坛，公开斥责宿命论的教条、学说，只要你不戴着一大串天主教的念珠，走进一个公共场所或是公开在哈勒姆市①南方卫里公会教堂否认神灵的存在，就会在一定程度上避免遭到迫害。这就是为什么荷兰共和国在两百多年来，都是世界各地那些由于自身观点而受到迫害的人们的理想避难所的原因所在。

很快，荷兰"重新变成了天堂"的消息传遍了世界各地。并且，在随后的两百年间，荷兰的各大印刷所、咖啡店等总是聚集着形形色色的狂热主义分子——一群拥护全新的精神解放思想的先锋人物。

---

① 哈勒姆市，荷兰北部城市。

20

布 鲁 诺

有人说世界大战是没有军衔的军官之战，这种说法颇有道理。

将军、上校和三星战略家们安坐在他们僻静的城堡大厅里，盯着面前长达数英里的地图，思索着新的作战计划，以扩大哪怕半平方英里的领土，即使他们要为此牺牲三万条生命；而那些下级官员、警官和下士们在一群机智士兵的帮助和鼓动下，干着所谓的“肮脏活”，最终导致了德国防线的崩溃。

精神独立的伟大运动与此也相差无几。

这场战斗没有投入几十万士兵的正面交锋。

没有成为敌人炮手活靶子的视死如归的冲锋。

我还可以更进一步地说，大多数人从来都不知道还有战争这回事。可能偶尔受好奇心的驱使，他们会关心哪天上午谁被烧死，下午又有谁会送命于绞刑台。然后他们可能会发现，一些玩命的人不断地为自由理想而战，但这些人换来的却是天主教、新教的坚决反对。我怀疑，在获悉这些消息后，他们只会感到些许惋惜，或许，还会感慨说，要是自己的叔叔落到如此可怕的下场，可怜的亲戚一定痛不欲生。

事已至此，难得有其他情形了。那些为理想事业而献身的烈士所体现的价值或许不能用数学公式来换算，或用安培或马力等单位来表达。

每一个攻读博士学位的孜孜不倦的年轻人，都可用心研读乔达诺·布鲁诺[①]的作品集，耐心地体会其中带有自由情愫的语句，诸如“国家无权干涉人民的思想”或“社会不应该用刀剑来惩处那些反对公认教条的人”。通过这种方式，他们或许就可以写出一篇颇令人满意的题为《论乔达诺·布鲁诺（1549--1600）与宗教自由原则》的博士论文。

但是那些不再探寻重大课题的人，则应从另一个角度来思考这个问题。

我们最后会说，曾经出现过这样一群虔诚的人们，他们为当时的狂热和国家强加在人们身上的枷锁而深感震惊，于是，他们奋然起义。他们都是些穷人。除了背上的披风以外几乎一无所有，连睡觉的地方都得不到保证。但他们心中却燃烧着神圣的火焰。他们走南闯北，游说写作，和高深学府里的学富五车的教授展开深入的辩论，在简陋的乡村酒馆与粗陋的村民谦卑地交谈，永不厌倦地宣扬他们善良、宽容、慈善的信仰。他们衣衫褴褛，带着几捆微不足道的传教布道的书籍和小册子，来回奔波，直到他们在波美拉尼亚[②]某个穷乡僻壤因肺病悲惨地死去，或在苏格兰的小村落被喝醉的村民用私刑处死，抑或在法国的某个地方市镇被刑轮碾得粉身碎骨。

我在此提到乔达诺·布鲁诺，并不是要说他是这类人中惟一的一个。但他的人生，他的思想，他对认定正确的东西不灭的热情，在那群先驱中可谓典型，是个极佳的例子。

布鲁诺的父母都是穷苦的平民。他们的儿子，一个普普通通，没有太大抱负的意大利男孩，走着常人的老路，进了修道

---

① 布鲁诺于1548年生于意大利，早年由神甫收养，15岁就当上了多米尼修道院的修道士。但在接触哥白尼的《天体运行论》之后开始摒弃宗教信仰，成为科学真理的布道者。为此，布鲁诺成了宗教的叛徒并被革除教籍。

② 波美尼西亚，旧德国东部州名。

院。后来他成了多明我会[①]的僧侣。他与这个教派格格不入，因为多明我会的修道士是各种宗教迫害的狂热支持者，被同时代人称为“真正信仰的警犬”。他们很机灵。异教者无需把自己的思想写出来，急不可耐的侦探就能嗅出踪迹。一个眼神，一个手势，一个耸肩都足以泄露天机，将一个人送上宗教法庭。

布鲁诺在一个循规蹈矩、完全顺从的家庭环境下长大，至于他是怎样走上叛逆的道路，抛弃《圣经》，捧起芝诺[②]和阿那克萨戈拉[③]的著作的，我不得而知。但这个怪异的新手还没有完成指定的课程，就被多明我会开除了。从此他便成了流浪者，浪迹天涯。

他越过阿尔卑斯山。在他之前，曾有多少勇敢的年轻人冒险翻越这座古老的山脉，到罗纳河和阿尔沃河交汇处的边界要塞寻找到自由！

又有多少人伤心欲绝地离开，因为他们发现，在这里和在别处一样，支配人的心灵的都是内在的精神，改变教义也不一定意味着改变心灵和思想。

布鲁诺在日内瓦住了不到三个月。这座城市到处都是意大利流亡者。他们给这个同乡买了一套衣服，还给他找了一份校对员的工作。在晚上，他读书写作。他得到了一本德·拉·拉姆的书。终于找到了一个与自己志同道合的人。德·拉·拉姆同样认为，世界要想前进，就必须打破中世纪教科书所宣扬的暴政。但布鲁诺没有像自己的著名法国老师那么绝对，他并不认为希腊人

---

① 多明我会，天主教托钵修会之一，因其会士戴黑色风帽，故又被呼为黑衣修士。

② 芝诺，公元前五世纪前后古希腊埃利亚学派哲学家，古希腊最早的唯心主义哲学派别之一。公元前六世纪到公元前五世纪，产生于意大利南部的埃利亚城邦而得名。

③ 阿那克萨戈拉（公元前199—前428），希腊数学家，被认为是第一个把哲学引入雅典的人。

的所有教诲都是错误的。但是，十六世纪的人们为什么要受到在基督诞生四百年以前就写下的文字的束缚呢？这究竟是为什么？

“因为一直如此。”正统信仰的拥护者回答道。

“我们与祖辈有什么关系，他们与我们又有什么关系？让那些死去的彻底消亡吧。”这个年轻的反传统者如是说。

很快就有警察登门造访，并劝他最好收拾行囊去别处碰运气。

布鲁诺以后的生活就是无休止的旅行，他总在找寻一个可以生活、工作，有一定自由和安全的居所。却终归没能如愿。他从日内瓦来到里昂，再到图卢兹。这时他已经开始研究天文学，成了哥白尼的忠实拥护者。这在当时属于一个危险的举动，因为所有人都在齐声高呼：“世界围着太阳转！世界就是一个围着太阳旋转的普通行星！哎呀呀！谁听过这样的胡言乱语？”

在图卢兹的生活也变得不安宁了。他穿过法国，徒步来到巴黎。之后又去了英国，在那里，他给法国大使当私人秘书。可等待他的是再一次的失望。英国神学家并不比大陆国家的神学家好多少，或许更实际一点。比如在牛津大学，他们对于那些违反亚里士多德教诲的学生，不施与惩罚，而是罚款十先令。

布鲁诺变得愤世嫉俗。他开始写一些满腹文采却十分危险的小散文，带有宗教、哲学、政治色彩的对话录。在这些作品中，整个现存秩序被他弄得颠三倒四，且进行了细致入微、毫无善意的申辩。

他还就自己最喜爱的科目——天文学，发表演讲。

但是大学权威人士对那些讨学生喜欢的教授很少投以赞许的微笑。布鲁诺再次遭到辞退。于是，他又回到法国，后来去了马尔堡。不久前，路德和茨温就是在这里，在匈牙利的伊丽莎白城堡展开了一场就化体说[①]实质的辩论赛。

唉！他的“自由分子”名声早就先他而行。他甚至都无权授课了。维滕贝堡倒是更好客一点。然而，路德教派[②]的古老堡垒逐渐被加尔文的信徒掌控。从此，像布鲁诺这样怀抱自由主义思想的人再无立锥之地了。

一路向南，他试着到约翰·胡斯[③]的领地碰运气。而迎接他的是又一次的失望。布拉格已经成了哈布斯堡王朝的都城，而哈布斯堡王朝踏上这片土地之后，自由便被逐出城门。他再次踏上漫漫长路，长途跋涉来到苏黎世[④]。

在那里他收到来自意大利的名叫乔万尼·莫塞尼格的少年的一封信，请他去威尼斯。是什么促使布鲁诺接受邀请的，我不得而知。或许意大利农民的出身让他为这个古老贵族姓氏的光环倾倒，因而为收到邀请受宠若惊。

乔万尼·莫塞尼格的祖先倒是敢于挑战苏丹[⑤]和罗马教皇的权威，然而他本人却不是那块料。他是个怯懦的胆小鬼，当宗教法庭的官员出现在他的家里，把他的客人带往罗马时，他吓得一动也不敢动。

---

① 化体说，又称圣餐的变体，指上帝在他死去之前的最后的圣餐席上借助其神圣的力量把面包和葡萄酒变成了他的肉体和血液，这样通过祭祀耶稣受难像的神圣的仪式，使得该圣礼仪式成为永恒。

② 路德教派是新教主要宗派之一，是以马丁·路德（1483—1546）宗教思想为依据的各教会的总称。路德宗在教义上主要强调因信称义，认为人要得到上帝的拯救，不在于遵守教会的规条，而在于对上帝的信心；不在于个人的功德或善行，而在于上帝给人的恩赐。

③ 胡斯（1371—1415），捷克的伟大爱国者和卓越的宗教改革家，同时又是当时社会大变革的先驱者。

④ 苏黎世，瑞士东北部一城市，位于苏黎世湖的北端，建立于罗马时代以前，1218年后成为自由的帝国城市，1351年加入瑞士联邦，16世纪在乌尔里希·茨温利领导下，苏黎世成为瑞士改革的一个中心，现在它是该国最大的城市。

⑤ 某些伊斯兰国家最高统治者的称号。

通常，威尼斯政府极其在意自己的权力。如果布鲁诺是个德国商人或荷兰船长，他们或许会极力抗议，倘若外国势力胆敢在他们的管辖区逮捕什么人，他们甚至可能发动战争。但是，为什么要为一个流浪汉得罪教皇呢？而这个流浪汉除了思想，没有给他们的城市带来任何好处。

他称自己为学者，这没错。共和国大受恭维，但它自己的学者已经足够了。

那么，再见了，布鲁诺，愿圣马可[①]对你的灵魂赐予仁慈。

布鲁诺被关在宗教法庭的监狱长达七年。

1600 年 2 月 17 日，他在火刑柱上被烧死，骨灰随风吹散。

他在坎普德费瑞[②]接受火刑。那些懂意大利语的人[③]或许可以从中找到灵感，写出一则不错的小寓言故事。

---

① 圣马可是《圣经·马可福音》的作者，被威尼斯人奉为护城神，其坐骑是狮子，当威尼斯摆脱拜占庭的控制，成为一个城市共和国后，元老院决定圣马可为城市的新守护神，以代替狄奥多尔，所以威尼斯的城徽是一只巨大的狮子抱着福音书。

② 坎普德费瑞，罗马中心一个大广场。

③ 坎普德费瑞广场原文为意大利文，即 CampodeiFiori，意为“花卉的广场”。

21

斯宾诺莎

历史上总有一些事情令我费解，其中之一就是对过去艺术家和作家的巨大工作量的困惑。

现代作家协会的成员，有打字机、录音机、秘书、钢笔，一天大概能写三四千字。莎士比亚[①]在每天处理六七份劳神的工作，面对骂骂咧咧的妻子的同时，如何能用他笨拙的鹅毛笔写出三十七部戏剧？

西班牙无敌舰队退伍老兵洛佩·德·维加[②]，终生忙忙碌碌，如何找到必需的墨水和纸张，写出一千八百部戏剧、五百篇论文？

宫廷音乐家约翰·塞巴斯蒂安·巴赫是怎样的一个怪才，能在充斥着二十个孩子嬉闹声的小房子里，空出时间谱写出五部宗教剧，一百九十部教堂清唱剧，三部婚礼清唱剧，十二首圣歌，六首盛式弥撒，三部小提琴协奏曲，以及一部足以让他垂名青史的双人小提琴协奏曲，七部钢琴和管弦乐队协奏曲，两部三人钢

---

① 莎士比亚（1564—1616），英国著名戏剧家和诗人。马克思称莎士比亚为“人类最伟大的天才之一”。恩格斯盛赞其作品的现实主义精神与情节的生动性、丰富性。莎氏的作品几乎被翻译成世界各种文字。

② 洛佩·德·维加（1562—1635），西班牙剧作家，诗人，西班牙黄金时代最重要的作家之一。

琴协奏，三十首管弦乐队乐谱和大量的长笛、大键琴、风琴、大提琴和法国号乐谱，他的作品足以让普通音乐学生忙碌一辈子。

再看看画家伦勃朗和鲁本斯，他们需要付出怎样的勤奋和努力，才能在三十多年里以平均每个月四幅画的速度创作油画或蚀刻版画？像安东尼奥·斯特拉这样的平民如何在他短短的一生里制作出五百四十把小提琴，五十把低音提琴和十二把中提琴？

我现在所谈论的不是能设计情节、倾听音调，分辨颜色和线条的组合，或挑选木材的脑力。我只是好奇他们的体力。他们如何做到这一切的？难道他们从来不上床睡觉吗？难道他们就不想有时候抽空玩几个小时的台球？他们从不疲倦？他们没有听说过神经紧张这回事么？

在 17 和 18 世纪，这样的人数不胜数。他们根本不顾所谓的卫生问题，吃喝极其随意，有什么吃什么，完全意识不到自己作为光荣的人类一员的高贵命运。但他们过得十分精彩，创作的艺术和智力作品很是可观。

这就是艺术和科学，像神学这样十分苛求的学科也是如此。

走进任何一家有两百年历史的图书馆，你都可以在它们的地窖和阁楼找到堆满用皮革、羊皮纸或纸张装订的十二开、十八开、八开本的布道、讨论、驳斥、摘要及评论，全都落满了灰尘，早就被人遗忘，却毫无疑问地负载着广博的学问，即便是没有用的学问。

他们研究的科目，使用的语言，在我们现代人听起来没有任何意义。但有时候这些发霉的书籍却有着某种作用。如果它们毫无可取之处，至少净化了空气。因为它们要么对讨论的问题给出令相关人士都满意的解答，要么说服了读者，让他们对某些不能通过援引逻辑和论辩解决的问题，当时当地就弃之不顾。

这听起来似乎像是挖苦的恭维话。但我希望 30 世纪的批评家，在他们啃嚼我们的文学和科学成果的遗迹时，能同样仁慈大度。

巴鲁克·德·斯宾诺莎[①]，本章主人公，在作品的产量方面没有跟上他同时代的潮流。三四卷书稿和几捆书信就是他的全部作品。

但他运用数学的方法成功地解释抽象伦理和哲学所作出的研究，足以使任何健康的正常人大吃一惊。它也因此夺走了这位试图运用乘法口诀表接近上帝的可怜结核病人的生命。

斯宾诺莎是犹太人。然而他的家人却从未遭遇过住在犹太人区的耻辱。他的祖先在西班牙半岛定居，当时这里还是摩尔人[②]的一个省。基督教再次征服西班牙，并推行“西班牙人治理西班牙”的政策，最终导致国家陷入崩溃之中。斯宾诺莎一家被迫搬离故土。他们乘船前往荷兰，在阿姆斯特丹买了一座小房子，努力工作，勤俭节约，很快成为最受尊敬的“葡萄牙殖侨民”家族之一。

如果这家的儿子巴鲁克意识到他的犹太血统，那么除了邻居小伙伴对他的嘲笑之外，更要归结于他在塔尔姆德[③]学校接受的教育。因为荷兰共和国全身心地忙于阶级偏见，无暇顾及种族歧视。因此荷兰人可以与在北海、须得海[④]沿岸避难的异族人完全和睦地共处。并且这成了荷兰生活最大的特点之一，当时去荷兰的旅行家在他们的“航海日志”里从来都不会遗漏这一点，这也是有原因的。

在欧洲其他地区，即使在近代，犹太人和非犹太人之间的关

---

① 斯宾诺莎（1632—1677），荷兰哲学家。西方近代哲学史重要的理性主义者，与笛卡尔和莱布尼茨齐名。哲学上，斯宾诺莎是一名一元论者或泛神论者。他认为宇宙间只有一种实体。

② 摩尔人，中世纪时西欧西班牙人和葡萄牙人对北非穆斯林的贬称。自 19 世纪末和 20 世纪初法国人侵并统治西部非洲之后，则专指生活在撒哈拉沙漠西部地区的居民集团。

③ 塔尔姆德，古代犹太法师的著作集。

④ 须德海，原北海的海湾，在荷兰西北。十三世纪时海水冲进内地，同原有湖沼汇合而成。从二十世纪二十年代起，荷兰开始须德海工程建设。

系从来都不理想。引发种族双方无休无止争吵的原因，恰好在于他们双方都有对错，而且对错程度相当。他们都可以堂而皇之地称自己是对方不宽容和偏见的受害者。依据本书提出的观点，不宽容仅仅是乌合之众自我保护的一种形式，很明显只要他们对各自的宗教足够虔诚，基督教徒和犹太教徒就必须承认对方为自己的敌人。首先，他们双方都主张他们自己的上帝才是真正的上帝，所有其他国家的上帝都是假的。其次，他们都是对方最具威胁的商业竞争对手。犹太人是为寻找新的家园而移民到西欧的，就像他们当初去巴勒斯坦一样。当时的工会是不可能让犹太人找到活做的。因此犹太人被迫从事像典当业或银行业之类的行业，干着临时活计来养家糊口。在中世纪，这两个极其相近的职业在正派人看来不是什么体面正当的职业。为什么在加尔文①时代之前，教会对金钱会持如此不屑的态度（除了以税收形式），还认为收取利息是一种罪恶，这着实让人费解。当然，高利贷是任何政府都不允许的。大约在四千年前，巴比伦人②就对利用他人钱财牟利的钱贩子制订了严厉的法律。在两千年后写下的《旧约》中的多个章节，我们也可读到，摩西③是如何声色俱厉地禁止他的子民以高额利息向别人放债，对外国人除外。再后来，大希腊

① 加尔文（1509—1564），法国著名的宗教改革家、神学家、法国宗教改革家，基督教新教的重要派别加尔文教派（在法国称胡格诺派）创始人。

② 巴比伦人是古美索不达亚地区巴比伦国的居民。巴比伦王国，（约公元前1894—1595）巴比伦尼亚南部奴隶制城邦。以巴比伦城为中心。公元前十九世纪中，阿摩列依人在此建国。史称古巴比伦王国。

③ 摩西是纪元前十三世纪的犹太人先知，旧约圣经前五本书的执笔者。

哲学家，包括亚里士多德[①]和柏拉图[②]，也对以钱生钱的做法表示了强烈的反对。基督教神父对于这个问题的态度更加明确。在整个中世纪，放债人都遭到极大的鄙视。但丁[③]甚至还在地狱为他银行界朋友独享的利润留出了一间专门的壁龛。

从理论上或许可以证明，典当商和他的银行界同行是不受欢迎的人，如果没有他们，这个世界应该可以更美好。同时，一旦这个社会不再是纯农业社会，人们就发现如果没有信贷，最简单的商业买卖交易都难以开展。因此，放债人成了必要的邪恶之徒，并且（依据基督教徒的观点）犹太人无论如何都注定要遭受永恒的诅咒，人们便力劝犹太人从事这份必不可少、而体面人又绝不涉足的行业。

就这样，这群可怜的流亡者被迫从事着不讨人喜欢的职业，他们自然而然地成了富人和穷人共同的敌人。一旦他们找到安身立命之所，这群敌人便开始与他们作对，粗言谩骂，把他们关进全城最肮脏的地方，并且在情绪紧张的时候，还会把他们当作邪恶的异教徒施与绞刑或当作基督教变节者施与焚刑。

所有的这一切是如此的无聊，而且如此愚蠢。这些无休止的激怒与迫害使得犹太人对他们的基督邻居深恶痛绝。而这直接导致大批聪明绝顶的人退出公共领域；成千上万的年轻人，本可推进商业、科学和艺术事业的发展，却不得不把智慧和精力浪费在对古书的无用研究上，研究的尽是深奥的难题和令人头疼的三段

---

① 亚里士多德，希腊哲学家。柏拉图的学生，亚历山大大帝的教师，他的著述论及逻辑学、形而上学、伦理学、自然科学、政治学和诗学，对西方思想产生了深远影响，在其哲学体系里，理论服从实地观察和逻辑，以三段论为基础，基本上是理性研究的理论方法。

② 柏拉图，希腊哲学家，苏格拉底的信徒，他创办了学园（公元前 386 年），在这里他教书写作度过他一生的大部分时间，柏拉图以戏剧对话的形式表述他的思想。

③ 但丁，意大利诗人，现代意大利语的奠基者，欧洲文艺复兴时代的开拓人物之一，以长诗《神曲》留名后世。

论；数百万的男孩女孩过着他们注定低人一等的生活，他们住在臭味熏天的出租房里，一边听着大人们的教诲，说他们是上帝的选民，无疑会继承这个世界和世界上的所有财富，一边又被邻居们无休止的粗言辱骂吓得半死，说他们是笨猪，只配被绞死或碾死。

要求在这样的逆境中长大的人（无论是谁），保持一颗对待生活的平常心是不可能的。

犹太人在他们的基督同胞一而再再而三的欺辱挑衅下，无计可施。在忍无可忍的情况下，他们奋起反抗压迫者，为此他们又多了诸如“叛徒”、“没良心的恶棍”等称号，进而遭受更多的侮辱和限制。但这些限制只有一个结果，使满腹委屈的犹太人的数量增加，使其他人神经衰弱，使犹太人区变成了充斥着落空的抱负和压抑的仇恨的可怕栖息地。

斯宾诺莎出生在阿姆斯特丹，因而躲过了他大多数亲戚所承受的生来就有的痛苦。最初，他被送进犹太教会（形象恰当地称为“生命之树”）开办的学校，他一学会希伯来语的动词变形，就被送到学识渊博的弗兰西斯·埃皮尼·范·登·恩德博士门下，学习拉丁语和科学。

正如他的名字所示，弗兰西斯博士出身于天主教家庭。有传言说他毕业于鲁汶大学。如果相信镇上神通广大的执事的话，他实际上是一个伪装的耶稣会士，是个非常危险的人物。这当然是胡说八道。范·登·恩德年轻时，的确在天主教神学院学习过几年。但他无心学习，便离开了家乡安特卫普，来到阿姆斯特丹，开办了一所他自己的私人学校。

他有超群的才能，总能找到办法使学生热爱古典课程。阿姆斯特丹的加尔文主义教民置他天主教的过去于不顾，非常乐意把自己的子女托付给他管教，他学校的学生在六步格诗和名词变格上的造诣，强于当地其他学校的孩子，家长们为此感到十分骄傲。

范·登·恩德教小巴鲁克拉丁文，但作为科学领域最新发现的狂热追随者和乔达诺·布鲁诺的崇拜者，他无疑还给这个小男孩讲述了一些传统犹太家庭一般不会提及的东西。

与当时的习俗不同，小斯宾诺莎不与其他男孩一起住校，他住在家里。他的渊博学识给他的家人留下了非常深刻的印象，所有亲戚都会骄傲地称他为小教授，而且还会大方地给他零花钱。他没有把钱浪费在抽烟上，而是用来购买哲学书籍。

有一个作家对他特别欣赏。

那就是笛卡尔[①]。

勒内·笛卡尔出生在图尔斯和普瓦捷交界处的一户法国贵族家庭，一千年前查理曼大帝的祖父曾在该地成功阻挡了穆罕默德对欧洲的征服。他不到十岁就被送往耶稣会士那里接受教育，而在接下来的十年里，他长成了一个令人讨厌的家伙。因为这个男孩有他自己的想法，除了“可以得到证实的东西”，他不会相信任何事物。耶稣会士或许是世界上惟一有办法对付这种难缠孩子的人，是惟一能在不扼杀孩子天性的前提下成功教育他们的人。教育的空谈不如实践。如果我们现代的老师能够学习罗耀拉兄弟的教学方法，或许在我们这个时代也可以诞生几个笛卡尔。

勒内二十岁参军，去了荷兰，在这里，拿骚的莫里斯[②]已经全面地完善了军事体系，他的军队便成了有野心成为将军的年轻人的进修学院。笛卡尔到拿骚王子总部的报到似乎不太寻常。虔诚的天主教徒前来为新教首领服务！听起来像犯了判国罪。不过笛卡尔感兴趣的是数学和兵炮，而不是宗教和政治。因此荷兰与西班牙刚刚休战，他就辞去职务前往慕尼黑，在天主教巴伐利亚

---

① 笛卡尔，1596 年 3 月 31 日生于法国都城。笛卡尔是伟大的哲学家、物理学家、数学家和生理学家。解析几何的创始人。笛卡尔强调科学的目的在于造福人类，使人成为自然界的主人和统治者。他反对经院哲学和神学，提出怀疑一切的“系统怀疑的方法”。但他还提出了“我思故我在”的原则，强调不能怀疑以思维为其属性的独立的精神实体的存在，并论证以广延为其属性的独立物质实体的存在。

② 拿骚的莫里斯，奥兰芝大公威廉一世的儿子。

公爵麾下战斗了一段时间。

但这次战斗并没有持续很长时间。那时，惟一一场颇有意义的战斗发生在拉罗谢尔①附近，那是胡格诺教徒为抵抗拉罗谢尔而发起的对抗。因此，笛卡尔回到了法国，想学习围攻术这门高深的技艺。但军营生活对他渐渐失去了吸引力。他决定放弃军旅生涯，投身于哲学和科学。

他自己有一笔小收入，他无意结婚，奢望也寥寥。只想过平静而快乐的生活，而且他如愿了。

我不明白他为什么会选择荷兰作为定居地。不过，荷兰的印刷商、出版商和书店遍地都是，而且只要不公开攻击现有的政府、宗教形式，出版审查法就形同虚设。此外，由于笛卡尔对于他侨居国家的语言一窍不通（这种小诡计对于真正的法国人来说并不难），所以可以避开不良的伙伴和无用的谈话，把所有的时间（大约每天二十小时）用在自己的工作上。

对于曾当过兵的人来说，这种生活未免枯燥乏味。但笛卡尔有他自己的生活目标，而且他似乎对这种自我放逐的流亡生活非常满意。这几年的经历使他深信，这个世界仍然陷在无知深渊的黑暗之中，被称为科学的东西与真正的科学相去甚远，在彻底铲除古老知识体系的错误和谬误之前，是不可能有任何全面进步的。这个任务可不小。但笛卡尔耐心极好，在他三十岁时，便着手创立一整套崭新的哲学体系。为自己的目标所激励，他又把几何学、天文学和物理学列入最初的计划之中。他在工作中态度公正，这使得天主教徒谴责他是加尔文派，而加尔文教徒则称他为无神论者并对他横加指责。

如果他对这场喧闹有所耳闻，这也丝毫不会对他构成任何困扰。他无声无息地搞着他的研究，最后在斯德哥尔摩市平静地离开人世，他去那里是为了与瑞典女王讨论哲学问题。

---

① 拉罗谢尔，法国西部一个城市。

像达尔文主义[①]在维多利亚女王时代产生的轰动一样，笛卡尔主义（该哲学以他的名字而闻名）在17世纪也有如此影响。在1680年，做一个笛卡尔主义者是很可怕的，简直是很不光彩的事情。它即表明某人是一个与既定的社会秩序为敌的人，一个索齐尼派[②]教徒，一个承认不能与体面人为伍的粗俗家伙。但这并不能阻止大多数知识阶层欣然而急切地接受笛卡尔主义，就像我们的祖辈接受达尔文主义一样。但是在阿姆斯特丹正统犹太人之间，这种话题从来不会提及。在犹太法典和《圣经》中也未涉及笛卡尔主义。因此它在现实中就不存在。人们一经明确，巴鲁克·斯宾诺莎的头脑中存在着笛卡尔主义，只要犹太教会的权威展开调查此事，采取官方行动，可预想的结果便是巴鲁克·斯宾诺莎也随即不复存在。

阿姆斯特丹犹太教会在那期间刚刚经历了一场严重的危机。在小巴鲁克十五岁时，另一个叫乌列尔·阿科斯塔的葡萄牙流亡者也来到阿姆斯特丹，在面对被处死的威胁下，他摒弃天主教，回归了他祖辈信仰的宗教。但阿科斯塔这个家伙并不是一般的犹太人。他是一位习惯头戴一顶插有羽毛的帽子，腰边佩戴一把宝剑的绅士。德国与波兰学院派教育培养出来的荷兰拉比[③]的傲慢自大，令他万分惊讶和反感，而他自己又太过桀骜不驯、傲慢不

---

① 达尔文主义，英国生物学家C. R. 达尔文创立的以自然选择为中心的生物进化理论，即通常所指的进化论。达尔文运用大量地质学、古生物学、比较解剖学、胚胎学等方面的材料，特别是他在环球航行期间以及研究家养动植物时所获得的第一手材料，令人信服地证明了现存多种多样的生物是由原始的共同祖先逐渐演化而来的，揭示了自然选择是生物进化的主要动因，从而使进化论真正成为科学。

② 索齐尼派，16世纪意大利持有唯一神观点，包括否认耶稣的神圣性教派的拥护者。

③ 拉比，犹太教负责执行教规、律法并主持宗教仪式的人。原意为教师，即口传律法的教师，古代原指精通经典律法的学者，2—6世纪曾作为口传律法汇编者的称呼。后在犹太教社团中，指受过正规宗教教育，熟悉《圣经》和口传律法而担任犹太教会众精神领袖或宗教导师的人。

拘而不屑于隐藏自己的观点。

在那样的一个小社会里，这样的公开蔑视是不可能被容忍的。一场激烈的战斗便开始了。·方是孤独的梦想家，半个预言者，半个西班牙绅士。另一方是无情的法律护卫者。

这场战斗以悲剧告终。

首先，有人向当地警方告发，说阿科斯塔写了一些亵渎神明的小册子，并且他在这些小册子里否认灵魂的不朽。这把他卷入与加尔文派牧师作对的纠纷之中。该事件最后得以澄清，也撤销了指控。但从那以后，犹太教会把这个顽固的叛乱者逐出教会，剥夺了他的谋生之路。

在以后的几个月里，这个可怜的人一直在阿姆斯特丹游荡，最后贫困和孤独逼迫他又回到了自己的群体。但是要重新得到接纳，他首先要对自己的恶行当众道歉，之后还有忍受犹太教会成员的鞭打和脚踢。这样的侮辱使得他神经失常。他买了一把手枪，用手枪把自己的脑袋炸开了花。

这起自杀事件在阿姆斯特丹的市民中间引起了轩然大波。犹太社区感到，再也承受不起任何这样的公众丑闻了。当他们发现，“生命之树”最有前途的学生被笛卡尔的异端学说给污染时，就立刻采取措施以掩人耳目。他们接近巴鲁克，并提出，只要他保证安分守己，继续在犹太教堂礼拜，不发表或谈论任何违反法律的言论，他们便可每年为他提供固定的年金。

斯宾诺莎最讨厌妥协，他断然拒绝了上述条件。而这样做的结果，根据著名而古老的诅咒准则，就是他被逐出教会。诅咒准则，可想而知，就是一直追述到（古时巴勒斯坦）杰里科时期而收集到的谩骂和诅咒。

作为五花八门谩骂的受害者，他安静地待在家中，从报纸上了解前一天发生的事情。甚至有一位超级狂热的法律追随者企图杀害他，他也不愿意离阿姆斯特丹而去。

这对于犹太拉比的声望，简直是沉重的打击。尽管他们曾祈灵于耶和华和以利撒，但在不到六年的时间，他们再次遭遇公然违抗。他们急匆匆地跑到市政厅发起呼吁。请求会见市长，告诉他这个刚被逐出的教会的巴鲁克·德·斯宾诺莎是个真正的最危险的人物，是个不相信上帝的不可知论者，因此，像阿姆斯特丹这样可敬的基督教社会，不应该容忍这种人的存在。

议员阁下有个好习惯，凡事不予插手，因此，他们把这件事情推给牧师小组委员会处理。小组委员会研究了这个问题，发现巴鲁克·德·斯宾诺莎并没做任何违反本市法律的事情，便如实地向议员阁下做了汇报。同时，他们认为教会成员最好统一立场。于是，向市长建议，干脆让这个看似独立的年轻人离开阿姆斯特丹几个月，等风头过了再回来。

从那时起，斯宾诺莎的生活就像他卧室窗户外的风景一样风平浪静。他离开了阿姆斯特丹，在莱顿附近的莱茵斯堡租了间小房子住下。他白天打磨光学仪器镜片，晚上抽烟斗，随着自己的兴致读书写作。他终生未娶。有传言说他与他的前拉丁语老师范·登·恩德的女儿之间发生过一段恋情。可是，斯宾诺莎离开阿姆斯特丹的时候，那女孩才十岁，这似乎不太可能。

他有几位忠诚的朋友，每年至少接济他两次，好让他把所有的时间都用在自己的研究上。他对朋友的好意表示感激，但更愿意独立。除了接受一位年轻富有的笛卡尔主义者每年给他的八十块钱的补助外，他未碰过别人一分钱，过着真正哲学家的令人尊敬的贫穷生活。

有人邀请他去德国教书，当教授，他拒绝了。他收到邀请说著名的普鲁士国王乐意成为他的赞助人和保护人，但他也谢绝了这个邀请，他仍钟情于过着平静而惬意的流亡生活。

在莱茵斯堡生活了几年后，他搬到了海牙[①]。他的身体一向不好，在磨镜片的过程中产生的玻璃粉尘对他的肺部造成严重损

---

① 海牙，荷兰政府和议会所在地，全国第三大城市，南荷兰省首府。海牙早年为荷兰伯爵狩猎驻留地。十三世纪开始发展，1648 年后为荷兰 7 省联合行政机构和中央政府有关部门所在地，成为国际性城市。

伤。

他于1677年辞世，走得突然而孤独。

令当地神父气愤不已的是，在这位已故的“无神论者”的送葬队伍中，至少有六辆宫廷豪门的私人马车。两百年后，在他的纪念雕像揭幕的时候，还需调动警察预备队，以保护参加这个隆重仪式的人免受狂热的加尔文主义者的袭击。

这就是他的一生。他的影响究竟有多大呢？他是否像其他勤勉的哲学家一样，用无数理论填满自己的著作，使用的语言能让奥马尔·哈亚姆[①]火冒三丈？

不，他不是那样的人。

他所取得的成就既不是靠他的聪明才智，也不是靠他理论的真实可信。斯宾诺莎的伟大主要在于他勇气的力量。他属于一个只恪守一部严格律法的民族，该律法自它制定起就从未变更，他们还有一套为服务职业教士的利益而创立的精神暴政体系，就是用这套体系来解释这部神圣的法典的。

在他生活的世界，思想上的精神自由几乎等同于政治无政府主义。

他知道，他的逻辑体系既会得罪犹太人，也会得罪非犹太人。

但他从未动摇。

他视所有问题为普遍问题。毫无例外地视它们为无所不在的意志的体现，无论是在世界末日，还是创世之初，相信它们都是终极真理的表现。

以这种方式，他在人类宽容事业上做出了巨大贡献。

像在他之前的笛卡尔一样，斯宾诺莎摒弃了古老宗教形态设定的狭隘界限，在百万先驱铸就的基石上建立了自己的新的思想

---

① 奥马尔·哈亚姆（约1048—约1122），波斯古代著名诗人。哈亚姆博学多才，一生之中写过很有价值的哲学和数学论文，编制过精确的历书并主管过天文台，此外还精于历史、法学和医学。

体系。

就这样，他使人类成了宇宙的真正居民，而这是自古希腊和古罗马时代以来前所未有的。

22

新的天国

没有理由担心斯宾诺莎的作品会永远盛行。他的作品就像三角学教科书一样“有趣”，对于书中的任何章节，很少有人在读了几句后还有兴趣继续读下去。

要在人民群众中传播新的思想，需要另一种人。

在法国，一旦国家成为绝对的君主专制，个人思考和探索的热情便戛然而止。

在德国，“三十年战争”[①] 带来的贫穷和恐惧扼杀了所有的个人主动性，并在此后两百年都没能回过神来。

因此，在17世纪后半叶，英格兰成了欧洲大国中惟一可能沿着独立思想路线进一步发展的国家，皇室和国会之间无休止的争吵，又增加了一丝不安定的成分，后来证明这极大地促进了个人自由事业的发展。

首先，我们应当谈谈英格兰君主。多少年来，这群不幸的君主被夹在天主教的恶魔与新教的深渊中无法自拔。

他们的天主教臣民（其中还包括很多暗地投靠罗马的忠诚的主教派教徒），在不停地叫嚣着要求回到英国国王臣属于罗马教皇的那个幸福年代。

① 三十年战争，1618—1648年欧洲发生的一系列冲突，涉及多数西欧国家，战争主要在德国进行。

而另一方面，他们的新教臣民，一边目不转睛地注视着作为榜样的日内瓦城，一边梦想着自己的国家有朝一日不再存在任何的君王，于是英国就能成为瑞士群山掩映下偏处一角的幸福共和国的翻版。

但事情并非如此简单。

英格兰的国王同时也是苏格兰的国王，而提到宗教，他们的苏格兰臣民非常有主见，清楚地知道自己想要什么。苏格兰人坚信自己是无比正确的，坚决反对精神自由的观点。他们认为，要在自己的新教地盘容忍其他教派的存在，并允许这些教派自由礼拜，简直是一种罪过。他们强调，不仅要把天主教徒和再洗礼教徒从不列颠群岛放逐出去，而且还要把索齐尼派教徒、阿米尼斯派教徒、笛卡尔主义者赶走，总之，所有对上帝存在的问题持不同观点的人，都应该被绞死。

然而，这种三角矛盾关系却产生了预料不到的结果。那些在相互敌对关系中的各方不得不和平共处，于是就比在非矛盾对立关系中表现得更为宽容。

如果斯图亚特王朝①和克伦威尔在他们不同的执政生涯中都主张各教派的权利平等——历史告诉我们他们的确如此——那绝不是因为他们特别偏爱长老教会②或高教会派，也不是因为他们受到这些教派的特别拥戴。他们只不过是在一桩艰难的交易中争取自己的最大利益罢了。在马萨诸塞州海湾沿岸殖民地，因一个教派势力过分强大而引发的恐怖事件告诉我们，如果在参与竞争的诸多派别中，某一派别建立了对整个国家的绝对专政统治，英格兰将会面临怎样的命运。

---

① 斯图亚特王朝，初名为斯迪瓦特王朝是1371年至1714年间统治苏格兰和1603年至1714年间统治英格兰和爱尔兰的王朝。

② 长老教会是基督更正教的一派，他们的根源是从十六世纪的西欧改革运动开始。长老会的协会起源可以追踪到苏格兰改革，特别是依照由约翰·诺克斯的带领下。

当然，克伦威尔国王已经达到可以为所欲为的境地。但是这位护国君主非常聪明。他知道自己的统治得益于铁一般的军队，因而小心翼翼地避免采取极端的行为或制定极端的立法，以免反对派结盟，联合对付自己。然而，他对宽容思想的理解仅此而已。

至于可怕的无神论者，即上面提到的索齐尼派教徒、阿米尼斯派教徒、笛卡尔主义者以及其他宣扬人类个人神圣权利的使徒，他们的生活还像以前那么艰难。

当然，英国“自由分子”拥有一个极大的有利条件。他们靠近大海。只要忍受三十六个小时颠簸的海上航行，他们便可到达荷兰城市，找到安全的避难所。由于这些城市的印刷店印制大量的南、西欧的违禁文学作品，一次跨越北海的旅行就意味着雄心勃勃的旅行者联系出版商收取版税，并了解最近抗议文学作品的新动向的旅程。

很多人利用这便利的机会安心学习，宁静思考，而这其中名气最大的非约翰·洛克[①]莫属。

他与斯宾诺莎同年出生。像斯宾诺莎（其实像多数独立思想家）一样，洛克也出身于一个非常虔诚的新教家庭。巴鲁克的父母是传统的犹太教徒。而约翰的父母则是传统的基督徒。毫无疑问，他们让自己的孩子接受他们各自信仰的严格教育都是出于好意。但这样的教育要么扼杀孩子的天性，要么使孩子变得叛逆。巴鲁克和约翰从来都不是轻易屈服的人，于是咬咬牙，他们毅然背井离乡，出去独自打拼。

洛克二十岁时去了牛津，在那里他第一次听说笛卡尔。但在圣凯瑟琳大街灰尘笼罩的书摊上，他找到其他一些合他胃口的

① 约翰·洛克（公元1632—公元1704），著名的英国哲学家约翰·洛克是全面系统地阐述宪政民主基本思想的第一位作家。他的思想深刻地影响了美国的开国元勋及法国启蒙运动中的许多主要哲学家。

书。譬如，托马斯·霍布斯[1]的著作。

托马斯·霍布斯是一个颇有意思的人。他曾就读于马克德伦学院，是个不安分之徒，去过意大利，与伽利略[2]有过交谈、与伟大的笛卡尔通过信。为避开清教徒的残暴，他一生的大部分时间都在欧洲大陆上度过。霍布斯撰写了一部巨著，该著作由他对所能想象到的问题的见解汇编而成，并为之取了一个引人入胜的名字《海中怪兽——神权与民权国家的实质、形式与权利》。

这本博学的大部头在洛克念大学二年级时就问世了。它对于君主的性质，权力、特别是他们的职责等问题做了坦率直言的表露，连最彻底的克伦威尔派也不得不表示赞同。尽管托马斯是一个彻头彻尾的保皇主义者，他却在这本重达五英磅的巨著中揭露保皇党人的虚伪，因此许多克伦威尔的党羽也表示愿意宽恕这个持怀疑态度的托马斯。当然很难说霍布斯到底属于哪类人。他同时代的人称他为“不拘泥于宗教教条”的人，意思是他更感兴趣于基督教的道德规范，而不是基督教的规矩和教条。他认为在那些非本质性的问题上，应给予人们一定的自由。

洛克与霍布斯性情相似。他也是终生都未离开教会，但他由衷地赞成给生命和信仰以最宽容的诠释。洛克与他的朋友们争论，一个国家（头戴金色皇冠）的暴君的消亡如果只能引入另一个新生的滥用权力的（戴着黑色懒汉帽子的）暴君的执政，那又有何意义呢？为什么要放弃对一群教士的效忠而去接受另一群教士的统治，而后者与其前任在专横与傲慢程度上如出一辙？从逻辑角度看，洛克毫无疑问是正确的，但是如果“不拘泥教条者”获胜，将僵化的社会体系变成伦理上无定论的社会，那些因此而

---

① 托马斯·霍布斯（1588—1679），是英国的政治哲学家，他在1651年所作的《利维坦》替之后所有的西方政治哲学发展奠定了根基。

② 伽利略·伽利雷（1564—1642），是意大利文艺复兴后期伟大的意大利天文学家、力学家、哲学家、物理学家和数学家。也是近代实验物理学的开拓者，被誉为“近代科学之父”。他是为维护真理而进行不屈不挠斗争的战士。

丢掉饭碗的人则不可能接受洛克的观点。

尽管洛克似乎是个很有个人魅力的人，还有一些有权有势的朋友，可以保护他不受地方长官的怀疑，但没过多久，他还是没有逃脱“无神论者”的嫌疑。

事情发生在1683年的秋天，洛克便来到阿姆斯特丹。这时斯宾诺莎已经去世有六个年头了，但这座荷兰首都的学术气氛仍然非常自由，洛克可以安心读书写作，而不受到当权派丝毫的打搅。他很勤奋，在流亡的四年里他完成了著名的《宽容书信》，他因此而成了我们这本短小历史书的主人公之一。在这封信中，(根据反对派的意见应该是三封信)，他直言不讳地否定国家对宗教的干预。在洛克看来，(该观点取自一位名叫皮埃尔·贝尔的法国人，他当时也在阿姆斯特丹，正在独立编撰一部百科全书)，国家只是一种保护性组织，是一批为维护相互利益和安全而建立并维持的。这个组织凭什么有权指使个人公民应该信仰什么，不应该信仰什么，洛克和他的门徒对此始终不解。国家并没有规定公民应该吃什么喝什么。那它凭什么强迫公民去这个教堂礼拜而不准去那个教堂呢？

新教不彻底的胜利，使17世纪成了一个奇怪的宗教妥协时代。

为结束所有宗教战争而签署的威斯特伐利亚和约[①]规定，“所有臣民都必须信奉统治者的宗教”。也就是说，如果某大公国信奉的是路德教，那么当地的所有臣民都应信奉路德教，而因为邻国的国君是天主教徒，那么他的所有臣民都应皈依天主教。

因此洛克辩解说：“如果国家有权处置人们未来灵魂的归宿，那么一半的人命中注定要下地狱。因为两派宗教不可能同时正

① 威斯特伐利亚和约是象征三十年战争结束而签订的一系列和约，签约双方分别是统治西班牙、神圣罗马帝国、奥地利的哈布斯堡王室和法国、瑞典以及神圣罗马帝国内勃兰登堡、萨克森、巴伐利亚等诸侯邦国。而在1648年10月24日签订的西荷和约，正式确认了威斯特伐利亚这一系列和约，并象征三十年战争结束。

确，(按照他们各自教义问答手册的第一条)，由此可以得出，出生在分界线这边的人注定要升入天堂，而出生在分界线另一边的人则注定要下地狱。这样一来，一个人未来是否得到拯救要视他出生的地理位置而定。”

遗憾的是，洛克没有把天主教列入他的宽容计划，但这也是可以理解的。对于17世纪的普通英国人来说，天主教不是一种宗教信仰形式，而是一种政治党派。它从未停止对英国国家安全的阴谋颠覆活动，它建造无敌舰队、购买成桶火药，决意要把英国这个所谓友好国家的国会炸翻天。

因此，洛克主张，有些权力宁可给殖民地的异教徒，也不能给天主教徒。他还提议把天主教徒逐出英国的领地，但这样做完全是考虑到他们政治活动的危害性，而并非因为他们宗教信仰的不同。

要回到一千六百年前，我们才能听到这样的言论。当时的一位罗马皇帝定下了一条著名的原则，即宗教是个人与上帝之间的事，无论什么时候上帝感到自己的尊严遭受伤害，他都完全有能力照顾自己。

英国在不到六十年的时间里换了四届政府，因此英国人更容易理解基于常识之上的宽容理念的基本要义。

1688年，奥朗日①的威廉横越北海，洛克在另一条船上紧随其后，同船的还有英格兰新的王后。自此以后，他过上了平静恬淡的日子，在他七十二岁离开人世的时候，洛克已经是一位颇有名气的作家，而且不再是令人生畏的异教徒了。

内战是件可怕的事情，但它也有一个很大的好处。那就是，它能净化空气。

17世纪的政治纠纷使得英国的剩余能量消耗殆尽，而当其

---

① 奥朗日是通往法国南方的门户，拥有众多新鲜蔬菜和水果的市场，尤其以两处被联合国教科文组织列入世界遗产而闻名：凯旋门和古代剧场。一个半世纪以来，这里一直是大型歌剧演出的舞台。

他国家的人们还在为三位一体[①]和生前诅咒等问题争执不下时，英国的宗教迫害早已停止。偶尔会有像丹尼尔·笛福[②]这样的人对教会的批评太过放肆，与法律发生不愉快的摩擦。但这位《鲁宾逊漂流记》的作者之所以被戴上枷锁，倒不是因为他是业余神学家，而是因为他是一位幽默的作家。盎格鲁一撒克逊人自古以来就对讽刺有一种天生的疑心，如果笛福写的是为宽容辩护的严肃作品，他或许能免遭斥责。可是他却把自己对教会暴政的抨击写成了一本题为《通向异端的捷径》的半幽默的小册子，这就表明他是一个没有分寸、不懂礼节的粗俗之徒，只配与伦敦纽盖特监狱的小偷扒手为伍。

幸运的是，笛福的足迹从未超出不列颠群岛的范围。当时虽然不宽容之风已从故乡驱逐出去，可他在大洋彼岸的殖民地找到了最热情的收容所。这并不是因为移居新大陆的人的天性所致，而是因为新世界拥有旧世界无与伦比的经济优势。

英格兰这个人口稠密的小岛国，仅能为多数国民提供容身之地，如果人们不愿意履行古老而光荣的“互相让步”原则的话，所有的事情都无法继续。但是在美国这片拥有无限疆域和无穷财富的土地上，却只住着寥寥无几的农夫和工匠，于是这种妥协就没有必要了。

因此，共产主义者在马萨诸塞州海湾沿岸的定居，导致这里发展成了一个自以为是的正统堡垒。自加尔文在瑞士西部担任警察总长和最高审判长的欢乐时期以后，这种情况还没有出现过。

最早在查尔斯河沿岸寒冷地区永久定居的人，是一批被称为

① “三位一体”常用来比喻三个人、三件事或三个方面联成的一个紧密不可分的整体，常与“三合一”、“一变三”等词汇混淆，前者如印度教的梵天、毗湿奴、湿婆与梵的关系，后者如道教的一气化三清。

② 丹尼尔·笛福，英国作家。笛福不信仰英国国教，这使得他在政治上拥护信仰新教的威廉三世。1702 年笛福发表了一本小册子《消灭不同教派的捷径》，用反讽手法猛烈抨击托利党当局迫害不同教派。

“朝圣之父”的人。朝圣者这个词通常指“出于宗教虔诚而前往神圣之地的人”。按照此意，五月花船上的乘客并非朝圣者。他们是一群英国石匠、裁缝、车夫、铁匠和修车匠，他们离开祖国为的是逃离令人憎恨的“天主教”，它仍然把持着他们身边大多数的教堂。

他们先横穿北海来到荷兰，那时荷兰正赶上经济大萧条。教科书总是把他们继续行进的原因归结为他们不愿意让小孩学习荷兰语，不愿意看到小孩被这个国家同化。然而，这群淳朴的人们似乎不太可能如此忘恩负义，非要选择一条最难走的路不可。事实上，他们大部分时间都不得不生活在贫民窟，与此同时，他们发现，要在这个人口已经过于稠密的国家谋生非常困难。他们指望在美洲种植烟草会比呆在莱顿梳理羊毛收入高。因此他们驾船前往弗吉尼亚，可不幸的是，他们遭遇了逆流，再加上航行技术也不过硬，结果他们的船只在马萨诸赛海岸搁浅。于是他们决定就在那里定居下来，再也不想坐上破漏不堪的小船去拿自己的生命冒险。

可是，虽然已经逃脱了溺水和晕船的危险，但他们的处境仍然十分不利。他们中的多数人来自于英格兰腹地的小城市，少有开垦拓荒的本领。寒冷将共产主义的理想击得粉身碎骨，成为城里人的热情在无尽的狂风中逐渐冷却，缺少像样的食物夺走了他们妻儿的性命。最终，只有很少的一部分人熬过了头三年的冬天。他们秉性温厚，习惯了家乡粗糙而甘心情愿的宽容，但成千上万的新殖民者的到来又将他们淹没了，入侵者是清一色的严厉而不屈服的清教徒，就是这群人在接下来的几百年把马萨诸塞州变成了查尔斯河畔的日内瓦。

他们在弹丸之地艰难地苟活着，总是处于灾难的边缘。因此，他们要为自己的思想和行为在《旧约》里找到依据的想法变得前所未有的强烈。脱离于文明的人类社会和书本以后，他们形成了自己奇特的宗教精神。他们认为自己就是摩西和纪登的后嗣，不久，他们就成了西边印第安邻居眼里真正的马加比[①]。他们不甘心过清苦与艰难的生活，除非他们相信所受的磨难是为了惟一真正的信仰。他们由此而得出的结论是，所有的其他人都是错的。于是，那些与他们不能统一意见的人、那些暗指清教徒的处事、思维方式并非惟一正确的人便要遭到他们残酷的虐待。因此无辜的不同意见者被逐出家门，要么在无情地鞭打之后被赶进荒野，要么被割掉耳朵舌头。除非他们走运，能在临近的瑞典和荷兰的殖民地找到避难所。

对于宗教自由和宽容事业来说，这块殖民地在历史上，除了常见的、以迂回意外的方式取得的小成就以外，没有做出任何贡献。正是他们的宗教专制引起了人们对自由政策的反应。在近两百年的神权专制以后，涌现了一批坚决反对所有形式的教会统治的开放的新生力量，他们坚信国家与教会分离的必要性，对前人把宗教和政治混为一体的做法嗤之以鼻。

发展过程非常平缓，也算幸运，但在英国与它的美国殖民地之间的对峙爆发的那一刻，危机出现了。结果，美国宪法的撰写者不是自由思想家，就是老式加尔文主义的秘密反对者，他们把一些非常现代的思想写进宪法，而事实证明，这对于维持共和政体的和平稳定发挥了巨大作用。

但在此之前，新世界的宽容事业经历了一次最为出人意料的发展，而更令人意想不到的是，它发生在天主教地区，即美国现在的自由州——马里兰。

这次有趣的试验由卡尔弗特一家负责，卡尔弗特祖籍佛兰芒，但他们的父辈移居英国，效力于英国斯图亚特王室，做出了突出贡献。最初他们是新教徒，但身为詹姆士一世国王私人秘书和总管的乔治·卡尔弗特，对同代人为之纠缠的无用神学厌烦透顶，又回到了最初的信仰。不论是好是坏，旧教说黑就是黑，白

---

① 马加比家族是犹太教世袭祭司长的家族，曾于公元前2世纪领导犹太人夺回耶路撒冷的第二圣殿。

就是白，而不把对教义的最终解释权交给半文盲的教士委员会任意裁决。

看来这个乔治·卡尔弗特是个多面手。他并没有因改信旧教(那时是很严重的罪名!)而失去皇上主子的恩宠。相反，他被封为巴尔的摩市[①]的巴尔的摩男爵，当他打算为受迫害的天主教徒建立自己的小殖民地时，皇上还答应给他提供各种援助。他先去纽芬兰碰运气。但他派去的移民者被赶了出来，于是他又向皇上请示在弗吉尼亚要几千平方英里的土地。然而，弗吉尼亚人是顽固的圣公会教徒，不理会这群危险的邻居。巴尔的摩男爵只好要求分得位于弗吉尼亚、荷兰、瑞典领地以北交汇处的荒野之地。没等获准，他就去世了。他的儿子塞西尔继承了他父亲的美差，在1633—1634年的冬天，由伦纳德·卡尔弗特指挥的两艘名叫“方舟号”、“鸽子号”的轮船横跨大西洋，船上乘客在1634年3月在切萨皮克海湾沿岸安全登陆。这片新的土地叫做马里兰。之所以如此命名是为了纪念法国国王亨利四世的女儿玛丽。亨利创建欧洲国家联盟的计划葬送在一名疯子僧侣的匕首之下。玛丽嫁给英国君主之后不久，这位君主的脑袋就在自己的清教徒臣民手下搬家。

这个特殊的殖民地并不屠杀印第安邻居，还为天主教徒和新教徒提供平等的机会，但它却度过了几年艰难岁月。这里先来了一批圣公会教徒，他们是为逃离马萨诸塞州清教徒的专横而来。之后又来了很多清教徒，他们来到这里则是为了躲避弗吉尼亚圣公会信徒的专制。这两伙逃亡者带着一贯的傲慢，都努力把自己的“正确信仰”引进他们的避难国。由于马里兰州明令禁止境内出现“任何可能引发狂热宗教争执”的事情，因此老一辈殖民者完全有资格要求圣公会教徒和清教徒和平共处。但不久，在他们

① 巴尔的摩是美国大西洋沿岸重要的海港城市，它位于切萨皮克湾顶端的西侧，离美国首都华盛顿仅有60多公里，港区就在帕塔帕斯科河的出海口附近。

的家乡就爆发了保皇党与圆颅党[①]之战，令马里兰人担忧的是，交战双方无论谁赢都会使自己失去原来的自由。因此，在1649年4月查尔斯一世被处死的消息传来不久，在塞西尔·卡尔弗特的直接提议下，马里兰通过了他们著名的《宽容法案》，其中就有这么一段精彩内容：

“鉴于宗教问题的精神高压常常在其行使时，对社会造成极大的危害，为了本省政权的进一步和平与稳定，为了在居民之间保持更好地互爱与团结，特此规定，本省任何公开宣称信仰基督教的人，都不得因其宗教及宗教的自由行使而受到任何干扰、骚扰或迫害。”

该法案在耶稣会士占上风的地区得以通过，显示出巴尔的摩家族出众的政治才能和非凡勇气。该宽容精神的深远意义在同年到访的客人中得到证实。一群清教徒流亡者来到这里推翻马里兰政府，废除《宽容法案》并以他们自己的《宗教相关法案》取而代之，新法案赋予“除天主教徒和主教教徒以外的”所有基督教徒以充分的宗教自由。

这段反动时期并没有持续太长时间。1660年斯图亚特王室恢复王权，巴尔的摩家族再次握权，统领马里兰。

其他教派又对他们发起了新一轮的攻击。圣公会教徒在家乡赢得一场绝对性胜利，自此，他们坚持自己的教会应该成为所有殖民地的官方教会。卡尔弗特家族还在继续战斗，但发现再也无法把新的移民吸引过来了。因此，又经过一代人的斗争，这次试验就宣告结束。

新教取得胜利。

不宽容同样获胜。

---

① 圆颅党为17世纪中期，英国国会中的一知名党派。该党最盛时期约为1642—1651年的英国内战时期。

23

太阳国王

18 世纪通常被人称为专制的时代。在一个信奉民主的时代，无论多么开明的专政统治，都不会被人们看成理想的政权形式。

对人类心怀善意的历史学家，也难免对路易斯十四这位君主加以指责，并让我们得出自己的结论。这位英明的君主登上王位时，在他继承的国家里，天主教和新教两大教派势均力敌。经历了一个世纪的相互残杀之后，虽然天主教明显占了上风，最后双方终于实现了和平。尽管他们仍然不喜欢对方，但作为躲不开的邻居和同胞，他们还是允诺接受对方。1598 年颁布的"永久的和不可撤销的"《南特敕令》① 的和解条款规定天主教为国教，但是新教徒享有彻底的精神自由，不会因信仰问题受到任何迫害。此外，新教徒还可以建造自己的教堂，并担任公职。为了表示天主教的诚意，新教徒还可以在法兰西王国境内掌管两百座要塞城市和村镇。

当然，这种权力的分配是极不现实的。胡格诺教徒不是天使。把两百座法国最繁荣的城市和村镇让给与政府不共戴天的政党岂不荒唐，就像在美国，共和党为了使民主党接受其执政，或

① 《南特敕令》，中世纪时期，法王亨利四世为了结束长期的内战和平息新教徒的愤怒，于 1598 年颁布的法令：承认天主教为法国国教，普遍恢复天主教礼拜，归还天主教僧侣被没收的土地和财产。

民主党为了使共和党接受其执政，而把芝加哥、旧金山和费城让给对方政党管辖一样。

法国明智的统治者黎塞留[①]自然认识到了这一点。经过长期的斗争，他剥夺了新教徒的政治权利，小心翼翼地避免干预他们的宗教自由，尽管他身为枢机[②]主教。胡格诺教徒再也不能和国家的敌人进行独立的外交谈判了，但除此之外，他们仍然享有以前享受过的特权，可以随心所欲地唱圣歌，听布道。

马扎林，法国真正意义上的下一位统治者，也继续推行相同的政策。但他在1661年就去世了。之后，年轻的路易斯十四亲自担任起统治国家的重任，善意的时代就此结束。

这位声名狼藉、却也不失聪明的君主，在他一生仅有的一次被迫跟正派人的交往中，投进了一个好心的、同时也是宗教狂热者的女人的怀抱，这似乎是太不幸了。这个女人就是弗兰西斯卡·多碧娜，乃是御用文人斯克朗的遗孀，她在王宫给路易斯十四和女侯爵蒙特斯达的七个私生子当家庭教师，事业由此发迹。当这位女侯爵的春药丧失效力、国王开始流露厌倦之情时，家庭教师便取代了她的位置。她与国王过去的所有情人都不同。在她答应搬进国王的寝宫之前，巴黎大主教还不失时机地为她和这位圣路易斯家族的后裔举行了隆重的婚礼。

因此，在接下来的二十年中，王位后面的权力就掌握在一个女人手里，而她又完全听凭她的忏悔神父的摆布。由于黎塞留和马扎林对待新教采取妥协的态度，法国的天主教会从来都没有原谅过他们。现在，他们终于有机会消除那些精明政治家的影响

---

① 黎塞留（1624—1642），法国宰相，枢机主教，政治家。黎塞留任宰相时，对内恢复和强化遭到削弱的专制王权，对外谋求法国在欧洲的霸主地位。

② 枢机是教宗治理普世教会的职务上最得力的助手和顾问。1917年颁布的天主教法典称“枢机”为教宗的参议会，由教宗选拔任命；依法享有选举教宗的权利，并以集体方式协助教宗处理较重要的事项，或个别地协助教宗处理普世教会的日常事务。

了，准备大干一场。因为他们不仅是王后的官方顾问，而且还是国王的银行家。

这又是一个奇特的故事。

在此前的八个世纪里，修道院聚敛了法国的大部分财富，而且他们不用纳税，因此在国库永远处于耗尽状态的国家，他们的剩余财富就显得尤为重要。这位荣誉有加、信誉不足的国王陛下满怀感激地利用这个机会来填补自己的国库，用一些小恩小惠收买他的教会支持者，作为交换，他可以想借多少钱就借多少钱。

就这样，"不可撤销的"《南特敕令》的条款被逐一废止。起初，新教并没有真正地被禁止，但仍然忠于胡格诺事业的人，日子开始变得十分艰难。整团整团的骑兵被派往那些"顽固推崇错误教义"的省份。这些士兵驻扎在老百姓家中，他们还得到指示，可以为所欲为，所做之事令人深恶痛绝。他们白吃白喝，偷窃餐叉汤匙，砸碎家具，并羞辱本分人家的妻女，像在殖民地上一样专横跋扈。当可怜的房东于绝望中跑到法院，要求得到保护和赔偿时，却遭到一番嘲讽，还说他们是自作自受，自己应该知道怎样摆脱这群不受欢迎的不速之客，同时再次赢得政府的好感。

极少数人听取了政府的建议，就近找到村里的神父接受洗礼。但这群淳朴的人们大多数依然坚守孩提时代的宗教理念。然而，等他们的教堂一个接一个地关闭了，教士被送到船上做苦工，他们开始明白自己在劫难逃。他们不愿意屈服，于是选择了流亡。可是到达边界时，才知道谁都不得离开，逮到的越境者要被绞死，而那些教唆、协助逃亡者的人也要被送到船上终身服役。

很显然，有些事情永远都难以预料。

从法老时代到列宁时代，所有的政府都在不同时期尝试过"封锁边界"的政策，但他们谁也没能成功。

那些铁了心要逃出去的人愿意冒各种危险，他们总可以找到出路。成千上万的法国新教徒涌向"地下通道"，很快他们就出现在伦敦、阿姆斯特丹、柏林或巴塞尔的街头。当然，这些逃亡者不可能随身携带大笔现金。但所到之处，他们都成了以诚实勤奋而闻名的商人和工匠。他们的信誉很好，精力充沛。几年之后，他们就跟在家乡时一样富足，他们的家乡政府则失去了一笔活生生的经济财富，而这笔财富之巨简直是不可估量的。

的确，可以毫不夸张地说，《南特敕令》的废止是法国革命的前兆。

法国曾经是，并且仍然是一个非常富有的国家，但商业与教权主义从来都不能携手合作。

在法国政府拜倒在石榴裙和教士法衣之下的那一刻，她的命运就注定了。签署驱逐胡格诺教的那支笔，也签署了路易十四的死刑执行令。

24

腓特烈大帝[①]

霍亨索伦家族[②]从来不以其热爱广受欢迎的政权形式而闻名。这个家族有着簿记员和监督员般清醒的头脑，在遭到巴伐利亚·维特尔斯巴赫[③]家族的疯狂血统污染之前，他们还为宽容事业做出了一些非常有益的贡献。

从某种程度上讲，这也是出于实际的需要。霍亨索伦家族继承的是欧洲最贫瘠的土地，这是一片由沙土和森林覆盖的荒野之地，只有一半地区有人居住。“三十年战争”使得他们的财富荡然无存。他们急需人力和财力以便事业能够东山再起，于是便置种族、信条和过去的社会地位于不顾，开始大力搜罗。

腓特烈大帝的父亲是一个有着运煤工般言谈举止、酒吧服务

---

① 腓特烈二世（1194 年 12 月 26 日—1250 年 12 月 13 日）霍亨斯陶芬王朝的德意志国王（1211 年—1250 年在位）和神圣罗马帝国皇帝（1120 年加冕）。

② 霍亨索伦家族，德意志的主要统治家族。其始祖布尔夏德一世约在 1100 年受封为索伦伯爵。16 世纪中叶，该家族在索伦前冠以“霍亨”（意为高贵的）字样。称为霍亨索伦家族。该家族是勃兰登堡、普鲁士及德意志帝国的统治家族。

③ 维特尔斯巴赫家族起家于巴伐利亚，因为巴伐利亚的维特尔斯巴赫城堡而得名。该家族的名字于 1115 年第一次见于史册。1180 年，神圣罗马帝国皇帝腓特烈一世剥夺了他的敌人狮子亨利的领地巴伐利亚公国，把它赐给维特尔斯巴赫家族的伯爵奥托一世，从此该家族一直统治巴伐利亚直到 1918 年。

员般个人情趣的粗俗之徒，可他在会见外国逃亡者代表时，却可以变得温文尔雅。在处理与国家重要统计数据相关的问题上，他恪守“越多越好”的座右铭。他仔细地网罗各国被废黜继承权的人，犹如为他选拔身高六英尺三英寸的投弹兵给自己做贴身警卫一样。

他的儿子与他完全不同，是一个非常有教养的青年才干。父亲禁止他学习拉丁语和法语，他却偏对这两门语言极其热衷。他青睐蒙田[①]的散文，不喜欢路德的诗；他喜欢爱比克泰德的智慧，讨厌《旧约》中先知的英明。他父亲对《旧约》的严格恪守(为了使儿子学会顺从，他曾下令在儿子窗前将其最好的朋友斩首)，却没能让儿子接受那些正直的犹太理念，尽管这些理念得到了同时代路德派和加尔文派教士的高度赞赏。他认为，所有的宗教都是史前恐惧和无知的残余，是一种被一小撮狡猾无耻的家伙怂恿的奴性心理，这些家伙知道如何利用自己优越的地位，以牺牲他人来过上享乐的生活。他对基督教感兴趣，对耶稣基督本人更感兴趣，但他研究这个问题时采用的是洛克和索齐尼的方法。至少在宗教问题上，他是一个宽宏大量的人。在他的国家确实可以夸耀说：“每个人都可以以自己的方式得到拯救。”

他这个聪明的说法，为他此后在所有宽容领域的实验打下了基础。例如，他下令说，只要传播宗教的人正直无私、生活正派、遵守法律，所有的这类宗教都是好的。因此所有的教派都应该享有平等的权利，国家不得干涉宗教问题，但必须充当警察的角色，维护各教派间的和平。由于他真的相信这一点，所以他只要求他的臣民顺从、守信，把他们的思想和行为的审判权交给那个“惟一了解人的良知”的上帝即可。他（国王）不敢对他（上

---

① 蒙田（1553—1592），是法国文艺复兴后最重要的人文主义作家。他是启蒙运动以前法国的一位知识权威和批评家，是一位人类感情的冷峻的观察家，亦是对各民族文化，特别是西方文化进行冷静研究的学者。从他的思想和感情来看，人们似乎可以把他看成是在他那个时代出现的一位现代人。

帝）有任何意见，认为他（上帝）需要人类的帮助，而错误地以为实施暴力和残忍便可推行神的旨意。

就所有的这些思想而言，腓特烈大帝比他的时代领先了两个世纪。当他把一块土地分给天主教徒，以便他们在市中心建造自己的教堂时，他同时代的人都大摇其头，以示不解。当他出面保护刚刚被大多数天主教国家驱逐出来的耶稣会士时，他们便开始嘀咕一些不祥的警告。而当他宣布道德规范与宗教毫不相干，只要每个人依法纳税服役，人人都有可享受宗教自由时，他们干脆就不再把他看成是基督徒了。

当时这群批评家恰好住在普鲁士疆域内，他们只能忍气吞声，因为国王陛下精通格言警句，只要对皇家诏书稍加评论就可以使招惹国王陛下的人仕途发生奇妙的变化。

然而，事实上，正是这个至高无上的君主，这个执政三十年的独裁者，让欧洲第一次尝到了近乎彻底的宗教自由的滋味。

在欧洲这个偏远的角落，新教徒、天主教徒、犹太人、土耳其人和不可知论者生平第一次享受到权利的平等和特权的公平。那些喜欢穿红衣服的人不能对喜欢穿绿衣服的邻居称王称霸，同样，那些喜欢穿绿衣服的人也不能对喜欢穿红衣服的人作威作福。那些回溯到尼西亚寻求精神慰藉的人，也不得不与视罗马主教为恶魔的人和平友好共处。

腓特烈是否对他的劳动成果完全满意，我表示怀疑。当他感觉自己将不久于人世时，他让人把自己忠诚的狗召唤到自己身边。在这样的关键时刻，它们似乎是比“所谓的人类”成员更好的伙伴。（国王陛下是位能耐不凡的专栏作家。）

他就这样离开了人世，又一个超前于时代的马可·奥勒留[①]。像他伟大的先辈一样，他也为他的继承者留下了一笔极其丰厚的遗产。

---

① 马可·奥勒留（121—180），罗马帝国的皇帝，著有《沉思录》。

25

伏 尔 泰

如今，我们听到很多关于新闻人员的负面言论，很多善良的人们谴责“公开报道”，说它是现代恶魔的一项成功发明，是一种新式的、声名狼藉的方法，用来引起人们对某个人或某件事的关注。但是，这种抱怨古已有之。倘若我们不带偏见地去考究过去的事件，我们会发现，人们通常所认为的“公开报道”是最近才有的事物的看法，与事实完全相悖。

《旧约》里的大小预言家，在吸引群众注意力这门艺术上曾经都是高手。按照现代新闻从业人员的行话，希腊史和罗马史充斥着连续不断的“宣传噱头”。这些公开宣传有些还算冠冕堂皇。但是，它们中的大部分作品都过于露骨新潮、哗众取宠，连现代的百老汇都难以接受。

像路德、加尔文这样的改革家，都非常理解预先精心策划的报道的巨大价值。我们不能责怪他们。他们不是那种像路边害羞的雏菊一样的人，喜欢悄无声息地在一旁待着。他们非常急切，渴望自己的思想得以永存。想要取得成功，不吸引一群追随者又怎么行呢？

托马斯·阿·肯姆皮斯[①]在一座修道院寂静的角落生活了80

① 托马斯·阿·肯姆皮斯（ThomasàKempis，1380－1471）德国僧侣和作家。1407年进入尼德兰一座修道院，一生中大部分时间在修道院中过着隐居生活。

年以后，便成了一位在精神领域颇具影响力的人物，因为如此长时间的自愿流亡，如果得到适当的宣传（事实也的确如此），可以成为一个极佳的卖点。出于好奇，人们会想读一读这本用一生的祈祷和沉思写成的书。然而，如果圣人方济或罗耀拉想要在有生之年看到他们的努力取得的切实成效，他们就必须毫不犹豫地使用马戏团或电影新星惯用的一些手法。

基督教十分重视谦逊，并赞扬那些生性谦恭的人。但是，颂扬这些品德的布道之所以时至今日都成为人们谈论的对象，恰恰是因为他是在这种令人注目的情况下进行的。

无怪乎那些被教会视作头号敌人的男男女女，会效仿《圣经》故事中的做法，采用某些明显的宣传手法，与束缚西方世界的精神暴政进行英勇斗争。

我在此略做解释，是因为作为自由宣传领域高手中的高手，伏尔泰①经常因其利用公众意识的方式而受到谴责。或许他的品味并不总是那么高雅，但那些因他而得救的人们或许会有不同的感受。

更进一步说，正如“只有亲口尝尝才能检验布丁的价值”，要评判像伏尔泰这样的人的成败，就应该看他为自己的同胞所做的实际贡献，而不应看他对服饰、笑话或墙纸的喜好。

有一次，这个奇怪的人突然豪情万丈，却也合情合理地说：“我没有王权又有什么关系呢？我有笔。”他说得对。他有笔，数不尽的笔。他天生就与鹅过不去，一辈子用掉的鹅毛笔比二十四个普通作家用过的总和还要多。他属于文学巨匠的行列，独自一人在最恶劣的环境下，写出的作品比一群优哉游哉的作家还要

---

① 伏尔泰（Voltaire，1694—1778），原名弗朗索瓦－马利·阿鲁埃，法国启蒙思想家、文学家和哲学家。伏尔泰是十八世纪法国资产阶级启蒙运动的旗手，被誉为“思想之王”、“法兰西最优秀的诗人”、“欧洲的良心”。他提倡天赋人权，认为人生来就是自由和平等的，一切人都具有追求生存、追求幸福的权利，这种权利是天赋的，不能被剥夺，这就是天赋人权思想。

多。他在肮脏的乡村旅馆的餐桌上涂涂写写。在偏远村舍的冰冷客房写下无数六步格诗。他潦草的手稿凌乱地扔在格林尼治破旧公寓的地板上。他的墨水滴落在皇家普鲁士住宅的地毯上，他还用掉了印有巴士底监狱长名字的大沓大沓的私人稿纸。当他还处在滚铁环和玩玻璃弹球的孩童时代时，尼农·德·伦克洛斯[①]就给他很多零花钱让他“买些书”。然而，八十年后，同样在巴黎，我们听到他要买“一大沓书写纸和一大袋咖啡”，以便在死亡和永眠的大限来临之前能多写完一本书。

然而，他的悲剧，他的小说、诗歌、哲学和物理学论文，并不足以使得他在本书中享有一章的地位。同时期比他强的诗人就不少于五十个。作为一个历史学家，他的著述既不可靠又沉默乏味，而他在科学领域的探索，也不会比我们在周末报纸上读到的内容强多少。

但是，他与一切愚蠢、狭隘、偏执和残忍展开了英勇的决不妥协的斗争，他产生的影响一直延续到1914年世界大战的爆发。

他生活在一个充斥着极端的时代。一方面是早已无用的自私腐败的宗教、社会和经济制度；另一方面，一大批热切而又过于热情的年轻男女，憧憬着迎来一个太平盛世，可是除了自己的美好愿望以外，别无其他坚实基础。爱捉弄人的命运给这位小公证员的儿子开了个玩笑，他脸色苍白、体弱多病，却被推进了一个满是鲨鱼和蝌蚪的大漩涡，并吩咐他生死全靠自己，要么淹死，要么游出来。他当然想活下去，于是奋力朝岸边游去。在与逆境的长期斗争中，他使用的方法常常遭人诟病。他摇尾乞怜，奉承讨好，甚至不惜扮小丑。但这都是在他成为文学家，收取版税之前的事了。如果有哪位作家从未写过粗制滥造的糊口之作，那他才有资格向伏尔泰掷石头！

---

① 尼农·德·伦克洛斯（1620—1705），法国高级妓女和哲学家。曾在巴黎开了一艺术沙龙，吸引了当时大批寻求精神和生理刺激的政界和文学界的名流。伏尔泰的父亲帮她料理过生意，她死后将部分财产和藏书留给了伏尔泰。

再多挨几块砖头伏尔泰也不会太在意。在他与愚昧做斗争的漫长而忙碌的一生中，他经历了太多的挫败，对遭人当众殴打或被人扔香蕉皮这样的小事，已经无暇顾及了。但他是一个有着不屈不饶勇气的人。如果他今天被国王陛下关进监狱，迫不得已在监狱消磨时光，那明天他就可能在曾经驱逐他的宫廷得到一个声名显赫的职位。如果说他一生都不得已要受愤怒的乡村牧师把他当作基督教敌人的训斥，那么在一个塞满昔日情书的书柜里，是不是还藏着教皇赠予他的精美勋章？这恰好说明他既可以遭到教会的斥责，也可得到教会的嘉许。

这都是极其平常的事情。

同时，他满心期待好好享受生活，用各种各样色彩斑斓的奇异经历填满他的每一天，每一周，每一月，每一年。

伏尔泰出身于一个优越的中产阶级家庭。

他父亲经营的事业，由于无以名之，且叫做某种私人信托公司吧。他是几个富有贵族的机密差事，为他们打理法律和财政事务。因此年幼的阿鲁埃（伏尔泰的姓）习惯了与比自己优越的阶层打交道，这使得他在日后比其他文学对手更具优势。他母亲是一个姓德·奥玛尔德的小姐。她原先是一位穷小姐，没有给丈夫带来一分钱的嫁妆。但她姓氏里的那个小小的“德”字，使得所有的法国中产阶级的敬畏之情油然而生（一般的欧洲人，特别是部分美洲人也会如此）。因此，她的丈夫为能赢得如此殊荣而感到幸运无比。至于他们的儿子，同样也沉浸在祖辈投射的荣耀光环之下。他一开始写作，便把他平民布衣的名字弗朗索瓦·马利·阿鲁埃，改成了更具贵族气质的弗朗索瓦·马利·德·伏尔泰，但他是如何想到、以及在哪里想到这个姓氏的，至今仍然是一个不解之谜。他有一个哥哥和一个姐姐。他深爱着他的姐姐，母亲去世后，是姐姐在一直照顾他。而他的哥哥则是一名虔诚的詹森派教士，满怀热诚与正直，伏尔泰对哥哥很是厌烦，这就是他尽可能少地待在自己家的原因。

父亲阿鲁埃并不傻，很快就发现了他的小儿子将来不会是个好管教的主。因此把他送到耶稣会士那里，让他学习拉丁六步格诗和斯巴达式的纪律。仁慈的神父对他煞费苦心。对这位细长腿的学生在已经消亡和正在使用的语言基本功方面进行了扎实的训练。但他们发现要根除这个孩子的某些“古怪”秉性是不可能的，而正是这种奇怪的气质使得他从一开始就有别于其他的学生。

在他 17 岁时，神父们就欣然地把他放走了。年轻的弗朗索瓦为了讨父亲的欢心，开始学习法律。遗憾的是，人不可能整天都学习。总有那些漫长而慵懒的夜晚。在这个时候，弗朗索瓦要么为地方报纸写点风趣小文章，要么在附近的咖啡厅给朋友们读他最新的作品。在两百年前，人们通常认为过这样的生活是要下地狱的。父亲阿鲁埃非常清楚儿子这样做的危险。他找到他的一位颇有势力的朋友，为弗朗索瓦谋得一个在法国驻海牙使馆当秘书的职位。那时的荷兰首都和现在一样，沉闷得让人抓狂。纯粹出于无聊，伏尔泰开始了一段恋情，女方姿色平平，而她母亲则是一位可怕的老妇人，是个报馆记者。这位老妇人希望自己的宝贝女儿能嫁给一个更有前途的人，急忙跑到法国公使那里，要求趁在丑闻还没有曝光之前把这个危险的罗密欧打发走。公使阁下自己的烦恼本来就够多的了，不想再找麻烦。于是，急匆匆地把自己的秘书塞进最早的一班前往巴黎的马车。就这样，弗朗索瓦失业了，又一次落到父亲手里，任其支配。

碰到这样的突发事件，阿鲁埃想到了一个权宜之计，这是有朋友在朝廷的法国人经常使用的方法。他设法弄到一张“盖有国王印章”的朝廷公文，给儿子两条路选，要么到监狱去过一种强迫式的清闲生活，要么到法律学校去专心学习。儿子表示愿意选择后者，还许诺说会成为刻苦专心的模范。他说话算话，过着心满意足的生活，他如此勤奋地投入到小册子的写作中，以至于全城都在谈论他。这与他跟父亲达成的协议不相符，因此父亲就理所当然地把他从塞纳河畔的花花世界打发出去，把他送到一个乡下朋友那里去住了一年。

在那里，一星期下来，一天二十四个小时都无事可做（周末也是如此）。伏尔泰便开始认真研究文学，并写了他的第一部戏剧。在呼吸完十二个月的新鲜空气、过完十二个月健康单调的生活之后，他又得以重新回到香气四溢的首都。他立刻弥补失去的时间，写了一系列讽刺摄政王的文章。摄政王是一个下流卑鄙的老家伙，至于所有针对他的抨击，他实在是罪有应得。尽管如此，他却一点也不喜欢伏尔泰为他做的宣传。于是，伏尔泰第二次被流放到乡下，接着他更疯狂地涂涂写写，最后被送进巴士底监狱，在那里待了一段时间。不过那时的监狱，对于像伏尔泰这样有着显赫社会地位的年轻绅士来说，并不是什么坏地方。除了不能离开以外，做其他的事情还是可以自由随意的，而这正是伏尔泰所想要的。地处巴黎市中心的一间僻静牢房倒可以让他有机会干一些严肃的事。在他被释放时，他已经写完了好几部戏剧，而且都获得巨大成功，其中一部连续上演了四十五个晚上，刷新了 18 世纪的所有记录。

这给他带来了一笔收入（这正是他所急需的），但同时也使他获得了才子的名声，而这对于一个还在打拼事业的年轻人来说，是一件很不幸的事情。因为从此以后，在林阴道上、咖啡馆里流传数小时的笑话，都归罪于他。顺便提一句，这也是他前往英国攻读自由主义政治研究生课程的原因。

这是一件发生在 1725 年的事情。伏尔泰取笑了几句（或许没有取笑）古老而一无是处的罗汉家族。罗汉爵士感到自己的荣誉受到了侵犯，必须对此采取行动。当然，古老的布列坦尼统治者的后代是不可能与公证员的儿子决斗的，于是，他把复仇任务交付给自己的侍从。

一天晚上，伏尔泰正在和他父亲的一个客户苏利公爵吃饭，他被告知外面有人找。他一走到门口，就被罗汉爵士的手下撂倒在地，毒打了一顿。第二天，这件事便在城里传得沸沸扬扬。即使在他最得意的时候，伏尔泰看起来也活像漫画里一只丑陋至极的猴子。他眼圈青紫，头上缠着绷带，俨然成了六七家流行报刊再好不过的话题。唯有采取一些断然而又激烈的措施，才能挽救他的名声，使其免遭滑稽报纸过早扼杀的命运。肚子里不熟的牛排还没消化完全，德·伏尔泰向罗马爵士下了战书，之后便开始了击剑术的强化训练，准备来一场殊死决斗。

唉！谁知在这个大决斗来临的清晨，伏尔泰又被关进了监狱。罗汉爵士这个彻头彻尾的无赖，把决斗交给了警察。而这个披挂上阵的作家被拘留起来，直到有人给他送来一张去英国的船票，才得以释放。他被送上了前往西北方向旅程的船只，并被告知，除非国王陛下发出邀请，否则他不许再回法国。

伏尔泰在伦敦及其周边生活了整整四年。大不列颠王国并不是天堂，但跟法国比起来，多少还有点天堂的样子。

皇家断头台给这片土地投下了阴影。1649 年 1 月 30 日是一个令所有身居高位的人都难以忘记的日子。发生在查理国王身上的事情，也同样可能降临在任何胆敢凌驾于法律之上的人的头上(情况也许略有改动)。至于国家宗教，当然应该享有相当的便利和优厚待遇，但那些选择信仰别的宗教的人也可平安度日。与法国相比，神职人员对国家的直接影响简直微不足道。公开承认自己是无神论者的人和招人厌烦的非国教教徒偶尔可能被送进监狱，但对于路易十五世国王的臣民来说，英国的整体生活状况近乎完美。

1729 年，伏尔泰回到法国，尽管他可以住在巴黎，但他很少使用这个权利。他像一只受到惊吓的动物，虽然愿意从他朋友手中接受一点小恩小惠，却一直保持警惕，并随时准备一有危险的迹象就逃之夭夭。他非常用功。他写下大量作品，完全置时间和事实于不顾，选题从秘鲁的利马到俄罗斯的莫斯科，他创作了一系列内容广博、通俗易懂的历史剧、悲喜剧，因而在四十岁时，他已经是那个时代最成功的文学家了。

接下来的经历，让他接触到另一种文明。

在遥远的普鲁士，围在腓特烈国王周围的全都是乡巴佬，国王在土里土气的王宫里大声地打着呵欠，热切地渴望有几个风趣的人给他做伴。他对伏尔泰怀有无比的钦佩之情，多年来一直想请他来柏林。但对于1750年的法国人来说，这样的迁居无异于移居北美弗吉尼亚的荒野，腓特烈再三提高价码，伏尔泰才终于屈就接受了邀请。

他来到柏林，战争也在此打响。两个不可救药的自我中心主义者，一个是普鲁士的国王，一个是法国的剧作家，不可能安然无恙地生活在同一个屋檐下。经历了两年的极端不和之后，一场毫无缘由的剧烈争吵，把伏尔泰带回了那片他称之为“文明”的土地。

不过他汲取了一个有用的教训。或许他是对的，这位普鲁士国王的法语诗歌的确写得一塌糊涂。但国王陛下对于宗教自由问题的态度的确无可指摘，这就是他比任何其他欧洲君主更值得一提的地方。

快六十岁时，伏尔泰回到故乡。他无心接受法国法庭为了维持秩序而执行的残酷判决，于是，发出了义正辞严的抗议。令他一生都为之恼火的是，上帝在创世第六天赐予他最伟大的作品以神圣的智慧之光，而人类却不愿意加以运用。他（伏尔泰）痛恨各式各样的愚昧。他把自己的大部分愤怒都指向一个“无耻的敌人”，像加图①一样，他总是在威胁要摧毁这个敌人。而这个“无耻的敌人”不是别的，恰恰是人民大众身上的那种懒惰愚昧，他们只要有吃有喝，有地方睡，便不会用脑子独立思考。

自孩提时代起，他就感觉自己被一架巨大的机器驱赶着，它看似单凭一股昏昏欲睡的力量推动，它集胡茨罗波利②的残酷和

---

① 加图（此处指老加图）（公元前234—前149），罗马政治家和演说家，第一位重要的拉丁散文作家。大加图出身于农民家庭，参加过第二次布匿战争。由于擅长演说和精通法律事务，得到贵族卢西乌斯·瓦勒留·弗拉库斯的赏识，后者帮助他进入罗马政界。

② 胡茨罗波利，宗教中的战神和太阳神。

朱格诺[1]的顽强于一身。摧毁这个怪物，或至少推翻它，成了伏尔泰晚年时期为之痴狂的事情。法国政府刚好成全了这个特殊的老家伙，在他的国家诞生了一大批法律丑闻，大大地帮了伏尔泰一把。

第一起丑闻发生在1761年。

在法国南部的图卢兹，有一位叫吉恩·卡拉斯的店主，是个新教徒。图卢兹一直是个虔诚的宗教城市。新教徒不能担任任何公职，不能当医生或律师，也不能做书商或助产士。天主教徒不能雇新教徒做仆人。每年的8月23、24日，全城以隆重的赞歌和感恩的盛宴来纪念圣巴托罗缪大屠杀。

尽管有诸多不利条件，卡拉斯一直与邻居相处得十分融洽。他的一个儿子皈依了天主教，但他还是与这个儿子保持良好的父子关系，并让大家知道，在他看来，孩子们完全有自由选择任何自己喜欢的宗教。

但卡拉斯家里有一个不可告人的家丑，那就是他的大儿子，马可·安东尼。马可是个不幸的人，他想当律师，但这个职业对新教徒紧闭大门。他是一个忠诚的加尔文教徒，不想改变信条。思想上的矛盾使他患上了精神忧郁症，不久病魔就开始摧残这个年轻人的心灵。他开始向父母大段大段地背诵哈姆雷特的著名独白。他长时间地一个人散步，还常常向朋友们讲自杀的种种好处。

这样过了一段时间，有一天晚上，卡拉斯一家正在招待客人。这个可怜的孩子溜进父亲的储藏室，找到一根包装绳，用它在自家门柱上上吊了。

他父亲在几个小时之后发现了他，他的外衣和背心都整齐地叠放在柜台上。

一家人绝望不已。在那时，自杀身亡的人的尸体要裸露着，脸朝下地拖着穿过城市的大街小巷，然后吊在城门外的绞刑架上

---

① 朱格诺，印度宗教中的一位神，也喻指世界的主宰。

让鸟啄食。

卡拉斯一家是颇有名望的人家，不愿意想象这样的羞辱。他们坐在一起商量该怎么办，这时他们的一个邻居听到了动静，就去报了警。于是，丑闻便迅速传开，他家门前的街道立刻挤满了愤怒的人群，大声叫嚣着要处死老卡拉斯，“因为他为了不让儿子成为天主教徒而把儿子杀了”。

在这样的小城，什么事情都可能发生。在18世纪法国偏远的地区，无聊像黑色的棺材罩一样，重重地压在所有人的心头。连最荒唐最离奇的故事也有人相信，它们还能使人们如释重负般地长舒一口气。

在这疑团重重的情况下，高级地方官员十分清楚自己的重大职责。立刻逮捕了卡拉斯全家，他们的客人、仆人以及所有最近在卡拉斯家里出没过的人。他们把囚犯带到市政厅，给他们戴上镣铐，并把他们关进了为重刑犯准备的地牢。第二天他们接受审讯。所有的人都讲着同样的故事。他们讲着马可·安东尼如何像往常一样回家，又怎样走出家门，而他们则以为他出去独自散步去了等等。

然而，这时图卢兹市的神职人员插手此事。在他们的帮助下，可怕的消息便在郎格多克省流传开来，那是有关残忍的胡格诺教徒杀死想要皈依真正信仰的儿子的故事。

熟悉现代案件侦察的人也许认为，当局应该在案发当天侦查凶杀现场。马可·安东尼身体强壮，素有运动健将的美誉。当时他二十八岁，而他父亲六十三岁。年迈的父亲不经过任何搏斗就轻易地把儿子吊死在自家门柱上，这种可能性的确很小。但没有一个市议员会为这些细枝末节费脑筋，他们忙着处理遇难者的尸体。马可·安东尼因自杀俨然成了一位殉教者，他的尸体在市政厅停放了三个星期。不知出于什么原因，那些白衣忏悔神父像对待本教会成员一样隆重安葬了这位已故的加尔文教徒。他们把经过防腐处理的遗体运到天主教堂，而葬礼仪式的隆重通常只有主教或极为富有的地方教堂赞助人才能享受得到。

在这三个星期中，市里的每一个讲道坛都在号召图卢兹的善良的人们交出所有对吉恩·卡拉斯和他的家人不利的证据。在自杀事件发生后，公众媒体对这个案子展开了持久而又激烈的争论，五个月后，审判终于开始了。

一个法官一时清醒，建议去老人店铺考查一番，看看他描述的自杀事件是否属实。但他的建议遭到拒绝，结果是十二票对一票，卡拉斯被判施以酷刑，并以刑轮处死。

他被带到刑讯室，双手被捆住并吊起，直到他的双脚离开地面一米。之后，他的身体遭到强力拉伸，直至四肢“关节脱臼”(此句引自官方报告)。由于他不肯承认从未犯过的罪行，他从绳子上被放下，被强行灌下大量的水，一会儿他的身体就“膨胀到自然体积的两倍”。由于他仍然坚持，死不认罪。他被丢上囚车，拖到行刑地，他的胳膊和大腿被刽子手截断两处。在接下来的两个小时里，他无助地躺在木板上，而这时地方官员和教士还在拿没完没了的问话折磨他。这位老人以令人难以置信的勇气，坚持声明自己的无辜。最后，主审官对他固执的谎言怒不可遏，便放弃了对这个无望的案子的审理，下令把他绞死。

公众的愤怒也就此平息。卡拉斯一家其他成员幸免一死。卡拉斯的遗孀被剥夺了所有财产，获准隐居，与她忠诚的女佣过着食不果腹的生活。至于孩子们，则被送往不同的修道院。只有最小的孩子除外，他哥哥自杀时，他正好离家在尼姆上学，他很机智地逃到主权独立的日内瓦。

这个案件引起了人们广泛的关注。居住在费尔内城堡的伏尔泰（他把住所建在离瑞士边境很近的地方，这样只需几分钟的路程便可到达外国领土）也听说过这起案件，但他起初并不感兴趣。他对日内瓦加尔文派牧师一直心怀芥蒂，因为后者在日内瓦城就能看到伏尔泰的私人小剧院，他们便把这看作是一种直接的挑衅，是恶魔撒旦的作品。伏尔泰一时傲慢心起，便写到，他不会对这个所谓的新教殉教者产生任何兴趣。因为如果天主教徒不好，那些抵制他的戏剧、可怕而偏执的胡格诺教徒岂不是更坏！

此外，在他看来（很多其他人也这么看），那十二位法官理应是值得尊敬的人，毫无正当理由就残酷地处死一个无辜的人似乎不太可能。

但这位费尔内的智者一直开门纳客，恭候来者。没过几天，就有一位从马赛来的诚实商人拜访。在审讯期间，他恰巧在图卢兹，可以给伏尔泰一些第一手信息。于是，伏尔泰开始认识到这件罪行的恐怖性，从此，他开始对这个案子心无旁骛起来。

勇气有很多种，但是其中有种特别可嘉的勇气，只属于少数罕见的灵魂，他们敢于单枪匹马地直面整个社会的现有秩序。当高等法院已经做出最后判决、社会公众普遍接受判决结果，并认为审判公正公平的时候，他们却能大声疾呼，要求伸张正义。

伏尔泰非常清楚，如果他敢于控告图卢兹法院司法谋杀，势必会引起一场大的风暴。所以，他像职业律师那样，开始精心准备这个案子。他找到逃到日内瓦的那个男孩（卡拉斯家的那个最小的孩子），并和他谈话。他给每一个可能了解这个案件内情的人写信。他还请来律师审查，并且可能的话，修改他的结论，以免怒火和义愤使自己失去了理智。当他对自己的立场很有把握的时候，他就开始发起进攻。

首先，他劝说自己在这个国家认识的每一个有影响力的人（他认识大量这样的人）给国务大臣写信，请求重新审理卡拉斯案。之后，他开始寻找卡拉斯遗孀，一找到她，就吩咐由自己出资把她送到巴黎，并委托最好的律师照看她。这位妇人的精神彻底崩溃了。她含糊地祈祷，希望在临死前能把女儿们救出修道院。除此之外，她别无他求。

然后，他与那个天主教儿子取得联系，设法帮助他逃出学校，并到日内瓦与自己汇合。最后，他把所有的实情发表在一本名为《有关卡拉斯一家的原始材料》的小册子里，该小册子全部由悲剧故事幸存者的信件组成，不涉及伏尔泰本人任何观点。

随后，在案件重审期间，他仍然小心翼翼地在幕后操作，但是他的宣传活动搞得非常成功，很快卡拉斯案成了所有欧洲家庭和世界各地成千上万的人们（包括英国国王和俄罗斯女皇）关注的对象，他们都捐献钱财，帮助卡拉斯申辩。

伏尔泰取得最终的胜利，但这个胜利是在他打完一生中最激烈的战争之后才取得的。

当时的法国由路易斯十五掌权，他是一个臭名昭著的君王。幸亏他的情妇对所有的耶稣会和他们的一切事物（包括教会在内）都深恶痛绝，因此站到了伏尔泰一边。但国王贪图享乐胜过一切，对于有人为一个藉藉无名的死去的新教徒而如此大动干戈，他感到气愤不已。当然，只要国王不签字批准执行新的判决，国务大臣就不会采取任何行动。而只要国务大臣不采取行动，图卢兹地方法官就可以高枕无忧。他们自以为非常强大，以致敢于傲慢无比地违抗公众意见，还禁止伏尔泰和他的律师接触原始材料。

在这可怕的九个月里，伏尔泰依然坚持他的宣传鼓动工作。最终，在 1765 年 3 月，国务大臣命令图卢兹地方法院交出所有有关卡拉斯案件的记录，并提议重新审理此案。在公布这个决定的时候，吉恩·卡拉斯的遗孀和两个最终回到母亲身边的女儿都在凡尔赛。一年后，受命审理这个上诉案件的特别法庭宣布，吉恩·卡拉斯因其从未犯过的罪行而被误判死刑。费了九牛二虎之力，才说服国王给遗孀和她的儿女赐赠一小笔钱。此外，审理卡拉斯案的地方官员被撤职，以此委婉地告示图卢兹人们，再也不会发生这样的事情了。

法国政府也许在对待这件事的态度上不温不火，但法国人们的内心却被深深触动，义愤填膺。伏尔泰突然意识到，这绝对不会是有记录以来独此一桩的司法误判，还有很多像卡拉斯一样无辜蒙冤的人。

1760 年，图卢兹附近的一个新教徒乡绅，热情款待了一位来访的加尔文派牧师。由于这桩骇人听闻的罪行，他被没收了所有房产，并判处在船上终身服役。他一定是个异常坚强的人，十三年后，他仍然活着。这时伏尔泰得知了他的遭遇。他便开始行动，想方设法把这个不幸的人从船上救了出来，送到了瑞士，在那里他的妻子儿女靠公共救济为生。伏尔泰照料他们全家，直到国王听从劝谏，返还了部分没收的财产，并准许他们回到荒废的家园为止。

接下来是绍蒙一案。这个可怜的家伙在一次新教露天集会上被抓，并因此罪被发落到船上无限期地做苦役。但他在伏尔泰的调解下获释。

然而，这些事情与此后发生的案件相比，都只算是寡味的开胃小菜。

事情再次发生在法国屡遭蹂躏的郎格多克，在歼灭阿尔比派和韦尔多派异教徒之后，这里便只剩下无知和偏执的荒原。

在图卢兹附近的一个小村庄住着一位名叫瑟文的老新教徒。他是一个受人尊敬的人，是一个精通中世纪法律的专家，并靠此度日。那时这是一个利润丰厚的行业，因为当时封建司法体系已经发展得十分复杂，一张普通的租赁单也和现在的所得税申报单一样繁杂。

瑟文有三个女儿。小女儿是无伤大雅的傻姑娘，成天坐着发呆。1764 年 3 月，她离家出走，父母四处寻找都没发现孩子的踪影。几天后，地方主教通知父亲说小孩找过他，并表示想当修女，她现在正在一家修道院。

在法国这个地区，几百年的迫害早已成功地摧毁了新教徒的精神世界。瑟文谦恭地回答说，在这个糟糕透顶的世界，事情总会朝着好的方向转变。于是，他便低声下气地接受了这不可避免的事实。但在修道院这个陌生的环境里，可怜的女孩很快丧失了最后的一丝理智。当她开始令人生厌的时候，她被送回父母身边。当时她的精神极度抑郁，并且老是害怕种种声音和鬼魂，父母开始为她的安危担忧。不久之后，她再次失踪。两星期后，有人从一口老井中捞出了她的尸体。

那时正是吉恩·卡拉斯的受审期间，当时人们相信任何不利于新教徒的话。瑟文一家想起无辜的吉恩·卡拉斯的遭遇，决定不再重复相同的悲剧。于是，他们逃跑了。在一次翻越阿尔卑斯山的可怕旅途中，他们的一个小外孙被冻死了，但他们最终还是来到了瑞士。他们逃得还不够快。几个月后，父母双亲（缺席审判）都被判定犯有谋杀孩子的罪行，并判处绞刑。然后还判处女儿们观看父母的行刑，然后终身流放。

卢梭的一位朋友把这个案件告诉了伏尔泰，因此，他一结束卡拉斯的案件便开始关注瑟文。瑟文的妻子在这期间去世了。为瑟文申冤的任务仍然责无旁贷地落在了伏尔泰的身上，而这整整花了七年的时间。图卢兹地方法院仍然拒绝透露任何信息，拒绝交出任何材料。伏尔泰必须再次利用公开宣传这把宝剑，他向普鲁士的腓特烈大帝、俄罗斯的叶卡特琳娜女皇①以及波兰的波尼亚托夫斯基②亲王请求金钱援助，以引起法国国王对此事件的关注。最终，在伏尔泰七十八岁那年，也就是这个冗长的诉讼案的第八个年头，瑟文一家终于洗清罪名，幸存者得以重返家园。

第二个案子就这样结束了。

紧接着的就是第三个案子。

1765 年 8 月，在离亚眠不远的阿布维尔小镇上，路边的两座十字架不知被谁砸毁。三个男孩被怀疑是圣物毁坏者，被下令逮捕。他们中的一个逃往普鲁士，其他两个被抓。被抓的两个中年龄较大的名叫舍瓦利埃·德·拉·巴里，被怀疑是无神论者。在他的书堆里发现了一本《哲学字典》，这本著名的著作汇集了所有自由主义伟大领袖的代表性思想。这一点非常可疑，法官决定调查这个年轻人的过去。虽然不能把他与阿布维尔案联系起来，但有一次在宗教队伍经过时，他没有下跪并脱帽行礼，不是吗？

---

① 叶卡特琳娜（1729—1796），俄国女皇（1762—1796 年在位），为叶卡特琳娜二世。

② 波尼亚托夫斯基，波兰亲王，曾于 1792 年带领波兰军队抵抗俄国支持的波兰叛军。

德·拉·巴里的回答是肯定的，但那时他急着赶公车，并无冒犯圣灵之意。

接着，他被严刑拷打。年轻人不如老卡拉斯能忍耐痛苦，很快就招供了，说是他毁坏了其中一座十字架。因此，他因“不虔诚，故意在圣餐前不行下跪或脱帽之礼，唱亵渎圣灵的歌曲，对亵渎圣灵的书籍有崇拜之意”，以及其他类似性质的对教会不敬的罪名而被判处死刑。

判决如此残酷（用烧红的烙铁撕下他的舌头，砍去右手，并用火慢慢把他烧死，这仅仅是在一百五十年前发生的事）使得公众纷纷表达自己的不满。即使他真的犯下了起诉书上所罗列的所有罪行，也不能用对付醉汉的惨绝人寰的酷刑来处死一个男孩。有人给国王写请愿书，大臣们淹没在请求缓期行刑的呼声里。但那时国家动荡不安，必须要有个鉴戒，以杀一儆百。德·拉·巴里已经遭受了像卡拉斯一样的折磨，被送上断头台斩首（这已算是对他特别的恩待了），他的尸体，连同他的《哲学字典》以及我们老朋友拜尔的书卷一起被绞刑吏当众焚毁。

对于那些惧怕索齐尼、斯宾诺莎以及笛卡尔的声势日益壮大的人们来说，这是一个值得欣慰的日子。它向人们表示，那些因偏离是非轨道，追随激进哲学思想而误入歧途的年轻人将会遭遇怎样的下场。

伏尔泰听说了这件事，他决定接受挑战。他的八十大寿近在眼前，可他以一贯的热情，带着燃烧着正义怒火的敏锐头脑一头扎进这个案件里。

德·拉·巴里因亵神罪而被处死。首先，伏尔泰试图查明是否存在这样一种法律，规定凡犯下假定罪行的人都要被处死。他没能找到这种法律。之后，他请教他的律师朋友。他们也找不出诸如此类的法律。人们渐渐明白，法官因急于除掉犯人而邪恶地发明了这个法律条文。

在德·拉·巴里被处死时，就有很多难听至极的传言。这次掀起的风暴，迫使法官慎重有加，对第三位年轻囚犯的判决就这样不了了之。德·拉·巴里也一直没能洗清冤情。案件的复审拖了好几年，一直到伏尔泰去世也没得出任何结果。但他所做的斗争，即使不是为宽容而战，至少也是反对不宽容，已经开始初显成效。

搬弄是非的老妇人和陈旧腐化的法庭挑拨起来的官方恐怖行径就此结束。

拿着宗教利斧砍人的地方法庭，只有在黑暗中秘密活动才能得逞。伏尔泰发起的攻击是此类法院无法抵挡的。

伏尔泰点亮了所有的灯盏，请来了庞大的演奏乐队，并邀请公众前来观看，然后吩咐敌人为非作歹，显露原形。

而结果是，敌人束手无策。

26

百科全书

政治学说可以分为三类。第一类学说倡导的思想内容如下："在我们这个星球上居住着可怜愚昧的人们，他们不能为自己着想，每次需要他们自己做出独立决策时，他们便苦恼不已，因此他们很容易被煽动是非的人导入歧途。由了解他们思想的人来领导这群人，不仅对整个世界有利，而且他们自己也会倍感愉悦。因为他们可以不必为国会和选举之类的政事烦心，可以全身心地把时间投入到做好本职工作、照顾孩子、维护汽车和整饬菜园子中去。"

该学派的信徒成了皇帝、苏丹、政党领袖、酋长、大主教，他们并不认为工会是文明必不可少的一部分。他们勤奋工作，努力修公路、筑军营、建大教堂和监狱。

第二类政治学说的支持者持有如下观点："每个常人都是上帝最高贵的作品。他完全能独立自主地行使自己的权利，他聪慧，谨慎并拥有崇高的动机，在这些方面无人能及。他完全有能力照顾自己的利益，但一旦涉及错综复杂的国家事务，要是他试图建立起某个委员会来统治世界，则又显得行事拖沓，这点是众所周知的。因此，人民大众应该把所有的行政事务交付给那些值得信赖的朋友，他们不为生计所迫，可以把全部的时间用来为他人谋幸福。"

不必说，这类崇高理想的使徒顺理成章地成为寡头政治执政者、独裁者、第一执政官和王权保护者。

他们努力工作，修路筑营，但他们把大教堂变成了监狱。

还有第三类人。他们用科学的眼光冷静地审视人类，接受人类的本来面貌。他们欣赏人好的品质，也理解人的不足之处。通过对过去事物长期观察，他们相信，在不受情绪或私利影响的情况下，普通人的确在努力地做正确的事情。但他们不会抱任何虚假的幻想。他们知道，自然的成长过程非常缓慢，因此要加快人类智慧的成长，就像想加快潮汐或季节的变换一样，只能是徒劳无功。他们很少被邀请担任国家或政府职务，但是一旦他们有机会把思想变成行动，他们就会修道路，改进监狱，而把剩余的资金用来建学校。因为他们是不可救药的乐天派，相信正确的教育将会逐步消除世界上自古已有的邪恶，因此应该不遗余力地予以扶持。

为实现这个理想，他们最后通常会编写百科全书。

像很多表现大智慧和大耐性的其他东西一样，编写百科全书的传统源自中国。中国康熙皇帝曾用一部五千零二十卷的百科全书来取悦百姓。

普林尼[①]首次把百科全书引入西方，他对自己带来的三十七卷百科全书心满意足。

基督教的最初一千五百年在启迪智慧的道路上没有取得任何成就。圣·奥古斯丁的一个同乡，来自非洲的菲里克斯·卡佩拉，把他一生中宝贵的几年都浪费在编写一本书上，自认为是集合了各种知识的真正宝库。为了使人们更好地记住他提供的很多有趣的知识，他运用了诗歌。这一大堆可怕的错误信息，却被中世纪连续十八代的孩子熟记于心，并被他们推崇为文学、音乐和科学领域的定论。

两百年后，塞维利亚的一位名叫伊西多尔的主教编写了一部

---

① 盖乌斯·普林尼·塞孔都斯（公元23或24—79），又称老普林尼，古代罗马的百科全书式的作家，以其所著《自然史》一书著称。

全新的百科全书，在这之后，百科全书以每一百年两部的速度增加。这些书的情况如何，我不得而知。书虫（家畜中最有益的动物）或许为我们扮演了清理工的角色。如果所有的这些书卷都得以保存下来，这个地球大概就没有任何多余的空间了。

最后，在18世纪上半叶，欧洲经历了一场声势浩大的求知热潮，百科全书经销商就此进入了真正的天堂。那时的书籍，和现在一样，通常是由一群贫穷的学者编写而成。他们一星期靠八块钱生活，挣的辛苦钱还不够买纸和墨水用。英国尤其盛产此类文学，因此生活在巴黎的英国人约翰·米尔斯自然会想到把伊弗雷姆·钱伯斯成功的《通用辞典》翻译成法语，以便在路易斯国王的臣民中兜售，以此致富。为达到这个目的，他与一位德国教授合作，然后接近国王的印刷商莱伯雷顿，安排实际的出版工作。长话短说，莱伯雷顿看到了发点小财的机会，于是有意欺骗了他的合伙人，把米尔斯和德国博士挤出合作计划以后，便开始印制自己的盗版书。他把这本即将问世的著作称为《艺术和科学通用百科全书》，还发行了一系列具有巨大卖点的漂亮的内容说明书，定购单很快就排满了。

然后，他聘请了一位法兰西学院的哲学教授做总编辑，还买了很多纸，然后静候佳音。

不幸的是，编写百科全书并不像莱伯雷顿想象的那么简单。那位教师编写了注解，但没有编写词条，定购商大声嚷着只买第一卷，一切都混乱不堪。

在这样的危急情况下，莱伯雷顿想起了几个月前上市，且反响不错的《通用医药词典》。他让人把这本医药手册的编辑找来，当场就聘用了他。因此一本简单的百科全书便变成了《大百科全书》。新上任的编辑不是别人，正是丹尼斯·狄德罗，原本粗制滥造的作品变成了18世纪对人类智慧启迪起到突出贡献的著作之一。

狄德罗那时三十七岁，他的生活既不轻松也不愉快。他没有步正派法国年轻人的后尘，去上大学。他一逃离耶稣会士教师的管教，就去巴黎做了一个文人。在过了一段忍饥挨饿的日子之后，秉着两个人挨饿不比一个人挨饿更苦的原则，他和一位极度虔诚且态度强硬的泼妇结了婚，这种结合并不像人们想象的那样罕见。由于他有义务供养她，他被迫打各种各样的零工，编写各类书籍，从《关于美德与优点的探索》到再版薄伽丘声名狼藉的《十日谈》。然而，这位贝尔的学生还是一贯忠诚于自由主义理想。很快，法国政府（高压时期政府贯有的做法）发现这位看似无害的年轻人对于《创世纪》第一章描述的人的起源的故事持高度怀疑的态度，是一个严重的异教徒。结果，狄德罗被关进万塞纳监狱，在那里接受监禁达三个月之久。

在他被释放出狱之后，他开始在莱伯雷顿手下效力。狄德罗是他所处时代最具雄才大略的人。他从自己的这个事业中看到了出人头地的机会。仅仅把钱伯斯的旧作进行改头换面的重复似乎有损他的身份。这是一个思想尤为活跃的时代。这很好！且让莱伯雷顿的百科全书收录一切可想得到的事物的最新信息，让各行各业最具权威的人士撰写词条吧！

狄德罗热情高涨，事实上，他甚至还说服莱伯雷顿，让他全权掌控，还要求不限时间。然后，他把他的合作者列进了一个临时名单，拿出一大张白纸，开始写道：“A：字母表的第一个字母，等等等。”

二十年后，他终于写到最后一个字母 Z 了，完成了他的工作。然而，很少有人像他这样，在如此不利的条件下工作。在莱伯雷顿聘用狄德罗时，他增加了最初的投资，可他付给他的编辑的年工资从来没有超出过五百美元。至于那些本应提供帮助的人，唉，我们都知道这会是怎样的情况。他们不是说当时没空，就是说等下个月再说，或者非得回家看望祖母。就这样狄德罗一边做着大部分工作，一边还要忍受教会和政府官员对他的漫骂与攻击。

如今，他的百科全书的版本几乎绝迹。不是因为很多人想得到它，而是因为很多人想除掉它。一百五十年前，这本书被大声指责为有害的激进读物，可在今天读来就像育婴手册一样无味无害。但对于保守的18世纪的教士来说，它就像吹响毁灭无政府状态、无神论和无秩序的号角。

当然，人们也采取了一些惯用的伎俩，斥责这位主编，说他是社会和宗教的敌人，是一个既不信仰上帝、家庭，也不相信家庭关系之圣洁的散漫的恶棍。1770年的巴黎，不过还是一个快速扩大的村庄罢了，那里人们彼此都认识。而狄德罗不仅声称生命的目的在于"行善事，寻真理"，而且还对这个格言身体力行，为了服务人类，他始终为饥饿的人们敞开大门，一天工作二十个小时，除了一张床铺、一张写字桌、一沓纸以外别无他求。这个淳朴正直，兢兢业业的家伙在德行方面是如此耀眼的一个榜样，以至于当时在德行方面明显不足的高级教士和君主发现，要从这个角度来攻击他并非容易。因此当权者满足于扰乱他的生活，不让他过舒服的日子。他们不断派出侦探打听他的行踪，对他的办公室进行长期监视，搜查他的住所，没收他的笔记，还不时地封锁他的作品。

然而，这些阻碍并没有打消他的热情。工作终于完成了，《大百科全书》如他期待的一样真的诞生了——对于以这种或那种方式感受到新时代气息，并知道世界亟需彻底大检修的人来说，《大百科全书》成了他们的加油站。

我似乎把这位编辑人物的形象稍微夸大了点。

那么，丹尼斯·狄德罗究竟是个什么样的人物？他衣着破烂不堪。阔气的朋友德·霍尔巴赫男爵每周请他吃上一顿实惠美味的饭菜，他就高兴无比，只要卖掉四千本个人著作就心满意足，他是这样的人吗？他与卢梭、达兰贝尔①、杜尔哥②、爱尔维

① 达兰贝尔（D' Alembert，JeanleRond），法国数学家。

② 安·罗伯特·雅克·杜尔哥（1721—1781），法国经济学家，18世纪后半叶法国资产阶级古典经济学家。重农学派最重要的代表人物之一。

修[①]、沃尔涅、孔多塞[②]等很多其他人生于同一时代，所有的这些人都比他取得了大得多的名气。但是如果没有这本大百科全书，这群伟大的人们也就不可能取得那么大的影响。它不只是一本书，还是一份社会经济纲要。它告诉人们引领时代的人物的思想，具体地阐述了那些即将支配整个世界的思想。它是整个人类历史决定性的时刻。

有眼睛看，有耳朵听的人都知道，法国已经到了这样一个紧要关头，只有采取激烈措施才能避免即将来临的大灾难，然而某些有眼睛看，有耳朵听的人并不使用它们来闻问此事，他们固执地认为，只有通过严格实施一套墨洛温王朝[③]的过时法律才能维持和平与秩序。此时，争论双方势均力敌，一切仍保持原样，这使得情况奇异而复杂。法国一方面扮演杰出的自由保卫者的角色，把最感人肺腑的信件寄给乔治·华盛顿[④]先生（他是互济会成员），为本杰明·富兰克林部长先生安排清新愉快的周末，别人称他“怀疑论者”，我们称他彻底的无神论者。另一方面，这个大西洋海岸的国家同时又表现出自己是所有思想进步形式的最恶毒的敌人，只有判处哲学家和农夫过上苦难无边、贫穷无度的生活，才能完全公平地彰显民主意识。

最后，一切都发生了变化。

但变化的方式却是谁也没有料到的。这场斗争要消除那些皇族之外的人承受的精神和社会枷锁，但参与斗争的却不是奴隶们

---

① 爱尔维修，法国启蒙思想家，哲学家。著有《论精神》、《论人的理智能力和教育》等。

② 孔多塞是18世纪法国最后一位哲学家，启蒙运动的最杰出代表人物，有法国大革命“擎炬人”之誉。

③ 墨洛温王朝，统治法兰克王国的第一个王朝。相传以创立者克洛维的祖父法兰克酋长墨洛温（？—458）的名字命名。

④ 乔治·华盛顿（1789—1797），美国首任总统，美国独立战争大陆军总司令。1789年，当选为美国第一任总统。

自己。斗争者是少数公正无私的人们，不但天主教压迫者痛恨他们，就连新教徒也打心底里憎恨这群人。他们可以得到的惟一回报就是，善良者都可升入天堂。

那群在 18 世纪为宽容理想辩护的人几乎不属于任何教派。为了个人的方便，他们有时会在表面上表现出对宗教的服从，以使宪兵远离他们的书桌。但就内心来说，他们或许就像生活在公元前 4 世纪的雅典，或孔子时代的中国。

令人遗憾的是，他们缺乏对各类事物的尊敬，同时代人对这些事物表现得谦卑恭敬，他们则认为这虽然没有害处，却也只是过去遗留下来的幼稚玩意。

他们不太重视古代国家历史，由于某种奇妙的原因，西方世界从巴比伦人、亚述人、埃及人、赫梯人、以及迦勒底人的历史中挑选出一些记载，把它作为道德和习俗的指南。但是，作为伟大的大师苏格拉底的真正信徒，他们只听从他们自己良心深处的声音，根本不管后果，他们无畏地生活在一个长久以来屈服于怯懦的世界。

27

革命的不宽容

法兰西王国一座标志着贵族的荣耀与平民的悲惨的古老大厦，在1789年8月一个值得纪念的晚上，轰然倒塌。

在那个酷暑闷热的晚上，经历了一个星期的日渐高涨的愤怒之后，国民大会沉浸在真正的充满兄弟般感情的狂欢之中。直到这个振奋人心的时刻的到来，特权阶级才终于交出了他们经过三百年努力才争取到的一切古老权利和特权，并且以平民百姓的身份宣布，自己赞成理论上的人权，这便为以后的民众自治奠定了基础。

就法国而言，这意味着封建制度的终结。一个真正由贵族、社会上最有进取心的成员构成的贵族政府，一个大胆地承担起领导使命、操控国家命运的贵族政府得以存活下来。原先的贵族一个个自动退出现役，甘于在各个不同政府部门做着有名无实的案头工作，他们现在只适合在林荫大道喝喝茶或在哪条大街上开开饭店。

旧的法国就此消亡。

是好是坏，不得而知。

但是它就此灭亡了，伴随其灭亡的还有一种最残暴的无形政府，自黎塞留①时代以来，教会就把它强加在涂了圣油的圣·路易斯的后代身上。

---

① 黎塞留（1624—1642），法国宰相，枢机主教，政治家。黎塞留任宰相时，对内恢复和强化遭到削弱的专制王权，对外谋求法国在欧洲的霸主地位。

现在人类真的得到一个前所未有的机会。

那段岁月，在诚实的男男女女们身上迸发的热情，更是不言自明的。

太平盛世唾手可得，是的，它已经降临。

独裁政府所固有的不宽容及其他种种邪恶要彻底从这个美丽的地球上永久铲除。

前进吧，祖国的孩子们，暴政的时代一去不复返了！

可以用更多类似的语言来感慨。

于是，历史拉下了帏幕，社会上的许多不公得以肃清，新一轮的牌局已重新洗好，一切都要重新开始。这时，再看看“不宽容”这位老朋友吧，穿着一条无产阶级的马裤，头发梳成罗伯斯比尔[①]样式，与检察官并肩而在，享受着他罪恶的晚年。

十年前，它把那些怀疑“权利由上帝赐予”的人送上绞刑台。

现在，它把那些坚持“人们的意愿并非总是上帝的意愿”的人们推上断头台。

多么可怕的笑话！

但这个笑话（它还如此受欢迎）是用一百万无辜旁观者的鲜血作为代价的！

很遗憾，我接下来要说的并非我的原创。你可以从很多不同的古代著作里找到用不同的但更优雅的语言对该观点的表述。

在人的精神生活方面，一直就存在，并且将来还会存在两种完全不同的类型。

有一些人，通过无止境的学习和思考，对不朽灵魂的认真追寻，能够得出恰当的哲学结论，从而使自己超越人类的普遍烦恼。

但绝大多数人并不满足于精神上的“淡酒”。他们想要刺激

① 罗伯斯比尔（1758—1794），法国革命家，法国大革命重要领袖人物，是雅各宾派政府的实际首脑之一。

的，能在舌尖燃烧、烧痛咽喉、并让人精神振奋、精力充沛的东西。这个“东西”具体是什么并不重要，只要它有上述功效，并且以直接、简单的方式不限量供应即可。

历史学家似乎对这样的一个事实知之甚少，这定会让很多人失望。愤怒的群众一旦推翻历史的堡垒（当地希罗多梯和塔西梯及时而热情地报道了这件事），他们就变身为泥瓦匠，把前根据地的废墟运到城市的另一端，在那里把它们改筑成新的城堡，与以往的一样恶劣、残暴，同样用于执行镇压和恐怖目的。

妄自尊大的民族一旦推翻“一贯正确的人”强加在他们身上的枷锁，他们同时也接受了“一贯正确的书”的指使。

是的，就在“权威”伪装成献媚者疯狂冲向前线的那一天，“自由”就进入废弃的宫殿，穿上被人遗弃的皇袍，立刻重蹈着前任的覆辙，做起了导致前任被放逐的错误而残暴的事情。

这很是令人沮丧，但却是我们故事真实的一部分，并且必须得讲出来。

那些直接引爆法国大变动的人的意图无疑是好的。人权宣言制定了一条规则，那就是：不得干扰公民以和平的方式追随自己的主张，“即使是宗教主张”，只要他们的主张不扰乱各种法令法律制定的公共秩序。

然而，这并不意味着所有的宗教派别都享有平等的权利。新教自此以后得到容忍，新教徒不会因为与天主教徒礼拜的教堂不同而招致麻烦，但天主教仍然是国家官方“占主导地位”的宗教派别。

米拉波①凭他对政治生活本质准确无误的直觉，明白这个美名远播的让步只是一个中庸之举，并不彻底。但是米拉波试图把一场大的社会政治变动变成一个人的革命，却壮志未酬身先死，

① 米拉波（1749—1791），法国政治家。他放纵奢侈，早年多次被监禁。1789年他以第三等级代表的身份入选三级会议，尽管个人反对三个等级联合开会，但他支持新建的国民议会的合法性，并于法国大革命初期在其中成为核心人物。

许多贵族、主教对他们在8月4日晚上的慷慨姿态后悔不已，已通过了防碍议程的阻挠政策，对国王的统治产生了致命后果。直到两年后的1791年（整整两年，而这两年对于实现任何实际目的都已太晚），所有宗教派别，包括新教和犹太教在内，才获得绝对平等的地位，在法律面前享有同等自由。

从那时起，角色开始倒置。法国人民代表最终把国家宪法授予这个满怀期待的国家，宪法强调，任何教派的教士都应对新政府宣誓效忠，严格视自己为国家仆人，就像他们的同胞，学校老师、邮政职工、灯塔看守人员、海关官员为国效力一样。

教皇庇护六世反对这样做。新宪法对教士的规定，与1516年法国与罗马教廷达成的协定有直接冲突。但国民议会无暇顾及像先例和条约之类的琐事。教士要么宣誓效忠这部法令，要么辞去职务等着饿死。一些主教和教士无奈地接受了这个命运。他们十指交叉，执行了宣誓仪式。但是，大多数忠诚的教士拒绝发伪誓，便效仿遭他们迫害多年的胡格诺教徒，开始在废弃的马厩里做弥撒，在猪圈里发圣餐，在乡村树篱笆后面传教布道，在半夜秘密探访他们的前教区居民。

总的来说，他们的遭遇比在同等情况下清教徒的遭遇要好得多，由于法国那时散乱不堪，对宗教的敌人只能采取一些应付了事的举措。他们似乎都不会面临被判服役的危险，于是，优越的教士就斗胆要求被正式认可为“受宽容的教派”，而不是通常为人民所熟知的“倔强分子”，并要求得到一些特权，而这些特权在过去三百年间他们坚决不肯让给加尔文教派同胞。

这样的情形，对于我们现在在1925年这样一个遥远的时间来看，不无某种残酷的幽默。但国民议会没有做出任何明确的决定，因为它不久就陷入了极端激进分子的控制之中，另外，法庭的叛变，国王陛下外国同盟的愚蠢，使得一周内造成的恐慌从比利时海岸蔓延到地中海沿岸，引爆了1792年9月2日到7日的一系列大规模暗杀。

从那一刻起，大革命以不可阻挡之势沦陷为恐怖统治。

当饥肠辘辘的人们开始怀疑他们的领袖在策划一场卖国大阴谋时，哲学家一步步的努力便功亏一篑。随即爆发的大变动则是必然的趋势。在如此巨大的危机之中，事务的支配权势必落入一群蛮横无情的领导者手中，这是所有认真学习历史的学生都非常熟悉的。但是，这出戏的主要人物是一个一本正经的人、一个模范公民，一个百分百的德行典范，这的确是谁都没能预料到的。

等法国开始了解她的新主人的本性时，一切都已太晚。那些走上协和广场[①]断头台上的人本可做证，但他们的警告来得太晚，完全是徒劳的。

迄今，我们都在从政治、经济和社会组织的角度研究历史。但直到历史学家变成心理学家，或心理学家变成历史学家时，我们才能够真正解释并理解，在痛苦和艰难时期暗中决定国家命运的力量。

有人认为，世界是由美好与光明统治的。还有人认为，人类只尊重一样东西，那就是暴力。今后几百年，我们或许能够做出选择。然而，似乎可以肯定的是，在我们的社会实验室中所做的最伟大的实验——法国革命，是一场吵闹的暴力行为典范。

那些想要通过理性来建立一个更人道的人类世界的人们，要么已经死去，要么被那些在他们的帮助下赢得荣耀的人处死。伏尔泰、狄德罗、杜尔哥和孔多塞已经退出历史舞台，剩下的幼稚的新至善论者成了国家毫无争议的主人。他们把崇高的使命变成了多么可怕的一场混乱！

在他们（新至善论者）统治的最初阶段，胜利掌握在彻头彻尾的宗教敌人手中，出于某种原因，他们憎恨一切基督教象征，

① 协和广场位于巴黎市中心、塞纳河北岸，原星形广场（1970 年改名夏尔·戴高乐广场）到罗浮宫的大道上。协和广场最初被命名为“路易十五广场”，中间铸造的路易十五的骑马雕像，显示着其在位时期的威势。但是，到了 1789 年法国大革命时期，雕像被革命人民推倒，并改了断头台，易名为“革命广场”，当时轰动世界的路易十六处决案，即在这个断头台执行的，其后也亦有数千人在此被处决。

在教会霸权时代，他们曾默默地遭受深深的折磨，以致看到法衣就愤恨不已，闻到熏香味就脸色惨白，勾起早已忘却的愤怒。还有人认为，可以通过数学和化学方式来否认上帝的存在，于是动手摧毁教会和它所有的一切。这是一项希望渺茫、忘恩负义的工作，但这是革命心理的典型特征，即，把正常人变得不正常，把不可能的事都变成每天都发生的事情。因此，大会下达一纸法令，废除基督旧历，废除所有的圣徒纪念日，废除圣诞节和复活节，废除星期和月份，把一年重新分为十天一期，第十天为异教安息日。于是又一纸文书命令废除对上帝的祭拜，使得整个世界无主可依。

但是，这并不长久。

无论在雅各宾党派大楼空阔的房间里的人们如何口若悬河地解释和辩护，这些毫无边际、空洞无用的思想还是让大多数市民厌烦不已，两个星期后最终忍无可忍。旧的神再也满足不了群众了。为什么不效仿摩西和穆罕默德，创造一个满足各个时代需求的新的神灵呢？

结果，理智女神出现了！

她确切的身份，以后再加以解释。与此同时，一名面容标志、穿着得体的希腊服装的女演员，绝对可以满足需要。她是从已故国王陛下的芭蕾舞团里挑选出来的，找一个适当的时机，把她引进前宗教信徒早已遗弃的巴黎圣母院[①]祭坛。

至于圣母玛利亚，在好几个世纪以来，一直站在那里，用善解人意的眼光温柔地注视着那些心灵上受到创伤的人们，现在她也不见了。在她被送往石灰窑被捣成灰泥之前，被一双充满爱意

---

① 巴黎圣母院，法国天主教大教堂。位于巴黎塞纳河中城岛的东端，始建于1163年，1320年落成。

的手藏起。她的位置被自由女神像[①]取代。这尊用白色石膏潦草涂刷而成的雕像是一位业余雕刻家的得意之作。但还不止这些。巴黎圣母院还见证了其他的革新。在唱诗班席位中央，象征“哲学神殿”的四根大柱子和屋顶，在国家重大日子，就被用作舞蹈女神的王座。但在这个可怜的女神不再上朝、接受忠诚的追随者的朝拜时，哲学圣殿燃起一把“真理的火炬”，这把火炬将会永远高举世界启蒙运动的熊熊火焰。

“永远”的永远在六个月之后就结束了。

在 1794 年 5 月 7 日的早上，法国人民接到正式通知，上帝已重新复位，灵魂不朽再次被确认为公共信条。6 月 8 日，新来的上帝（用让·雅克·卢梭[②]遗留下来的材料草草制成）在他迫不及待的信徒面前正式亮相。

罗伯斯比尔穿着崭新的蓝色马甲致欢迎词。他已达到了事业的顶峰。这位来自一个三等乡镇的不起眼的律师助理成了大革命的主教。更有甚者，一个名叫凯瑟琳·泰奥特的可怜的发狂修女，却被成千上万人敬为真正的圣母，宣布救世主再度降临，她甚至还能指名道姓。他就是马克西米里安·罗伯斯比尔。这个罗伯斯比尔就是那位穿着自己设计的奇异服装的家伙，他正在妄自尊大地大讲一番，还向上帝保证从今以后，他的小世界将会安然无事。

为了加倍保险，两天后，他还通过了一部法令，法令规定，凡涉嫌犯有叛国罪或异教罪的人（就像古时宗教法庭一样，它们被误认为是同一类罪行）将被剥夺所有保护。这项举措如此巧妙

---

① 自由女神像，法国著名雕塑家巴托尔迪历时 10 年艰辛完成了雕像的雕塑工作，女神的外貌设计来源于雕塑家的母亲，而女神高举火炬的右手则是以雕塑家妻子的手臂为蓝本。

② 让·雅克·卢梭（1712—1778），法国著名启蒙思想家、哲学家、教育家、文学家，是 18 世纪法国大革命的思想先驱，启蒙运动最卓越的代表人物之一。主要著作有《论人类不平等的起源和基础》、《社会契约论》、《爱弥儿》、《忏悔录》等。

奏效，在之后的六个星期内，就有超过一千四百人的脑袋在断头台弯弯的铡刀下搬家。他后来的故事是广为人知的。

由于罗伯斯比尔认为自己是美好事物的完美化身，在他本质上的狂热状态之下，他不可能认同其他人的权力，那些不够完美的人无权和他生活在同一个星球上。随着时间的推移，他对邪恶的憎恨已经达到无以复加的地步，以至法国被逼上了濒临人口灭绝的边缘。

于是，为了保住自己的性命，“美德”的敌人终于开始反击，在短暂而不顾一切的斗争中，他们摧毁了可怕的“公正使徒”。

随后不久，大革命的力量消失殆尽。法国人民当时通过的宪法承认不同教派的存在，并赋予它们同等的权利和特权。至少就官方而言，共和政体不再干预宗教。那些想要组建教会，圣会，或协会的人可以放手去做，但他们必须支持自己的教士和牧师，并承认国家至高无上的权力以及个人选择的完全自由。

从那时起，法国的天主教和新教在一起相安无事。

事实上，教会从来就没有承认过自己的失败，它仍然否认国家与教会权力分离的原则（见教皇庇护九世于1864年12月8日颁布的教令），不断支持那些希望颠覆共和政体、复辟君主政体和帝权的政党，以重新恢复行使自己的大权。但这样的战斗通常是在一些大臣夫人的会客厅，或在退休将军和野心勃勃的丈母娘打兔子的森林小木屋展开。

他们只是为刊登滑稽文章的报纸提供了极佳的素材，而这越加证明他们的徒劳无功。

28

莱　辛

1792年9月20日，在法国的革命军和前来歼灭这场可怕的叛乱的君主同盟军之间，爆发了一场战争。

这是一次光辉的胜利，但它并不属于同盟军。同盟军的步兵在瓦尔米村庄陡峭的山坡上无计可施，因此只能以大量舷炮猛攻。叛军比皇军打得更狠，下手更快。因此皇军首先撤离战场。在傍晚时分，盟军向北撤退。参加这场战斗的队伍中有一位名叫约翰·沃尔夫冈·冯·歌德[①]的人，他是世袭魏玛王子的助手。

数年之后，这位年轻人发表了他对这一天情形的回忆录。踩进洛林齐脚踝深的烂泥的那一刻，他变成了一个先知。他预测在这次炮战之后，世界将大变样。他的预测是对的。在那个永世难忘的日子里，感谢上帝，君权顷刻间被打入地狱。人权运动的十字军战士没有像预想的那样灰溜溜地逃跑。他们紧握枪支，挺着枪穿过山谷，越过高山，把“自由、平等、博爱”的理想带到欧洲最偏远的角落，把战马拴进欧洲大陆的每一座城堡和教堂。

写出这样的句子对我们来说轻而易举。革命领袖离开这个世

---

① 约翰·沃尔夫冈·冯·歌德（1749—1832），是18世纪中叶到19世纪初德国和欧洲最重要的作家、诗人。封建制度的日趋崩溃，革命力量的不断高涨，促使歌德不断接受先进思潮的影响，从而加深自己对社会的认识，创作出当代最优秀的作品。

界已达一百五十年之久，我们可以尽情地嘲弄他们。我们甚至还可以感谢他们赠与这个世界许多美好的事物。

但生活在那个年代的人们，头一天围绕“自由之树”欢快地舞蹈，在接下来的三个月却像城市下水道的老鼠一样被追得满城乱窜，为此他们对这场叛乱不可能坦然超脱。刚从地下室、阁楼爬出，拨掉假发上的蜘蛛网，他们就开始酝酿避免重蹈覆辙的策略。

但作为反动分子，要取得成功，首先必须埋葬过去。这里的“过去”不是广义上的历史，而是指他们曾偷偷地阅读伏尔泰先生的著作、公开表示对百科全书的钦佩的个人的过去。眼下，人们把伏尔泰的所有著作都束之高阁，狄德罗[①]先生的书也卖给废品商。曾经被敬奉为真正理性之光的小册子被丢进煤桶焚烧，人们尽一切可能，掩盖曾经在自由主义王国短暂栖息的背叛史。

唉，洗心革面的人们在小心翼翼地在毁灭文字资料时，常常会忽略一个在表达流行思想上比文字资料更为重要的证据。那就是戏剧舞台。那一代的人们在把成车的鲜花献给《费加罗的婚礼》[②] 的同时，却宣称他们从未相信过人类权利平等的主张，这未免幼稚；那些为《智者纳旦》[③] 黯然神伤的人们，却从来都不

---

① 狄德罗，生于朗格里。他精通意、英等几国文字，以译述沙夫茨伯里的《德性研究》而著称。狄德罗在主编《百科全书》的 25 年中，深受弗朗西斯·培根、霍布斯和洛克等人思想的影响，尤其是培根关于编辑百科全书的思想，促使他坚定地献身于《百科全书》的事业。

② 《费加罗的婚礼》（K. 492）是宫廷诗人洛伦佐·达·彭特根据法国启蒙运动时期喜剧作家皮埃尔·奥古斯丁·卡龙·博马舍的同名小说改编而成的。《费加罗的婚礼》（又名《狂欢的一天》）于 1778 年首演。作品把伯爵放在人民的对立面，暴露了贵族的腐朽堕落，同时也反映出强烈的反封建的色彩，富有时代气息，风格明快幽默，情节曲折生动，以嬉笑怒骂的语言，突出强烈的喜剧效果，是作者最出色的代表作。

③ 《智者纳旦》是莱辛与路德正统派牧师葛茨进行宗教论争的产物，该剧表达了资产阶级上升时期的人道主义理想。

能有效地证实自己认为的宗教宽容是政府软弱的表现。

戏剧与戏剧的成功恰好宣告相反的事实。

这部在18世纪下半叶广受欢迎的著名大戏的作者是一位名叫戈特霍尔德·埃夫莱姆·莱辛[①]的德国人。他是路德教会牧师的儿子，在莱比锡大学主修神学。然而他对以宗教为职业的想法毫无兴趣，经常逃学，他的逃学最终传到他父亲耳朵里。父亲把他叫回家，给他两条道路选择，要么立即退学，要么专心致志地成为一名医科学生。莱辛不是当牧师的料，但更不是当医生的料，他答应了父亲的要求。返回莱比锡，成了几个演员朋友的担保人，在他的朋友不见踪迹以后，他只得逃到维滕贝格，以躲避因欠债而坐牢。

他的逃跑意味着长途跋涉、饥寒交迫生活的开始。他先来到柏林，在那里的几年，靠给几家戏剧报社写文章的低廉收入维持生活。之后，他给一位打算环游世界的有钱朋友当起了私人秘书。难以预料的是，他们刚要启程，“七年战争”[②] 就爆发了。那位朋友必须赶回自己的团队，于是坐第一班驿马车踏上了回家的路。莱辛再次失业，陷在莱比锡孤立无援。

但骨子里善于交际的莱辛，很快与一位名叫爱德华·克里斯汀·冯·克莱斯特的人成了朋友，爱德华白天做官，晚上写诗，是个思想敏锐的人。他使这个饥饿的前神学家察觉在这个世界正在慢慢出现的新思想。但冯·克莱斯在库纳斯多夫战役被杀，陷入绝望的莱辛迫于生计，成了一名专栏作家。

接下来的一段时间，他为城堡指挥官布雷斯劳当私人秘书，为打发枯燥乏味的要塞生活，他潜心研读史宾诺莎的著作。正是在这个时候，在这位哲学家逝世一百年以后，他的作品才进入国外。

---

① 莱辛（1729—1781），德国启蒙运动时期剧作家、美学家、文艺批评家。

② 七年战争，1756—1763年间，第一次影响加拿大历史进程的英法战争，历时七年，故称“七年战争”。

然而，这些并没有解决日常生活的问题。莱辛已快迎来他人生的不惑之年了，他想要组建自己的家庭。他的朋友建议他应聘皇家图书馆管理员一职。但几年前发生的一件事情使莱辛成了普鲁士宫廷不受欢迎的人。在莱辛首次到达柏林的时候，他结识了伏尔泰。这位法国哲学家如果不是出于慷慨，加上自己是一个对办事毫无“章法”的人，他就不可能把他即将出版的《路易斯十四世纪》手稿借给莱辛，那他对莱辛来说也就只是一个无足轻重的人。不幸的是，莱辛急匆匆地离开柏林，仓促间意外地把这本手稿装进了自己的行李箱。因吝啬的普鲁士宫廷劣质咖啡和硬木板床气愤不已的伏尔泰，立即高声叫嚣自己遭遇抢劫。那个年轻的德国人偷走了他最重要的手稿，警方必须严守边境云云。不出几天功夫，邮递员把丢失的手稿送还伏尔泰，但与手稿一同送达的还有莱辛的一封信，在信中鲁莽的年轻德国人对敢于怀疑自己品行的人毫不客气地表达了自己的看法。

这场巧克力罐的风波或许很容易就被人淡忘了，但 18 世纪是一个巧克力罐在人们生活中都起着很大作用的时代，即使在将近二十年后，腓特烈仍然“热爱”着这位招人烦的法国朋友，不许莱辛踏进宫廷门槛半步。

无奈的莱辛告别了柏林，来到汉堡，听说在那里即将修建一座新的国家剧院。剧院没能建成，在失望中，莱辛接受了不伦瑞克大公图书馆管理员的职位。他居住的沃尔芬比特尔并不是严格意义上的大都市，但大公图书馆在德国却是数一数二的，拥有超过一万册藏稿，其中部分手稿在宗教改革运动中起到了重要作用。

生活的枯燥乏味免不了会制造谣言和飞短流长。在沃尔芬比特尔，具有前艺术批评家、专栏作家和戏剧散文家的身份，自然会引起人们的高度怀疑。不久，莱辛就又遇到了麻烦。并不是因为他所做的事情，而是人们怀疑他曾经做过的事情，即，他出版过一些抨击旧路德教会神学学派正统观点的文章。

那些布道文章（如果真的是布道的话）实际上是由一位汉堡

的前牧师所著，但不伦瑞克大公害怕在他的领土内爆发宗教战争，于是命令他的图书管理员小心行事，避开一切争论。莱辛遵从了他雇主的命令。然而，没有人提过用戏剧的方法来处理这个问题，于是，他开始以舞台剧的形式重新审视自己的观点。

在小城喧闹声中诞生的这部戏剧，叫做《智者纳旦》。主题极其古老，之前我在书里提到过。热爱古典文学的人可以在薄伽丘的《十日谈》里找到这个故事（如果萨姆纳先生允许的话），在《十日谈》里它叫做《三个戒指的悲惨故事》，故事内容如下：

从前，有一位伊斯兰王子，想要从他的一个犹太臣民那里榨取大笔钱财。但他没有正当的理由剥夺这个可怜人的财产，于是想出了一个诡计。他派人叫来这个受害者，对他的学识和智慧大加恭维，问在土耳其伊斯兰教[①]、犹太教和基督教这三大宗教教派中，哪个教派最正确。这位可敬的长者并没有直接回答王子的问题，他说："哦，伟大的苏丹，让我给您讲个小故事吧。从前，有一个非常富有的人有一个很漂亮的戒指。他立下遗嘱，说在他死后这个戒指戴在哪个儿子手上，哪个儿子就是他所有遗产的继承人。他儿子也立下了相同的遗嘱。他的孙子也如此，几百年来，这个戒指一代又一代地传了下去。但最后，这个戒指的主人有三个儿子，他都非常喜欢。根本就无法决定哪个儿子该得到这份价值连城的珍品。于是他找到一个金匠，让金匠给他打了两枚一模一样的戒指。弥留之际，他叫来三个儿子，送上他的祝福和被认为是独一无二的戒指。当然，父亲下葬后，三个男孩都称自己是继承人，因为他们各自都有那枚戒指。这便引起了很多争执，最终他们请法官来裁决。但由于三个戒指一模一样，即使法官也无法判定哪枚戒指是父亲的那枚真的戒指。所以这个案件就一拖再拖，很有可能拖到世界末日。阿门。"

---

① 土耳其民族源于中亚西突厥乌古斯人的游牧部落联盟。7世纪中期至8世纪，阿拉伯人征服中亚后，一部分突厥人归信了伊斯兰教，10世纪塞尔柱突厥人实现了伊斯兰化。

莱辛用这个古老的民间故事来证明他的信念，那就是，没有一种宗教能垄断真理，重要的是人的内在精神，而非对某种既定仪式和教条的表面服从。因此人们有责任互爱互助，任何人都无权把自己放在一个自命不凡的宝座上高呼："我高于他人，因为我独占真理。"

这个在1778年备受推崇的思想，到了小诸侯那里就不再受欢迎了。三十年之后，他们回来大肆收复大革命残存的物品和财产。为恢复往日的威望，他们卑鄙地把土地交给警察管辖，希望那些靠他们谋生的神职人员成为精神大军，协助警察恢复立法和秩序。

尽管这个政治反动取得彻底的成功，但按照五十年前的模式改造人们思想的努力却以失败告终。而且也只能如此。事实上，各个国家的绝大多数人们都厌倦了革命和动荡，厌烦了国会和空喊，被彻底捣毁商业和工业的税收形式弄得焦头烂额。他们渴望和平。为了和平可以不惜一切代价。他们想要工作，坐在自家前厅享用咖啡，而不想被住在门前兵舍的士兵打搅，逼迫他们喝下难以下咽的橡树叶残汁。只要能享受这份天赐的安宁，他们愿意忍受一些细小的不便，例如，向每一个穿黄铜纽扣制服的人行礼，在每一个皇家信箱前鞠躬，用"先生"称呼每一个官方扫烟囱的助手。

但老百姓的这种谦卑的顺从态度完全是一种必需，在经历长时间的动荡年月之后需要一个短暂的喘气机会。这些年中，每天早晨都会出现新的制服，新的政治讲台，新的治安条例，新的统治者，既有宗教的也是尘世的。然而，要从这普遍的顺从态度、对上帝任命的统治者的欢呼声中，就断定人们在内心深处已经把勒戈兰特中士用欢快的鼓声敲进他们脑海的新学说忘得一干二净，那可就大错特错了。

像所有反动统治者所固有的道德犬儒主义一样，政府要求的也只是外在的安分和秩序，而丝毫不理会人们的内心世界，这样，平民百姓便享有很大程度的独立。星期天他们腋下夹着厚厚的《圣经》去教堂礼拜，一周中余下的日子便可想其所想。当然，前提条件是他们必须保持缄默，把自己的想法藏在心底。发表见解前，要仔细审视周遭的环境，确定沙发底下或瓷砖壁炉背后没有藏着暗探。然后，他们可以兴致勃勃地谈论当天的事件，而当他们从那些经过认真审查、反复推敲、严格消毒的报纸上得知统治者为了邦域的和平所采取的愚蠢措施、把人们带回1600年的世界时，他们只能摇头叹息。

他们的统治者所做的，正是自公元元年以来对人类历史不甚了解的统治者在类似情况下的所作所为。他们命令搬走大木桶，因为有人站在上面发表抨击政府的激烈言论，以为这样就能彻底摧毁自由演讲。而且只要可以，他们随时会以严厉的判决（四十、五十或一百年徒刑）把出言不逊的演说者送进监狱，这些可怜的家伙便落下烈士的名声，而他们大部分都是些轻浮草率的白痴，只读过几本自己看不懂的书和小册子而已。

受到先例的警示，人们便远离公共场所，在昏暗的酒馆或拥挤的城市公寓发泄不满。他们确信这里有更谨慎的听众，而且他们的影响也比在公开讲台上的大得多。

上帝以其智慧赐予某些人些许权威，而他们又因害怕失去权威而担惊受怕，没有比这更可悲的了。失去王位的国王，可以对自己的不幸遭际报之一笑，把它当作枯燥乏味的小插曲。无论他是戴着仆人的褐色帽子，还是戴着祖先的王冠，他都是国王。但是一个三流小城的市长，一旦被剥夺官槌和徽章，他就只是一个平头百姓，一个曾经自我炫耀、现在受人奚落的可笑家伙。因此，谁要胆敢不带任何谦卑的敬畏和崇拜之情，接近身居高位的时下当权者，势必大祸临头。

而那些不但不向市长低头，还用博学的地质学、人类学和经济学的书本和手册公然质疑现有秩序的人们，他们的下场则更要悲惨万分。

他们立刻就被剥夺了生计，且手段极不光彩。然后又被从他们曾经散布有害教条的城镇驱逐出去，留下妻儿由好心仁慈的邻居照看。

这种反动精神的爆发，给很多真心希望根除社会弊病的人们带来了很大不便。时间，这位伟大的洗衣女工，早就把警官在和善学者职业服装上找到的污点洗涤干净。如今，人们之所以记得普鲁士国王腓特烈·威廉，是因为他干涉了伊曼纽尔·康德[①]的教学，这位危险的激进分子告诉我们，我们自己的行为值得变成普遍适用的规律。据警方报道，该教条只受“嘴上无毛的年轻人和无事可做的饶舌者”的青睐。坎伯兰大公之所以长时间臭名昭著，是因为在他作为汉诺威国王时放逐了一位叫雅各布·格雷姆，这人在一份“国王陛下非法取缔国家宪法”的抗议性文件上签了字。梅特涅也声名狼藉，那是因为他把警惕性的怀疑目光投向音乐领域，还审查过舒伯特[②]的音乐作品。

可怜的旧奥地利！

现在它已经死去，一去不复返，对于这个“快活帝国”的逝去，全世界人们都感到如释重负，而且忘记了它曾经有过自己的活跃的知识生活，这不仅是趣味盎然、秩序井然的郡集市，有物美价廉的葡萄酒，烈性雪茄，约翰·施特劳斯[③]亲自作曲并指挥的华尔兹。

我们甚至可以更进一步说，在整个 18 世纪，奥地利在宗教宽容思想的发展方面起到了非常重要的作用。改革复辟结束后不久，新教徒就在多瑙河和喀尔巴阡山脉之间的富饶省份，找到了一块肥沃的活动领地。但在鲁道夫二世登基以后，这一切都发生

---

① 伊曼纽尔·康德（1724—1804），德国哲学家、天文学家、星云说的创立者之一、德国古典唯心主义创始人。

② 奥地利作曲家舒伯特（1797—1828），是浪漫主义音乐的代表人物。最能代表舒伯特艺术的还是他的六百余首歌曲，对于后人的影响也最大，被称为“歌曲之王”。

③ 约翰·施特劳斯（1825—1899），奥地利的轻音乐作曲家、指挥家、小提琴家。

了改变。

这个鲁道夫是德国版的西班牙菲利普，在这个统治者看来，与异教徒签署条约没有任何意义。尽管受的是耶稣会士的教育，他却懒得无可救药，这反而使他的国家避免了一场剧烈的政策变动。

事情发生在斐迪南德二世当选皇帝的时候。这个君主当选皇帝的主要资格是，在整个哈普斯堡家族唯他拥有数名男裔。在他在位的早期，他去朝拜过著名的天使报喜宫，据说天使报喜宫是一个由一群天使在 1921 年从拿撒勒①亲自搬到达尔马提亚，并最后搬到意大利中部的庭院。在那里他的宗教狂热一发不可收拾，他发誓，要把自己国家变成百分之百的天主教国家。

他言出必行。1629 年，天主教再次被宣布为奥地利、施蒂里亚、波希米亚和西里西亚的惟一官方宗教。

与此同时，匈牙利与一个奇异的家族联姻，每个新嫁娘都给他带来了大片欧洲土地，斐迪南德试图把新教徒赶出马扎尔人聚集地。但受到一神派的特兰西瓦尼亚人和信奉异教的土耳其人的支持，直到 18 世纪下半叶匈牙利人一直保持独立。而这时奥地利本身已经发生了翻天覆地的变化。

哈普斯堡家族是教会虔诚的子民，但在最后，连他们那样大脑迟钝的人也开始对教皇的不断干预感到厌倦，他们打算冒一次险，制定一套违背罗马意愿的政策。

在本书的前一部分我已经说过，中世纪有许多天主教徒认为教会组织一无是处。这群批评家认为，在殉教者时代，教会才是真正的民主组织，因为它是由全体教民一致推选出来的长者和主教掌管。既然大主教声称自己是使徒彼得的直接继承人，在教会理事会被授予优越的地位，他们也就愿意承认罗马大主教的地位，但是他们坚持认为权力只是名誉上的，教皇不应视自己高于其他主教，不得把影响延伸到自己的管辖地以外。

① 拿撒勒，巴勒斯坦地区北部古城。

教皇通过训令、诅咒、逐出教会等手段与这样的观点做斗争，有几个勇敢的改革者因大胆鼓吹教会权力下放而丢了性命。

这个问题从来没有明确解决。到了 18 世纪中期，有权有势的特里尔主教代理人再次提出这一思想。这位主教代理人名叫约翰·冯·洪特海姆，但他的拉丁笔名费布罗纽斯更为人熟知。洪特海姆接受过自由化的教育。他在卢汶大学上了几年学之后，暂时离开家人，到莱顿大学学习。他到达莱顿的时候，恰逢这座纯粹的加尔文主义的古老堡垒被怀疑内部有自由主义倾向。等到法律系教授杰拉德·努特得进入神学领域，发表推崇宗教宽容思想的演说的时候，这样的怀疑便成了公开的罪证。

至少努特得的推理方法还是极具独造性的。

“上帝无所不能，”他如是说，“上帝能够制定在任何时候、任何情况、对任何人都适用的科学真理。所以，只要上帝愿意，他便可以支配人类的思想，使所有人都对宗教持相同的观点。我们知道上帝并没有这么做。因此，如果我们用武力强迫他人信仰我们自己认为是正确的东西，那我们就违背了上帝明确的意旨。”

很难断定洪特海姆是否受过努特得思想的影响。但后来在霍恩泰因阐述对主教权威和教皇制度地方分权问题的观点的著作中，我们能找到与伊拉斯谟的理性主义相同的思想。

不出所料，他的著作立刻遭受罗马教皇的谴责（在 1764 年 2 月）。出于个人利益考虑，玛丽亚·特蕾莎支持了洪特海姆，他发起的这场运动被称为弗布罗尼主义或主教统治主义，在奥地利继续活跃，并最终形成了《宽容特许权》，该法令是由玛丽亚·特蕾莎的儿子约瑟夫二世在 1781 年 10 月 13 日向他的臣民颁布的，具有现实意义。

约瑟夫是他母亲的仇敌腓特烈软弱的效仿者，对于在错误的时候做正确的事情有着惊人的天赋。两百年来，奥地利的小孩上床后，大人们会吓唬他们说，如果不马上睡觉的话，新教徒会来把他们抓走。因此，要求这些孩子以亲如手足般的感情对待新教徒（他们都知道，这群人长有触角和长长的尾巴）无疑是不可能的。对于可怜、诚实、勤奋、笨拙，永远由一群享受高薪厚禄的主教、红衣主教以及女执事的叔叔、阿姨、堂兄弟包围着的约瑟夫，能这样做实在勇气可嘉。他是所有天主教统治者中首位敢于把宽容推崇为可能可行的治国方略的人。

三个月之后，他所做的事情更令人瞠目结舌。1782 年 2 月 2 日，他颁布了一部有关犹太人的著名法令，法令把当时只有新教徒和天主教徒才享有的自由赋予犹太人，因此当犹太人能像基督徒一样呼吸相同的自由空气时，他们便感到万分荣幸。

我们需要在此停笔了，让读者知道好事还在继续，奥地利现在已经成为那些想要按照良心行事的人的天堂。

我倒希望这是真的。约瑟夫和他的大臣或许可以一时茅塞顿开，但奥地利的农民，自古就把犹太人看作自己的天敌，把新教徒看作造反者和背叛者，他们不可能克服这个根深蒂固的古老偏见。

在这套卓越的《宽容法令》颁布一百五十年之后，那些不属于天主教会的人的处境仍然像 16 世纪时那样糟糕。理论上，犹太人和新教徒都有望成为首相或任命为部队总司令。而事实上，连皇帝的擦鞋童都不可能请他们吃饭。

对于一纸空文的法令，就说这么多吧！

29

汤姆·佩恩

曾经有一首诗，大意是：上帝在秘密地活动，在创造奇迹。

对于研究过大西洋沿岸地区历史的人来说，这句话的真实性显而易见。

17 世纪上半叶，一群虔诚的追寻基督教《旧约》理想的人落户美洲大陆北部，他们的狂热使得不知情的访客把他们当作摩西的追随者，而不是基督教信徒。由于浩瀚无比、波涛汹涌的的寒冷海域把他们与欧洲其他地区隔断，这群拓荒者建立了恐怖的精神统治，这在对马瑟家族的政治迫害的狂潮中达到了顶峰。

乍一看，这两位令人尊敬的教士似乎不太可能对《美国宪法》和英国与其前殖民地的战争爆发前夕的许多文件里表现出的强烈宽容倾向做出任何贡献。然而，事实无疑是这样的，17 世纪的镇压时期如此残酷，势必引起有利于自由思想的观念产生的强烈反作用。

这并不是说，所有的殖民主义者会突然派人收集索齐尼的文集，不再用罪恶之地和罪恶之都的故事来吓唬小孩。但是，他们的领导者几乎无一例外的是新思想流派的代表人物，而且，他们颇为智慧、颇为机智地把自己宽容的思想写进羊皮纸宣言，而这正是他们建立崭新的独立国家大厦的基石。

如果面对的是一个统一的国家，他们或许不会如此成功。但是，美洲北部的殖民化一直是件很复杂的事情。瑞典的路德教会已经开辟了部分领域。法国派来一批胡格诺教徒。荷兰的阿米尼斯派教徒也已占领了大块土地。而几乎所有的英国教派，都曾经试图在哈德逊湾和墨西哥湾之间的荒野之地建立自己的小天堂。

这有利于不同教派的共同发展，不同的教派如此完美的平衡，使得一些殖民地的人们被迫保持一种粗陋原始的相互忍耐，而要是在一般情况下，他们非拧断对方的脖子不可。

对于那些靠别人的争执而发达的教士来说，这种形势的发展非常不利。自新的仁慈思想出现数年以来，他们依旧在为维护旧的正直理想做斗争。虽然收效甚微，却成功地使一批年轻人疏远了一种信条，而这个信条里的仁慈、善良的思想似乎是从凶残的印第安人那里借用而来的。

令美国幸运的是，在长期为自由而战的战争中，首当其冲的往往是一小群勇敢的异教徒。

思想的传播异常轻快。即使一艘八十吨重的双桅帆船装载的思想，都足以颠覆整个大陆。18 世纪的美洲殖民者尽管没有雕塑和豪华钢琴，但他们却不缺乏书籍。十三个殖民地中的聪明人士开始明白，在这个浩大的世界中，有一些不稳定的因素在蠢蠢欲动，而这是他们在星期日布道中从未听过的。因此书贩变成了他们的先知。尽管他们没有正式与现有的教会脱离，表面的生活方式也没有发生太大的变化，但是一旦时机成熟，他们就表现出自己是古老特兰西瓦尼亚①王子的忠诚信徒。特兰西瓦尼亚王子没有对一神教派信徒实施迫害，原因是仁慈的上帝明确地保留了三项权利，它们是“从虚无中创造万物，预知未来，支配人的良知”。

当需要为国家的未来治理制定具体的政治和社会纲领时，这些勇敢的爱国者把他们的思想写进了文件，把他们的思想呈现在

---

① 特兰西瓦尼亚，旧地区名。指罗马尼亚中西部地区。位于欧洲东南部，东喀尔巴阡山以西，多瑙河支流蒂萨河流域。1867 年后，成为奥匈帝国的属领。第一次世界大战后，奥匈帝国瓦解，根据《凡尔赛条约》为罗马尼亚所领有。

公共舆论这个最高法院面前。

假如弗吉尼亚善良的公民知道，他们带着万分崇敬的心情去聆听的演讲，直接受意于他们的死敌——自由主义者，他们一定惊恐万分。但是他们最成功的政治家，托马斯·杰斐逊[①]本人就是一个有着极度自由的思想的人，当他声称只能用理性和信念，而不是强制或暴力来统领宗教，或者，当他主张所有的人都有权利按照自己的意愿，平等地从事宗教活动时，他只是在重复伏尔泰，培尔，斯宾诺莎，以及伊拉斯谟的思想和著作而已。

并且后来，人们听到以下的学说："在美国，无须把信仰声明作为获得公职的条件"或"国会不得制定法律来干涉宗教的建立，或禁止宗教活动的自由行使"，美国的叛乱者对此默许，并表示接受。

就这样，美国成为第一个宗教与政治完全分离的国家；第一个公职候选人在接受提名前无需出示主日学校证书的国家；第一个人民在法律范围内可以按照自己意愿选择信仰或不信仰宗教的国家。

但是，美国与奥地利一样，（或在这方面的任何国家一样）老百姓远远地落后于他们的领导人，只要与惯常做法稍有偏离，就难以跟上步伐。不仅很多州继续对主流宗教以外的人施加种种限制，而且像纽约，波士顿或费城等地的公民，在他们自己私人权利范围内，仍然不能容忍与自己信仰不同的人，就好像他们从来都没有读过本国宪法一样。所有的这些，不久就在汤姆·佩恩案件中表现出来了。

汤姆·佩恩为美国的事业做出了巨大贡献。

他生于英国，从事着水手的职业，天赋与教育却把他培养成了一个叛乱者。在他到达殖民地之前，他年已四十。在他去伦敦

---

① 托马斯·杰斐逊（1743—1826），美国政治家、思想家、美国第三任总统，《独立宣言》起草人。

的途中，他与本杰明·富兰克林[①]相识，并接受了“西行”的建议。1774 年，他带着本杰明亲手写的推荐信，出海前往费城，并帮助富兰克林的女婿理查德·巴赫创办了《宾夕法尼亚公报》。

作为一个老练的业余政治家，汤姆很快发现自己身处考验人的灵魂事件的困境之中。他的头脑非常有条理，把有关美国人的不满情绪的零散资料收集起来，编进小册子，内容简洁而通俗，这些小册子通过对一般性问题的阐述，使人们相信美国的事业是正义的事业，应该得到所有忠诚的爱国者真心实意的合作。

这本小书很快就传到了英国，传到欧洲大陆，那里很多人生平头一次知道有一个“美洲民族”，而且它还有向自己祖国开战的充分理由和神圣使命。

大革命一结束，佩恩就返回欧洲，他告诉英国人，统治他们的政府是何等的荒唐。当时在塞纳河沿岸正发生了一些恐怖事件，体面的英国人开始满怀疑虑地注视海峡对岸。

一个名叫埃德蒙·伯克的人刚刚发表了一篇受惊之作，名叫《反思法国大革命》。愤怒的佩恩以他的《人的权利》进行回击，结果英国政府下令，以最高叛国罪对他进行审判。

与此同时，他的法国崇拜者把他选入国会，佩恩对法语只字不识，但由于生性乐观，他接受了这份荣誉，来到巴黎。他一直在法国生活，直到罗伯斯比尔对他产生疑心。他知道自己随时可能被捕并斩首，于是草草地结束了一本关于他人生哲学的书。这本书名叫《理性时代》。第一部分发表于他入狱之前，第二部分是他在监狱中的十个月完成的。

佩恩认为，真正的宗教，即他所称的“人性的宗教”，有两个敌人，一个是无神论，另一个是盲信主义。但是当他发表这些

① 本杰明·富兰克林，资本主义精神最完美的代表，十八世纪美国最伟大的科学家，著名的政治家和文学家。他是一位优秀的政治家，是美国独立战争的老战士。他参加起草了《独立宣言》和美国宪法，积极主张废除奴隶制度，深受美国人民的崇敬。他是美国第一位驻外大使（法国），所以在世界上也享有较高的声誉。

想法的时候，受到了所有人的攻击。1802 年，他返回美国，人们对他仇恨无比，以致在他死后一百年，“卑鄙的无神论者”的臭名都一直流传。

事实上，他并没有出什么事。他既没有被绞死，也没有被烧死或被轮子碾死。他只是被所有的邻居孤立了，当他壮着胆子出门时，小孩子在大人的怂恿下对他吐舌头。在他临死时，他成了一个苦难深重、遭人唾弃的人，他撰写了一些反对革命英雄的愚蠢的政治小册子，从而发泄自己的愤怒。

对于辉煌的开端来说，这似乎是一个最悲惨的结局。

但这也是在过去两千年的历史中反复发生的典型事件。

一旦公共不宽容的愤怒消耗殆尽，个人不宽容便又开始了。

官方死刑一结束，私刑便开始操刀。

30

最后一百年

若在十二年前写这本书会容易得多。那时“不宽容”一词在大多数人的头脑中几乎专指“宗教的不宽容”，历史学家写“某某是一个为宽容而战的勇士”，通称被认为某某人终其一生的精力反抗教会的滥权与职业教士的暴政。

然后战争爆发了。

世界便发生了巨大的变化。

人们面对的不是一种专制体系，而是十几种。

人们之间相互实施的暴政不止一种，而是上百种。

社会刚刚开始摆脱宗教偏执的恐怖，又得忍受无数更为痛苦的种族不宽容、社会不宽容以及其他一系列的不宽容，十年前人们根本不会想起这些。

这对于许多直到最近才生活在幸福的幻想之中的良民百姓来说，是非常糟糕的事情。他们曾一度认为，进步就像自动走动的时钟，除了偶尔的嘉许以外，无需再上发条。

他们悲伤地摇摇头，轻声说道“虚无，虚无，一切都是虚无！”，低声埋怨人类顽固的劣性，总在经受挫折，却从不汲取教训。

直到彻底绝望，他们才加入迅速扩大的精神失败主义者的行列，使自己依附于这个或那个宗教组织（这样他们便可以把自己的负担转嫁到他人身上），用最深沉的语调承认自己被打败，且不再参与任何社会事务。

我不喜欢这样的人。

他们不仅仅是懦夫。

他们还是人类未来的叛徒。

话已至此，出路在哪里，如果有出路的话？

让我们对自己诚实！

并没有什么出路。

至少在当今世界是这样的，在这个世界里，只问快速达到目的，希望借助数学或医学公式，或国会的作用，舒适快速地解决地球上所有的困难。但是我们这些习惯以永恒的观点来认识历史的人，知道文明不是随同 20 世纪的到来而开始或结束，还能感到些许希望。

现在，我们听过的许多悲观绝望的言论（“人类一向如此”“人类将会永远如此”“世界从未改变”“现在的事情跟四千年前没什么两样”）并不存在。

这是一个视觉上的幻觉。

人类进步的道路总是被中断，但是如果我们把所有情感上的偏见放置一旁，对过去的两万年做个冷静的评判（这是一个我们惟一拥有或多或少详实资料的时期），我们就能注意到一个虽然缓慢却毋庸置疑的进步，一个从几乎难以言表的野蛮和不开化状态，发展到一种比以往所发生的一切都要高尚美好的境界，即使大战争所犯下的滔天大错，也不能动摇进步这个事实。

人类具有难以置信的生命力。

它经过神学的洗礼仍然活跃。

在适当的时候，它还会在工业主义文明中生机勃勃。

它经历了霍乱与瘟疫，高跟鞋与蓝色法规[①]。
它也将学会克服困扰现代人的精神疾病。

历史谨慎地透露了自己的秘密，给我们上了重要的一课。
人类的双手所创造的东西，同样可以毁于人类手中。
这是一个勇气的问题，而在勇气之后，便是教育的问题。

当然，这样说听起来像老生常谈。在过去的几百年里，“教育”一词直逼我们的耳膜，直到我们对它听腻了，产生厌烦。于是，我们留恋过去，希望回到那个人们既不会读书，也不会写字的年代，一个能将多余的精力用于偶尔的独立思考的年代。

但是我在这里说到“教育”，并不是指事实的单纯积累，这被看作现代小孩必需的精神储备。我所说的是，在对过去知识的善意理解的基础上真正理解现在。

在本书中，我试图证明不宽容只是群体自我保护本能的一种体现。

一群狼不能容忍一只与众不同的狼（无论它是更弱小还是更强大），总是尽一切可能干掉这个不受欢迎的讨厌伙伴。

食人族部落不能容忍那些因癖性而激怒神灵、给整个村落带来灾难的人，他们会把他残忍地放逐荒野。

希腊共和国不能容忍在其神圣的高墙内质疑社会安定基础的公民，不宽容一旦爆发，这位挑事的哲学家就会被判处毒刑。

如果任由一小群善意的狂热者玩弄自罗穆卢斯以来就不可或缺的法律条文，罗马帝国就不可能存活。尽管很大程度上违背了它的本意，它也只能采取与自己古老的自由放任政策不相符的不宽容措施。

---

① 蓝色法规，原来是美国殖民时期的清教徒所订的法律，禁止在星期天跳舞、喝酒等，以后转用为有关个人行为的严格规定，如禁止公务员涉足酒家、舞厅、夜总会、或不该接受款宴等等。

教会作为古老帝国财富领域的继承人，它的存在依靠于自己最恭顺臣民的绝对无条件的服从，从而被迫走向压迫和残暴的极端，使得很多人宁愿忍受土耳其的残暴，也不愿接受基督教的仁慈。

反对教会暴政的伟大起义者经受了各种磨难，要维持他们的统治，只有对各种精神革新和科学实验表示不宽容。于是，以“改革”的名义，他们犯下了（或试图犯下）他们的敌人曾经犯过的错误，而敌人正是因为这个错误而丧失了权力和影响力。

多少个年代过去了，生命本是一次光辉的冒险，却变成了一次可怕的旅程，而这一切的发生，都是由于迄今为止，人类的存在还完全由恐惧左右。

我在此重复一下，恐惧是所有不宽容的根源。

无论迫害采取何种形式或形态，它都是由恐惧所致，而它的强烈程度刚好反映了竖立绞架或往火葬柴堆添木材的人所感受到的痛苦。

一旦我们认识到这个事实，苦难的出路就立即展现在我们眼前。

在不受恐惧影响的情况下，人类就拥有非常强烈的正直和正义感。

到目前为止，人类还少有机会实践这两种美德。

在我看，这并不特别重要。这只是人类发展必经的阶段。人类还年轻，太年轻，年轻得几乎可笑。要求在几千年前才开始独立生活的哺乳动物，拥有只有年岁和经历才能换来的美德，似乎既不合理也不公平。

并且它歪曲了我们的观点。

它使得我们应该耐心的时候发怒。

它使得我们应该怜悯的时候说尖酸刻薄的话语。

在本书的最后几章，总会有一种强烈的欲望，去充当悲哀的预言家，做一点业余说教。千万不要这样！

生命短暂，而布道却易于冗长。

用一百个字说不明白的事情，最好只字不提。

我们的历史学家因犯下了一个巨大错误而感到不安。他们谈论史前时期，给我们讲述希腊罗马的黄金时代[①]，对于一个想象中的黑暗时代胡说八道，还称赞我们这个比过去辉煌十倍的近代生活。

如果这群学识渊博的学者发现某些事实与他们完美拼凑的图画不相匹配，他们会谦逊地道歉，并咕哝着说，我们很不幸地继承了某些不可取的野蛮品质，但在适当的时候，它会消失，就像公共马车让位于铁路火车一样。

事情看起来都非常不错，却不真实。它或许满足我们的自尊心，使我们相信自己是时代的继承人。如果我们知道自己的真实面目——我们是驻扎洞穴的现代人，是叼着香烟、开福特车的新石器时代人，是乘电梯回家的穴居人——也许这对我们的精神健康将会更有好处。

因为那时，只有在那时，我们才能向隐藏在未来雄伟山脉之上的目标迈出第一步。

只要这个世界仍由恐惧支配，谈论黄金时代、现代时期和发展进步，完全是浪费时间。

只要不宽容仍然是我们法律自卫本能不可或缺的一部分，呼吁宽容简直是犯罪。

---

① 希腊神话中的黄金时代，在黄金时代世界上最初有位居民。这是一个天真烂漫而且快乐的时代。真理和正义占据优势，但并非依靠发露的强制，也无任何权威的恐吓和惩罚。大地为人类带来一切需要的东西，不用耕耘。春天永驻，没有种子花儿也会盛开，河里淌着奶和酒，橡树上渗出的黄灿灿的蜂蜜。

宽容一统天下的局面势必会到来，那时不宽容就成了像杀戮无辜俘虏、焚烧寡妇鳏夫、盲目崇拜书面文件一样的荒诞故事。

宽容的到来也许要一万年，也许需要十万年。

但是它一定会到来，就在人类战胜自身恐惧之后——载入史册的第一次真正意义的胜利必将到来。

康涅狄格　西港

1925 年 7 月 9 日